O MINISTÉRIO PÚBLICO COMO INSTRUMENTO DE DEMOCRACIA E GARANTIA CONSTITUCIONAL

R613m   Ritt, Eduardo
         O ministério público como instrumento de democracia e garantia constitucional / Eduardo Ritt. — Porto Alegre : Livraria do Advogado, 2002.
         208p.; 16x23cm.
         ISBN 85-7458-230-3

         1. Ministério público. 2. Direito Constitucional. I. Título.

                                                    CDU - 347.963

         Índice para o catálogo sistemático:
         Ministério público
         Direito Constitucional

         (Bibliotecária responsável: Marta Roberto, CRB-10/652)

EDUARDO RITT

O Ministério Público como instrumento de democracia e garantia constitucional

Porto Alegre 2002

© Eduardo Ritt, 2002

Capa, projeto gráfico e composição
Livraria do Advogado Editora

Revisão
Rosane Marques Borba

Direitos desta edição reservados por
Livraria do Advogado Ltda.
Rua Riachuelo, 1338
90010-273 Porto Alegre RS
Fone/fax: 0800-51-7522
livraria@doadvogado.com.br
www.doadvogado.com.br

Impresso no Brasil / Printed in Brazil

Para Caroline, minha amiga e companheira de todas as horas.

Para meus pais, Egon e Marlene, por me fazerem o que sou.

Agradecimentos

Qualquer estudo que se faça, por mais talentoso que seja o estudioso, ou por mais persistência e vontade que se possa ter, necessita, sempre, de auxílio e contribuição, ainda que de forma indireta. Ninguém é perfeito, e o homem só se completa na comunidade e na vida social, sempre numa missão de compreensão e auxílio mútuo. Também este trabalho, que exigiu muito esforço e vontade, necessitou do auxílio e da compreensão de muitas pessoas, sem as quais seria impossível concretizá-lo, pelo menos de forma satisfatória. Neste sentido, não poderia deixar de ressaltar o apoio de todo o pessoal do Mestrado em Direito da Universidade de Santa Cruz do Sul, direção, secretaria e professores, que tornaram possível, em realidade, o aprimoramento intelectual e a possibilidade de elaborar o presente trabalho, originalmente escrito como dissertação para a obtenção do título de Mestre em Direito, e que foi aprovada, em abril de 2000, pela banca formada pelos Profs. Drs. Rogério Gesta Leal, Ingo Wolfgang Sarlet e Lenio Luiz Streck.

No mesmo diapasão, meu agradecimento especialíssimo ao Prof. Dr. Lenio Luiz Streck, colega de Ministério Público e orientador da dissertação que originou o presente trabalho, pela honra em desfrutar dos conhecimentos de um dos mais brilhantes juristas nacionais e pelo apoio e interesse inestimável que sempre recebi de sua pessoa, mesmo contra a distância e os compromissos inadiáveis. Mas mais ainda, pela honra que me proporcionou ao apresentar esta obra.

Imprescindível ressaltar, ainda, a grandeza e a importância, a compreensão e a boa vontade da instituição do Ministério Público do Rio Grande do Sul, à qual honrosamente pertenço, não só pela influência decisiva na escolha do tema do presente estudo, mas, especialmente, por ter-me possibilitado o tempo precioso para a sua elaboração, sem o qual seria impossível fazê-lo. Meu agradecimento especial ao Conselho Superior e à Corregedoria-Geral do Ministério Público, e, especialmente, ao Prof. Dr. Cláudio Barros Silva, DD. Procurador-Geral de Justiça. É um privilégio ser Promotor de Justiça e integrar os quadros do Ministério Público gaúcho.

Agradeço, ainda, à Escola Superior do Ministério Público do Rio Grande do Sul, pela força e pelo auxílio, em especial na pessoa de seu Ex-Diretor, Prof. Dr. Miguel Bandeira Pereira, que muito já me auxiliou na minha vida Institucional.

Também não poderia deixar de ressaltar o auxílio de imensa e inestimável importância do MM. Juiz de Direito Prof. Dr. Ingo Wolfgang Sarlet, que, por amor ao debate jurídico, forneceu subsídios valiosos para a realização do presente trabalho.

Agradeço, ainda, à Livraria do Advogado, na pessoa do seu Diretor Comercial, Walter Abel Filho, pelo apoio e pela confiança.

Aos colegas Promotores de Justiça, meus sinceros agradecimentos, pela compreensão e pelo auxílio.

Aos amigos, a gratidão, pelo carinho e pela confiança.

Não vamos admitir a coisificação absoluta das nossas almas por globalizadores que nos querem ditar o estatuto de uma perpétua servidão. Eles nos privam do menor vestígio de luz na travessia do gigantesco túnel que é este fim de século. Quando romperemos, enfim, as trevas? A aurora só virá se não desertarmos o campo de batalha.

PAULO BONAVIDES

Prefácio

Quando Norberto Bobbio diz que "os direitos do homem, democracia e paz são três momentos necessários do mesmo movimento histórico, pois, sem direitos do homem reconhecidos e protegidos, não há democracia; sem democracia não existem as condições mínimas para a solução pacífica dos conflitos", somos forçados a defender, permanentemente, o Estado Democrático de Direito, essencial à democracia, ao cidadão e à própria sociedade.

O legislador constituinte, ao refletir os anseios do povo brasileiro na Constituição Federal de 1988, procurou destacar a Instituição do Ministério Público como fundamental à realização dos direitos da sociedade.

Sob este aspecto, é extremamente importante que tenhamos um Ministério Público forte e independente, consciente da alta responsabilidade institucional que lhe outorgou a norma constitucional. Essa relevantíssima distinção constitucional permite reconhecer, no Ministério Público, aquele que está, especialmente, incumbido de impedir que o abuso de poder, a prepotência dos governantes, o desrespeito sistemático às liberdades públicas e aos princípios que formam o Estado Democrático de Direito, culminem por gerar inadmissíveis retrocessos ao domínio dos regimes autoritários.

Com base na Constituição da República, o Ministério Público vivencia novos tempos e está consciente de suas novas funções e responsabilidades. O respeito e o conceito social de que desfruta o tornam um importante instrumento da efetividade da cidadania. A democracia é o governo do povo, mas é, antes, o governo dos cidadãos. Sem consciência da cidadania, o povo é, apenas, uma massa de manobra informe e, sempre, à mercê de falsas lideranças.

É neste contexto que, em boa hora, é lançada a obra *O Ministério Público como Instrumento de Democracia e Garantia Constitucional*, de autoria do eminente Promotor de Justiça Eduardo Ritt, que faz uma abordagem da posição constitucional do Ministério Público, destacando as autonomias e os princípios constitucionais, essenciais à posição de destaque concebida pelo legislador constituinte. Suas sugestões doutrinárias demonstram a posição de vanguarda da Instituição.

CLÁUDIO BARROS SILVA
Procurador-Geral de Justiça

Sumário

Apresentação (*Ingo Wolfgang Sarlet*) 15

Introdução 19

1. A origem, significação e transformações do Estado Moderno e Contemporâneo 27

2. Uma análise do constitucionalismo e do Direito e suas transformações no Estado Moderno e Contemporâneo 41

3. Os Direitos Humanos e Fundamentais 51

4. Um breve histórico constitucional brasileiro: situando as transformações do Estado e do Direito no Brasil 61

5. O Estado Democrático de Direito na Constituição brasileira 73

6. Globalismo, neoliberalismo e a crise do Estado e do Direito 89

7. A evolução do Ministério Público na história da civilização 109

8. O Ministério Público brasileiro: suas origens e seu desenvolvimento constitucional 119

9. O Ministério Público no Direito Comparado 127

10. O Ministério Público e sua inserção na arquitetura constitucional brasileira 137

11. O Ministério Público brasileiro e a defesa da Constituição, da democracia e dos direitos fundamentais 153

12. O Ministério Público brasileiro como garantia institucional e cláusula pétrea 173

Considerações Finais 187

Referências Bibliográficas 201

Apresentação

Se é certo - tal qual afirmou recentemente Clèmerson Merlin Clève - que tanto o direito constitucional brasileiro, quanto, especialmente com o advento da Constituição de 1988, também a dogmática constitucional pátria apresentaram significativa evolução, igualmente impõe-se reconhecer que tal fenômeno refletiu positivamente no âmbito da *praxis* jurídica, acarretando - inclusive por influência direta da nossa nova Carta Magna - importantes modificações no modo de pensar e de agir também dos seus intérpretes e aplicadores.

É precisamente nesta senda que se situa a obra que ora tenho a honra de apresentar. Autor e texto mostram-se comprometidos com esta nova corrente do pensamento e da prática jurídico-constitucional brasileira, que visualiza na Constituição um conjunto sistemático de princípios e regras aos quais se deve atribuir máxima eficácia e efetividade, em outras palavras, zelar pela sua plena força normativa.

Quanto ao autor, Eduardo Ritt, cuida-se de talentoso e operoso Promotor de Justiça, com o qual tive o privilégio de conviver quando ambos ainda estávamos no início de nossa carreira, respectivamente no Ministério Público e na Magistratura do Rio Grande do Sul, ocasião na qual já se fazia presente o espírito crítico e reflexivo que resultou, posteriormente, no exercício do magistério superior e, mais recentemente, na elaboração do trabalho aqui apresentado. No que diz com a obra, tive a possibilidade de acompanhar pessoalmente o valoroso e bem-sucedido esforço do autor para, paralelamente ao seu intenso e qualificado trabalho como Promotor de Justiça, dedicar-se à pesquisa séria e profícua no âmbito do Mestrado em Direito (área de concentração em Direitos Sociais e Políticas Públicas), que veio a resultar na apresentação do presente texto *O Ministério Público como Instrumento de Democracia e Garantia Constitucional* como dissertação final, assegurando ao autor, com justiça, o título de Mestre em Direito, perante banca examinadora presidida pelo ilustre orientador, Prof. Dr. Lenio Luiz Streck, da qual também tive a oportunidade de participar.

Sem pretender proceder ao exame da obra - para não privar o leitor do contato imediato com o texto - convém, todavia, que se faça o registro de que nos encontramos diante de uma reflexão séria e norteada pelo senso crítico, que, embora corretamente identifica e destaca a vital importância da Instituição Ministério Público para a ordem jurídico-constitucional e, acima de tudo, para o Estado democrático de Direito ao menos formalmente consagrado na Carta Política de 1988, não deixa de reconhecer, com humildade, a necessidade de que todos os integrantes do Ministério Público, assim como, de resto, os demais lidadores do Direito, venham a assumir e a exercer conscientemente, em toda a sua extensão possível, as nobres funções que lhes foram atribuídas pela Constituição, passando, de fato, a vivenciar plenamente o Direito Constitucional e integrar aquilo que Peter Häberle bem denominou de sociedade aberta dos intérpretes da Constituição, comprometidos com a causa da sua plenitude eficacial.

Ao sustentar, em um dos pontos altos do trabalho, a tese de que o Ministério Público, como função e instituição essencial à Justiça (especialmente por ser uma das principais garantias da ordem constitucional), passou - na condição de garantia institucional fundamental - a incluir o núcleo essencial da nossa Constituição formal e material, não podendo ser ele próprio (Ministério Público) suprimido ou ter - o que dá no mesmo - suas atribuições e garantias funcionais esvaziadas nem mesmo pelo Poder Constituinte Reformador, o autor, além de mostrar-se sensível às sugestões que lhe foram formuladas, bem soube desenvolver, com as qualidades do cientista do Direito, os aspectos nuclerares da idéia, acabando por imprimir ao texto, de modo autônomo e criativo, até mesmo um toque de novidade sequer exigido para uma dissertação de Mestrado. Para além disso, o presente trabalho fornece consistentes argumentos a serem esgrimidos contra todos os que - e lamentavelmente não parecem ser tão poucos - continuam a investir contra a nossa ordem democrática, especialmente contra o Estado material de Direito (tido aqui como Estado da Justiça Social) consagrado na Carta de 1988, cientes de que para alcançarem o seu intento, haverão de enfraquecer e desmoralizar aqueles que (por mandato expresso do Poder Constituinte Originário) foram incumbidos da tarefa de proteger a Constituição contra os seus adversários. Não é preciso, neste contexto, que se deixe mais claro que estamos nos referindo especialmente ao conjunto de medidas tomadas com vistas ao esvaziamento das atribuições e garantias do Ministério Público e da Magistratura no Brasil, com o desiderato de ferir de morte a independência funcional destas Instituições.

Da leitura da obra ora apresentada, emerge, todavia, a esperança de que, mesmo com o crescimento compreensível da legião dos descrentes e iludidos com as promessas insculpidas na nossa Constituição (ainda que, por vezes, de modo um tanto exagerado), não são poucos os que percebem que a responsabilidade pelos altos graus de exclusão e injustiça social não pode ser imputada ao texto constitucional, mas sim e pelo contrário, à ausência de sua efetiva, consciente e responsável implementação. Uma Constituição que ostenta nos seus primeiros dispositivos os valores da democracia, do Estado de Direito, da Justiça Social e, acima de todos, da dignidade da pessoa humana e dos direitos e garantias fundamentais que lhe são inerentes, merece ser tomada a sério. É este precisamente o mote do texto do Mestre, Promotor de Justiça e Professor Eduardo Ritt e isto já faz com que também esta obra mereça ser lida com seriedade e espírito crítico por todos os que se dedicam à causa da Constituição e de sua força normativa e pelos que ainda necessitam ser tocados por este nobre desafio.

Prof. Dr. INGO WOLFGANG SARLET

Introdução

Não se pode olvidar que o objetivo mais importante e primordial dos constituintes de 1988, na qualidade de legítimos representantes do povo brasileiro, eleitos democraticamente para tal, foi o de transformar o Brasil num verdadeiro Estado Democrático de Direito, vale dizer, um Estado que garantisse os direitos sociais e individuais, a liberdade, a segurança, o bem-estar, o desenvolvimento, a igualdade e a justiça, concebidos estes como os valores supremos de nossa sociedade, o que consignaram no Preâmbulo da atual Carta Magna.

E o Constituinte, para esse desiderato, fez constar que este Estado Democrático de Direito teria como fundamento, entre outros, a dignidade da pessoa humana, constituindo seus objetivos fundamentais construir uma sociedade livre, justa e solidária, erradicando a pobreza e a marginalização, reduzindo as desigualdades sociais e promovendo o bem de todos (artigos 1º, inciso III, e 3º, incisos I, III e IV).

Todavia, embora o manifesto desejo que foi perpetuado pelos constituintes, em pouco mais de doze anos de existência, a Constituição Federal de 1988 não foi capaz de transformar o Estado, dando a este a característica pretendida, sequer trazendo um pouco de dignidade ao ser humano integrante de nossa sociedade, ainda tão injusta e perversa com os menos desfavorecidos.

E pior – embora as inúmeras e significativas alterações no texto constitucional ao longo destes anos –, vem sofrendo a Carta Magna de 1988, de forma permanente, o descrédito e a desconfiança de boa parte da sociedade brasileira, quase sempre originados pelos esforços da grande mídia, que não se cansa em tentar demonstrar a pouca efetividade dos dispositivos constitucionais ou, ainda, a impossibilidade de aplicá-los no mundo atual.

Na realidade, muitas são as tentativas para reformular totalmente nossa Carta Magna, sob a idéia de adaptá-la para a modernidade, deixando-a, dessa forma, mais enxuta e menos rígida, onde o

Estado deixa de ser o promotor de um mundo melhor, retornando àquela concepção de Estado "guarda-noturno".

Tal concepção, dominante, é, indubitavelmente, produto do ideal neoliberal que busca o chamado Estado mínimo e a primazia do mercado, mesmo contra alguns dos direitos mais fundamentais do homem e do cidadão, abdicando, assim, da independência econômica em prol dos mercados globais, e da própria democracia, tão cara ao povo brasileiro, através de um consenso forjado e da manipulação econômica.

Compreender o atual momento histórico brasileiro, portanto, é compreender as bases do aparente fracasso dos ideais democráticos do constituinte de 1988, em sua tentativa de criação de um verdadeiro Estado Democrático de Direito, que protegesse os direitos fundamentais. É compreender, mais além, como poder-se-á efetivamente instalar uma sociedade mais justa e solidária, ultrapassando as barreiras que impedem a transformação social.

É certo, neste sentido, que parte da desconfiança que recai sobre a Constituição e sobre o próprio Estado é fruto da crise de identidade que se abateu sobre o Estado Contemporâneo, em razão de grave crise de recursos financeiros, mas, fundamentalmente, pela incompreensão dos operadores jurídicos em suas atuações frente ao novo modelo jurídico determinado na Carta Magna de 1988.

É necessário, assim e antes de tudo, que os operadores jurídicos, vale dizer, advogados, magistrados, professores de Direito, juristas e membros do Ministério Público, entre outros, compreendam que a Lei Fundamental brasileira trouxe grandes avanços para a melhora na área social e uma nova concepção de mundo, abrangendo o social, o político e o jurídico, numa nova noção do Estado de Direito, a fim de ultrapassar os velhos dogmas e um formalismo legal há muito superado, produtos de uma visão liberal do Direito e do Estado.

Todavia, para que isto ocorra, é necessário que se saiba o que exatamente quer dizer e significar um Estado Democrático de Direito e, ainda, como é possível superar as velhas concepções atreladas a um Estado Liberal de Direito, de apego ao formalismo extremado e ao individualismo, a fim de que o Direito possa ser visto como instrumento de transformação social.[1]

---

[1] Neste sentido, STRECK, Lenio Luiz. *Hermenêutica jurídica e(m) crise*: uma exploração hermenêutica da construção do direito. Porto Alegre: Livraria do Advogado, 1999a, aduz que: *"no Estado Democrático de Direito a lei passa a ser, privilegiadamente, um instrumento de ação concreta do Estado*, tendo como método assecuratório de sua efetividade a promoção de determinadas ações pretendidas pela ordem jurídica" (p. 37).

E, neste ponto, importa destacar que o Estado Democrático de Direito representa, justamente, a vontade constitucional de realização do Estado Social, e, para isto, precisa se utilizar do Direito, mas não mais um Direito instituído/forjado para resolver disputas interindividuais, de cunho liberal-individualista-normativista,[2] mas um Direito transformador, compatível e produzido para enfrentar os conflitos transindividuais, de natureza social, que abrangem toda a coletividade.

Neste sentido, o constitucionalismo precisa ganhar uma nova dimensão, uma nova importância, eis que é na Constituição que estão colocados os instrumentos para buscar resgatar os direitos fundamentais e construir uma verdadeira democracia substancial, que possibilite a todos uma vida digna e verdadeiramente humana, superando o entendimento predominante na dogmática constitucional brasileira, que continua reproduzindo a concepção de cidadania herdada do liberalismo.[3]

E o próprio Poder Judiciário passa a ganhar mais destaque no Estado Democrático de Direito, passando a ser o centro de decisões, eis que é nele que se buscará a concretização dos direitos fundamentais e a democracia, ou seja, a inércia do Executivo e a falta de atuação do Legislativo passam a poder ser supridas pelo Judiciário, justamente mediante a utilização de instrumentos jurídicos previstos na Lei Fundamental.[4] O Juiz, pois, deve superar o dogmatismo e o formalismo, passando a atuar para a transformação social, ciente de seu papel de destaque numa sociedade mais justa e solidária.[5]

---

[2] Id., ib., p. 43.

[3] Cf. MELO, Milena Petters. Cidadania: subsídios teóricos para uma nova *praxis*. In: SILVA, Reinaldo Pereira (Org.). *Direitos humanos como educação para a justiça*. São Paulo: LTr, 1998, p. 84.

[4] Neste sentido, CLÈVE, Clèmerson Merlin. Poder Judiciário: autonomia e justiça. *Revista dos Tribunais*, São Paulo, v. 692, jun. 1993, explica que: "Vivemos um momento de superação dos postulados individualistas do direito. Os conflitos individuais vão, na sociedade técnica e de massas, cedendo espaço para conflitos coletivos. Por outro lado, o tempo se acelera; conflitos novos nascem sem uma pronta solução normativa. As leis vão assumindo um caráter de provisoriedade; o papel do juiz cresce cada vez mais em importância. Cabe a ele, afinal, adequar os velhos dados normativos, às renovadas conjunturas, às situações emergentes, aos conflitos outrora inexistentes e, hoje, recorrentes. Se o direito dependia, na sociedade liberal, basicamente do legislador, hoje, na sociedade técnica e de massas, não sobrevive, não se aperfeiçoa, não evolui nem se realiza sem o juiz. Teria, todavia, o juiz consciência disso?" (p. 41).

[5] Consoante explica CINTRA JÚNIOR, Dyrceu Aguiar Dias. Interesses metaindividuais – questão de acesso à Justiça. *Revista dos Tribunais*, São Paulo, v. 676, fev. 1992: "Só é acessível neste sentido um Poder Judiciário que se mostre disposto a enfrentar os desafios impostos pela complexidade social de nossos dias, numa perspectiva crítica das limitações formalistas e da mentalidade dos juízes. Busca-se o acesso efetivo, em termos de justa e democrática composição de lides que hoje adquirem cada vez mais uma feição social, expressão de interesses ligados a sujeitos coletivos de direito, disseminados no seio da sociedade civil" (p. 39).

O Ministério Público, por sua vez, aparece neste novo Estado surgido com a Lei Fundamental de 1988, como instituição permanente, essencial à função jurisdicional do Estado, incumbindo-lhe a defesa da ordem jurídica, do regime democrático e dos direitos sociais e individuais indisponíveis, ou seja, com a missão precípua de defesa dos fundamentos e valores deste Estado Democrático de Direito que se tentou criar e, para tanto, foi aquinhoado com a ação penal, o inquérito e a ação civil pública, a ação direta de inconstitucionalidade, entre tantos outros institutos de importância, obviamente para bem desempenhar a sua importante missão na realidade social brasileira.

A Instituição ganhou, ainda, autonomia e independência, e seus agentes, as garantias de independência funcional, vitaliciedade, inamovibilidade e irredutibilidade de subsídios, numa equivalência com os próprios magistrados.

Por tudo isto, não poucos passaram a considerar a Instituição como um verdadeiro Poder de Estado, sem que, porém, fosse possível explicar exatamente qual a missão da Instituição e qual a sua real importância no Estado Democrático de Direito pátrio, o que, de certa forma, trouxe insegurança a seus membros, que, como muitos dos operadores jurídicos, ainda não se deram conta das mudanças trazidas pela nova realidade,[6] não se apercebendo de como podem ser importantes para a realização de uma sociedade mais justa e igualitária.

Assim, muito embora o crescimento inegável da Instituição e a melhora no preparo funcional de seus órgãos de execução (Promotores e Procuradores de Justiça), não se conseguiu, ainda, estabelecer exatamente qual é a tarefa do Ministério Público neste novo mundo pretendido, auxiliando, pois, para o descrédito constitucional e para a inefetividade dos direitos fundamentais.

Portanto, os órgãos de execução do Ministério Público também precisam compreender tal situação e a importância da Instituição e de suas funções para a transformação social que precisa ser implan-

---

[6] Neste sentido, alerta PINTO FILHO, Arthur. Constituição, classes sociais e Ministério Público. In: FERRAZ, Antonio Augusto de Camargo (Org.). *Ministério Público:* instituição e processo: perfil constitucional, independência, garantias, atuação processual civil e criminal, legitimidade, ação civil pública, questões agrárias. 2 ed. São Paulo: Atlas, 1999, que: "Percebe-se, com toda a clareza, que a tarefa do Ministério Público foi completamente modificada pelo legislador Constituinte. Constatar este fato é o início do longo caminho para que modifiquemos profundamente nossa estrutura, ainda não adequada para operar sob o novo modelo. Nossa estrutura ainda está formatada para atuar sob o perfil da Constituição de 1969. Não nos demos conta de nossa tarefa mais importante, a de manter o equilíbrio estabelecido na Constituição, fazendo valer seu texto em toda a sua inteireza, inclusive, e principalmente, no que pertine aos interesses e direitos das classes dominadas" (p. 87-88).

tada no Brasil, por expressa disposição constitucional, e utilizar, cada vez mais e melhor, os instrumentos jurídicos à disposição para tal objetivo, como a ação civil pública, a ação penal pública, as manifestações processuais, sempre objetivando a efetivação e a garantia dos direitos fundamentais, fazendo com que o Ministério Público seja, de forma real, o guardião do Estado Democrático brasileiro.

O problema que assim se impõe, então, é saber se o Ministério Público, que foi elevado à categoria de função essencial à Justiça, de caráter permanente e cuja atribuição constitucional é a defesa da ordem jurídica, do regime democrático e dos interesses sociais e individuais indisponíveis, está adaptado e atuando consoante os ditames constitucionais, concretizando os direitos fundamentais? E qual é, afinal, a natureza constitucional do Ministério Público brasileiro? O que é exatamente a Instituição e qual a sua importância no cenário público brasileiro?

Esta é, pois, a importância do tema para um país que se pretende democrático e garantidor dos direitos e fundamentais.

O objetivo inicial deste estudo, portanto, é de estabelecer noções básicas sobre o Estado Democrático de Direito e como tais questões devem modificar as concepções sobre Estado, Direito e constitucionalismo, a fim de que os operadores jurídicos possam entender a nova realidade e atuar efetivamente no sentido de criar uma sociedade mais humana. Afinal, "não bastam as leis, mas há necessidade de vontade política de concretizá-las".[7]

E, especialmente, o objetivo é destacar qual a exata concepção da instituição do Ministério Público no Estado Democrático de Direito brasileiro, a fim de que possa ser melhor identificada a sua missão constitucional e contribuir, dessa forma, para uma melhor atuação dos Promotores e Procuradores de Justiça na concretização de uma nova realidade social, superando-se as mazelas sociais.

Por óbvio, o interesse em estudar o Ministério Público surgiu em razão de sermos integrantes desta Instituição, mas, sobremaneira, porque, indubitavelmente, foi ela elevada a uma das mais importantes instituições nacionais, com tarefas significativas e de importância ímpar na sociedade brasileira.

A técnica de pesquisa utilizada é a pesquisa bibliográfica, a partir de uma revisão bibliográfica sobre Estado, Direito, Constitucionalismo e Direitos Humanos, bem como sobre o Ministério Público brasileiro, especialmente os relacionados com a Carta

---

[7] FAGÚNDEZ, Paulo Roney Ávila. O holismo e a garantia dos direitos fundamentais. In: SILVA, Reinaldo Pereira (Org.). *Direitos humanos como educação para a justiça*. São Paulo: LTr, 1998, p. 96.

Constitucional brasileira de 1988. O método utilizado é o hermenêutico,

> ... visto, a partir de Heidegger, como "interpretação ou hermenêutica universal", é dizer, como revisão crítica dos temas centrais transmitidos pela tradição filosófica através da linguagem, como destruição e revolvimento do chão lingüístico da metafísica ocidental, mediante o qual é possível descobrir um indisfarçável projeto de *analítica da linguagem, numa imediata proximidade com a praxis humana, com existência e faticidade*, onde a linguagem – o sentido, a denotação – não é analisada num sistema fechado de referências, mas, sim, no plano da historicidade. Enquanto baseado no método hermenêutico-lingüístico, o texto procura *não se desligar da existência concreta*, nem da carga pré-ontológica que na existência já vem sempre antecipada.[8]

O trabalho desenvolve-se em doze capítulos, sendo que, nos quatro primeiros – *A origem, significação e transformações do Estado Moderno e Contemporâneo, Uma análise do Constitucionalismo e do Direito e suas transformações no Estado Moderno e Contemporâneo, Os Direitos Humanos e Fundamentais* e *Um breve histórico constitucional brasileiro: situando as transformações do Estado e do Direito no Brasil* –, estudar-se-ão, individualmente e de forma fragmentada, as transformações do Estado, do Direito e do Constitucionalismo, e dos Direitos Humanos e Fundamentais, sempre a partir da Idade Moderna, bem como a evolução constitucional brasileira, a fim de possibilitar uma visão panorâmica de como, na história mundial, e, especificamente, no Brasil, ocorreram as transformações sociais, políticas e jurídicas, que nos possibilitarão avaliar, com mais clareza, o que representa, em nossos dias, o Estado Democrático de Direito, a Constituição e os direitos humanos e fundamentais. E, nos capítulos quinto e sexto – *O Estado Democrático de Direito na Constituição brasileira* e *Globalismo, Neoliberalismo e a crise do Estado e do Direito* –, analisar-se-á, de forma mais detida, o Estado brasileiro atual e a crise que assola o Estado e o Direito, procurando esclarecer no que consiste tal crise e como superá-la. Dessa forma, a partir deste estudo mais descritivo, criar-se-ão categorias epistemológicas básicas para passarmos a analisar qual é a posição do Ministério Público no Estado brasileiro e qual a importância desta instituição num novo modelo de Estado estabelecido com a Carta Constitucional de 1988.

A seguir, nos outros seis capítulos, passar-se-á a analisar, nos capítulos sétimo e oitavo – *Considerações iniciais e evolução do Ministério Público na história da civilização* e *O Ministério Público brasileiro: suas origens e seu desenvolvimento constitucional* –, a história do Ministério Público, no mundo e no Brasil, bem como realizaremos, no

---

[8] STRECK, Lenio Luiz, op. cit., 1999a, p. 17.

nono capítulo – *O papel do Ministério Público no direito comparado* –, um estudo de direito comparado, tudo com o objetivo de efetuar uma correta interpretação de como está situada a Instituição no atual paradigma constitucional brasileiro, o que, justamente, far-se-á no décimo capítulo – *O Ministério Público e sua colocação na arquitetura constitucional brasileira* –, onde, partindo do estudo da teoria da separação dos Poderes, o Ministério Público será situado como um órgão de soberania constitucional, a partir dos ensinamentos do constitucionalismo português. Já no décimo primeiro capítulo – *O Ministério Público e a defesa da Constituição, da democracia e dos direitos fundamentais* –, far-se-á uma análise da missão da Instituição no Estado Democrático brasileiro e suas principais funções, para demonstrar qual a sua exata relevância para a sociedade brasileira, eis que recebeu da Carta Magna a tarefa de defender a ordem jurídica, o regime democrático e os direitos sociais e individuais indisponíveis, enquanto, no último capítulo – *O Ministério Público brasileiro como garantia institucional e cláusula pétrea* –, serão tratadas as conseqüências jurídicas e constitucionais de se colocar a instituição como um órgão constitucional de soberania e defensor da sociedade, ou seja, no que se refere ao seu posicionamento constitucional e às conseqüências daí advindas, ou seja, na concepção de uma garantia constitucional e institucional dos direitos fundamentais. Observa-se, apenas, que, por questão estratégica, o estudo de direito comparado foi realizado num capítulo próprio, a fim de demarcar, mais precisamente, a sensível diferença da Instituição brasileira frente aos seus similares estrangeiros, possibilitando-se, assim, uma melhor análise da sua colocação constitucional. Da mesma forma, as funções e importância da Instituição foram analisadas, no décimo primeiro capítulo, antes mesmo de serem estudadas as conseqüências jurídicas da colocação do Ministério Público como uma garantia constitucional e institucional, feito no último capítulo, justamente para que fosse possível entender a amplitude da Instituição no Estado brasileiro e sua relevância jurídico-constitucional.

Nas *Considerações Finais*, por fim, busca-se relembrar, em linhas gerais, algumas das questões mais importantes do estudo, em especial de que cabe a nós, operadores jurídicos, nos aperceber que a sociedade brasileira está carente das transformações sociais e que temos todo um instrumental jurídico-constitucional para concretizar tais transformações, urgentes e necessárias para promover a dignidade do homem brasileiro, e, de maneira particular, que nós, integrantes de uma instituição importante e fundamental como é o Ministério Público, devemos compreender tal realidade e nos empenhar, ao máximo, para concretizar a tarefa constitucional que nos foi dada, qual seja, a de proteger a Constituição, a democracia e os direitos fundamentais.

Tal estudo, diga-se, é apenas um início e não pretende esgotar as questões nele envolvidas. Espera-se, apenas, que possa servir para despertar um sentimento constitucional e um desejo de transformação social.

1. A origem, significação e transformações do Estado Moderno e Contemporâneo

O estudo do Estado,[9] sua origem e formação, é matéria para ampla discussão, envolvendo várias teorias e diferentes concepções,[10] para muito além da presente pretensão, que é a de demonstrar, em princípio, as transformações na organização da sociedade no mundo moderno,[11] situando-se, após, as transformações do próprio Direito (do Constitucionalismo e dos Direitos Humanos e Fundamentais) no mesmo período.

Parte-se, pois, do Estado Moderno,[12] eis que é a partir dele que surgem as concepções de soberania, Estado-nação, Direitos Humanos e Constitucionalismo, fundamentos que moldaram a nossa atual

---

[9] Uma rápida definição de Estado é dada por DALLARI, Dalmo de Abreu. *Elementos de teoria geral do estado*. 20 ed. São Paulo: Saraiva, 1998: "parece-nos que se poderá conceituar o Estado como a *ordem jurídica soberana que tem por fim o bem comum de um povo situado em determinado território*" (p. 118).

[10] Uma análise mais detalhada da origem e formação do Estado é possível na obra de DALLARI, Dalmo de Abreu. *Elementos de teoria geral do estado*, 1998, p. 51/59; ou, ainda, na obra de LEAL, Rogério Gesta. *Teoria do estado:* cidadania e poder político na modernidade. Porto Alegre: Livraria do Advogado, 1997a, p. 65/120.

[11] Importante observar que a presente análise, das transformações do Estado e, por óbvio, da sociedade, não será tanto histórica ou crítica, porém de cunho mais teórica e descritiva, eis que cada Estado e sua respectiva sociedade vivenciou de maneira diversa as transformações históricas, por vezes em épocas diferentes, e com intensidade desigual, sendo que se pretende apenas dar um pequeno panorama das principais transformações ocorridas, sem entrar em casos particulares ou específicos. Posteriormente, procurar-se-á demonstrar o quão importantes são estas transformações para a análise da atual situação de nosso sistema jurídico e da conhecida crise do Estado e do Direito. Todavia, poderemos apontar, desde já, de maneira objetiva, os três grandes tipos de Estado de Direito (Constitucional) que o mundo ocidental presenciou: o Estado Liberal, o Estado Social e o Estado Socialista. Hoje, ainda, fala-se em Estado Democrático de Direito (ou Estado Social e Democrático de Direito) para identificar uma nova e atual transformação do Estado, que envolveria uma nova sociedade protegida em suas liberdades individuais, e, além disto, participante efetiva das mudanças sociais.

[12] O Estado Moderno, que, na visão de CANOTILHO, José Joaquim Gomes. *Direito constitucional e teoria da constituição*. 3 ed. Coimbra: Almedina, 1999, corresponde, no essencial, ao modelo de Estado emergente da Paz de Westefália (1648), possui os seguintes elementos constitutivos: "(1) *poder político de comando*; (2) que tem como destinatários os cidadãos nacionais (*povo* = sujeitos do soberano e destinatários da soberania); (3) reunidos num determinado território." (p. 86).

sociedade e que são de vital importância para a compreensão das transformações políticas e sociais do mundo moderno.[13]

O Estado Moderno, nesse sentido, surge com o rompimento do Medievo, com a superação do sistema feudal e sua permanente instabilidade política, econômica e social,[14] que despertou a consciência para a busca de uma unidade, "que afinal se concretizaria com a afirmação de um poder soberano, no sentido de supremo, reconhecido como o mais alto de todos dentro de uma precisa delimitação territorial".[15]

Observa-se que a unidade pretendida era de interesse dos senhores feudais e dos pequenos e grandes proprietários,[16] que buscavam cessar as arbitrariedades do poder dividido e a insegurança econômica, política e social existente no Medievo. Logo, não se pode olvidar que as transformações ocorridas têm origem, em grande modo, nos interesses dos proprietários e de outros agentes sociais, unidos contra as mazelas do sistema medieval.[17]

---

[13] Neste sentido, CANOTILHO, José Joaquim Gomes, op. cit., 1999, p. 85, cita Jean Bodin, com *Les Six Livres de la République* (1576), e Thomas Hobbes, com o seu *Leviathan* (1651), como fundamentais para entender o Estado, a sua soberania e o seu poder como categorias centrais da modernidade política.

[14] Para Dalmo de Abreu Dallari: "As deficiências da sociedade política medieval determinaram as características fundamentais do *Estado Moderno*. A aspiração à antiga unidade do Estado Romano, jamais conseguida pelo Estado Medieval, iria crescer de intensidade em conseqüência da nova distribuição da terra. Com efeito, o sistema feudal, compreendendo uma estrutura econômica e social de pequenos produtores individuais, constituída de unidades familiares voltadas para a produção de subsistência, ampliou o número de proprietários, tanto dos latifundiários quanto dos que adquiriram o domínio de áreas menores. Os senhores feudais, por seu lado, já não toleravam as exigências de monarcas aventureiros e de circunstância, que impunham uma tributação indiscriminada e mantinham um estado de guerra constante, que só causavam prejuízo à vida econômica e social" (op. cit., 1998, p. 70).

[15] DALLARI, Dalmo de Abreu, op. cit., 1998, p. 70.

[16] E aqui já se identifica a burguesia, classe em ascensão e desejosa de maior liberdade política, social e econômica. Para BONAVIDES, Paulo. *Teoria do estado*. 3 ed. São Paulo: Malheiros, 1995: "Não foi a monarquia absoluta produto da classe burguesa, sendo realidade política autônoma, subsistente por si mesma, em cuja aparição intervieram causas econômicas, religiosas e políticas, quais o mercantilismo, a controvérsia religiosa – de que saiu abalada nos fundamentos a Cristandade – e a fadiga das guerras civis. Não foi tampouco a monarquia absoluta gerada pela burguesia como expressão de seu triunfo político, ou seja, triunfo de classe, porque a burguesia, sem embargo de todo o poder econômico que detinha, já plenamente afirmado e cuja afirmação fora em parte favorecida – não há que recusar – pela monarquia absoluta, malograra, contudo, em impor-se politicamente" (p. 67).

[17] Segundo Dalmo de Abreu Dallari: "Para que se compreenda a organização feudal é preciso ter em conta que as invasões e as guerras internas tornaram difícil o desenvolvimento do comércio. Em conseqüência, valoriza-se enormemente a posse da terra, de onde todos, ricos ou pobres, poderosos ou não, deverão tirar os meios de subsistência. Assim, pois, toda a vida social passa a depender da propriedade ou da posse da terra, desenvolvendo-se um sistema administrativo e uma organização militar estreitamente ligados à situação patrimonial" (op. cit., 1998, p. 69).

O conceito de soberania,[18] nesse sentido, é uma das bases da idéia de Estado Moderno, sendo tratada teoricamente pela primeira vez na obra de Jean Bodin, em *Les Six Livres de la République* (1576). Tal conceito serviu às nações que se formavam com o rompimento do Medievo, saindo da descentralização do poder inerente ao feudalismo. Assim, "O poder soberano que, no feudalismo estava ligado ao direito de propriedade, concedido aos barões em suas propriedades, foi então concentrado no rei, personificação do Estado".[19] A supremacia da monarquia, ao final da Idade Média,

> já não encontra poder paralelo que lhe faça sombra – o rei torna-se, então, detentor de uma vontade incontrastada em face de outros poderes, ou melhor, de outros poderosos, e. g., os barões ou senhores feudais nos limites de suas propriedades. Ou seja, deixa de existir uma concorrência entre poderes distintos, e ocorre uma conjugação dos mesmos em mãos da monarquia, do rei, do soberano.[20]

No Estado Moderno, com a soberania e o absolutismo que se instaura (Estado Absolutista), também ocorre a supremacia absoluta dos monarcas na ordem temporal, afastando o poder da Igreja nos assuntos do Estado,[21] embora fosse ainda o poder espiritual que legitimava o poder do rei.[22] Em Hobbes, todavia,

> dadas as características de seu contratualismo, a absolutização da soberania atinge seu ápice. Não havendo Direito antes da instituição do Estado – ou seja, só há Direito como direito estatal – e não sendo assegurados limites à atuação do soberano, seu poder afirma-se supremo, incontrastável mesmo frente às leis naturais que, no caso hobbesiano, são desprezadas. A lei era a lei civil que, como tal, aparecia e se desenvolvia com o estabelecimento pactuado do Estado e a consolidação da soberania. Quem instituía direitos e obrigações, até então inocorrentes, era a soberania ela-mesma.[23]

---

[18] Para GUSMÃO, Paulo Dourado de. *Introdução ao estudo do direito.* 11 ed. Rio de Janeiro: Forense, 1986: "Pode-se dizer que soberania é o poder de soberana e originariamente governar e disciplinar juridicamente a vida de um povo, em um território, sem a interferência de outro poder, ou de outro Estado ou de outra ordem jurídica. É, assim, o poder originário, que não decorre de ordem jurídica estranha ou de outro poder" (p. 422).

[19] Id., ib., p. 423.

[20] MORAIS, José Luis Bolzan de. *Do direito social aos interesses transindividuais*: o estado e o direito na ordem contemporânea. Porto Alegre: Livraria do Advogado, 1996a, p. 40.

[21] Neste sentido, DALLARI, Dalmo de Abreu, op. cit., 1998, p. 67-68, dá exemplos interessantes de disputas políticas entre Papas e Imperadores.

[22] Embora a soberania do rei, para alguns, não estivesse submetida sequer às leis divinas (em Hobbes, por exemplo), certo é que este poder vinha amparado nas leis naturais, sendo que, como esclarece Dalmo de Abreu Dallari, a partir do estudo da obra de Jean Bodin, *Les Six Livres de la République*, "todos os príncipes das Terras lhes estão sujeitos e não está em seu poder contrariá-las, se não quiserem ser culpados de lesar a majestade divina, fazendo guerra e Deus, sob a grandeza de quem todos os monarcas do mundo devem dobrar-se e baixar a cabeça com temor e reverência" (op. cit., 1998, p. 77).

[23] MORAIS, José Luis Bolzan de, op. cit., 1996a, p. 40.

O poder do soberano é absoluto e perpétuo, não sofrendo limitações sequer quanto à sua duração. A soberania caracteriza-se

> como um poder que é juridicamente incontrastável, pelo qual se tem a capacidade de definir e decidir acerca do conteúdo e aplicação das normas, impondo-as coercitivamente dentro de um determinado espaço geográfico. Ela é, assim, tradicionalmente, tida como una, indivisível, inalienável e imprescritível.[24]

A Monarquia Absoluta chegara ao seu ápice[25] e contra ela iniciou-se toda uma corrente de pensamento, no início buscando restringir tal poder e, por fim, sendo as bases para a superação de tal modelo.

E o poder concentrado nas mãos do rei era um obstáculo para a burguesia, o então setor mais dinâmico da sociedade, que já possuía o poder econômico, mas pretendia, também, o poder político.[26] Na realidade, o modelo absolutista concentrava o poder nas mãos reais e "só contemplava política e juridicamente as duas classes reconhecidas: a nobreza e o clero".[27]

O contratualismo, escola que floresce entre os séculos VXII e XVIII, e que teve ilustres pensadores como Hobbes, John Locke e Jean-Jacques Rousseau, entre outros, inicia todo o arcabouço teórico para a tomada de poder pela classe burguesa.

Assim, no ano de 1726, Jean-Jacques Rousseau publicaria *O Contrato Social*, no qual dá grande ênfase ao conceito de soberania, mas transferindo sua titularidade do governante para o povo. Para Rousseau, é o pacto social, feito pelos cidadãos, que dá o poder político, que, todavia, é limitado, não podendo ultrapassar os limites da convenção geral.

John Locke, delineador dos contornos do liberalismo e burguês puritano, também colocava limitações ao poder soberano, pois o Estado estava limitado pelos direitos naturais, que os súditos mantinham como garantias próprias, sob pena de quebra do pacto social.

---

[24] MORAIS, José Luis Bolzan de, op. cit., 1996a, p. 41.

[25] Neste sentido, SARAIVA, Paulo Lopo. *Garantia constitucional dos direitos sociais no Brasil*. Rio de Janeiro: Forense, 1983, esclarece que: "A personificação das funções e órgãos estatais impulsionara o monarca a declarar que o Estado era ele próprio. *L'état c'est moi*. Era impossível imaginar maior concentração de poderes e maior soma de arbítrio. O centro das decisões político-administrativas fixava-se no rei que, como todo-poderoso, dirigia, a seu talante, a sociedade integral" (p. 7).

[26] Para Paulo Bonavides: "A fim de alforriar-se politicamente, isto é, a fim de resolver a contradição entre o poder econômico auferido e a sujeição política a que ficara reduzido é que a burguesia conspirou, se fez revolucionária, empunhou armas e se volveu contra a realeza absoluta, até promover-lhe a queda fragorosa, mediante atos de ferocidade e violência, quais foram os episódios trágicos marcados no calendário de sangue da Revolução de 1789" (op. cit., 1995, p. 68).

[27] SARAIVA, Paulo Lopo, op. cit., 1983, p. 7.

Também Montesquieu, em sua obra *De L'Esprit des Lois*, aparecida em 1748, concebeu a teoria da separação de Poderes, justamente para assegurar a liberdade dos indivíduos. Dessa forma, no combate da burguesia contra a monarquia absoluta, a idéia de soberania popular se fortalece, concebendo-se a nação como o próprio povo numa ordem, igualitária e racional. A burguesia, através das idéias iluministas, desenvolve um trabalho de conscientização, influenciando classes sociais mais pobres,[28] com a qual se juntaria para, de fato, tomar o poder político.[29]

Com a Revolução Francesa de 1789, a burguesia toma, enfim, o poder, conseqüência de toda essa mentalização liberalizante, construída pelo pensamento de vários e influentes doutrinadores, como John Locke, Montesquieu, Kant, Rousseau e tantos outros. É instaurado o chamado Estado Liberal, fonte do liberalismo jurídico, político, econômico e social, e, ainda, modelo para as nações ocidentais.

Também não pouca importância assumem, nesta mudança de paradigma, os Estados Unidos, na Declaração de Direitos da Virgínia e na Declaração de Independência dos Estados Unidos, ambos de 1776.

Ao substituir o rei pela nação, urgia à classe dominante

> o estabelecimento das medidas iniciais que pudessem transfigurar a face do falecido Estado, a fim de que surgisse um outro, mais consentâneo com as necessidades da época. Um estado que tivesse como centro, não o rei, mas a lei. Passa-se, então, do *L'état c'est moi* para *L'etat c'est la loi*.[30]

Do Estado absoluto passa-se, pois, para o Estado liberal e burguês, assentado na ideologia do liberalismo político e econômico e pela dominação da classe burguesa.[31] E, ao invés do comando pes-

---

[28] Para Paulo Bonavides: "A Revolução da burguesia em armas serviria apenas de epílogo militar à Revolução intelectual que dantes lavrara nas consciências, arrastando em seu cortejo à nova ordem os melhores espíritos de França, aliciando ao sufrágio de suas teses o escol das inteligências que fizeram do século XVIII o século filosófico e político por excelência, o século das luzes, do reexame crítico da autoridade, da contestação religiosa, do dissídio entre a razão e o passado" (op. cit., 1995, p. 68).

[29] Neste sentido, Paulo Lopo Saraiva, afirma que: "A insurreição contra a classe absolutista demandava coragem e união de forças marginalizadas, pois só elas, mais numerosas e quantitativamente fortes haveriam de vencer a monarquia insensível aos reclamos populares e aos imensos problemas que, cotidianamente, afligiam as camadas sociais de menor poder" (op. cit., 1983, p. 7).

[30] SARAIVA, Paulo Lopo, op. cit., 1983, p. 8.

[31] WOLKMER, Antonio Carlos. *Ideologia, estado e direito*. São Paulo: Revista dos Tribunais, 1989, explica, de maneira profunda, a ideologia dos burgueses na Revolução Francesa, partindo de idéias jusnaturalistas para, após a tomada do poder, positivar estes ideais: "A ideologia jurídica do século XVIII refletiu as condições sociais e econômicas da burguesia capitalista ascendente. A sociedade aristocrática, fundada no modo de produção feudal, caracterizou-se por uma ideologia marcadamente religiosa, enquanto a organização social burguesa se alicerçou numa ideologia jurídica do liberal-contratualismo. A função ideológica da teoria jusnatu-

soal, transita-se para o comando da lei, originando, então, o princípio basilar do Estado Liberal: a legalidade.

O Estado Liberal possui como sua principal finalidade a preservação da liberdade do homem, através da limitação jurídica do arbítrio do Poder Público e da estabilidade jurídica das garantias individuais liberais:

> Em vez da tradição, o contrato social; em vez da soberania do príncipe, a soberania nacional e a lei como expressão da vontade geral; em vez do exercício por um só ou seus delegados, o exercício por muitos, eleitos pela colectividade; em vez da razão do Estado, o Estado como executor de normas jurídicas; em vez de súbditos, cidadãos, e atribuição a todos os homens, apenas por serem homens, de direitos consagrados nas leis. E instrumentos técnico-jurídicos principais tornam-se, doravante, a Constituição, o princípio da legalidade, as declarações de direitos, a separação de poderes, a representação política.[32]

Os liberais exaltavam o individualismo e as liberdades individuais,[33] sendo que

> na esfera econômica, a doutrina liberal se manifesta através da preservação da propriedade privada e da riqueza individual, insurgindo-se contra toda e qualquer forma de intervencionismo estatal, com a adoção do histórico slogan capitalista: *lais-*

---

ralista, enquanto proposição defensora de um ideal eterno e universal , nada mais fez do que esconder seu real objetivo, ou seja, possibilitar a transposição para um outro tipo de relação política, social e econômica, sem revelar os verdadeiros atores beneficiados. A ideologia enunciada por este jusnaturalismo mostrou-se extremamente falsificadora ao clamar por uma retórica formalística da igualdade, da liberdade, da dignidade e da fraternidade de todos os cidadãos. Esta proposição de Direito Natural denota os impasses e as contradições que a burguesia vitoriosa teve para suplantar o sistema de privilégios do Antigo Regime. Ora, os princípios teóricos do jusnaturalismo consagram a anárquica rebeldia contra a ordem opressora e discricionária, bem como a via revolucionária para a libertação e para a conquista do poder. Mas, no fundo, como pondera Michel Miaille, o 'direito racional da Revolução Francesa é o direito do homem egoísta, da sociedade burguesa fechada sobre os seus interesses. Esquecendo os homens concretos, ele (o direito) limita-se a proclamar princípios que não têm, exceto para a burguesia, qualquer espécie de realidade'. Neste sentido, lembra Nico Poulantzas, a concepção ideológica do liberalismo jurídico burguês definia, claramente, que, em face de sua lei, todos eram livres e iguais, mas 'sob a condição de que todos fossem e se tornassem burgueses'. Depreende-se a partir dessa afirmação que a burguesia, ao chegar ao poder, se adona do aparelho legislativo do Estado, não sendo mais necessário invocar a bandeira do jusnaturalismo libertário; nesse instante, constrói e solidifica o patamar de um ordenamento positivista que irá oficializar seus novos interesses imperantes" (p. 125-126).

[32] MIRANDA, Jorge. *Manual de direito constitucional*. 2 ed. Coimbra: Editora Coimbra, 1982, Tomo I, p. 77.

[33] Neste sentido, Jorge Miranda, explica que: "Daí, o realce das liberdades jurídicas do indivíduo, como a liberdade contratual; a absolutização da propriedade privada (também considerada uma liberdade); a recusa, durante muito tempo, da liberdade de associação (por se entender, no plano dos princípios, que a associação reduz a liberdade e por se recear, no plano prático, a força da associação dos mais fracos economicamente); e desvios aos princípios democráticos (apesar da sua proclamação formal), nomeadamente, através da restrição do direito de voto aos possuidores de certos bens ou rendimentos, únicos que tendo responsabilidades sociais, deveriam ter responsabilidades políticas (sufrágio censitário)" (op. cit., 1982, p. 79).

sez faire, laisez passer que le monde va de lui même. No campo político, o Estado Liberal consagra o sistema representativo popular, a democracia parlamentar e o respeito à lei, como técnica de combate à tirania.[34]

A base teórica econômica do liberalismo encontra-se em autores como Adam Smith, Jeremy Bentahm e, ainda, John Stuart Mill.

O que importa reforçar, pois, é que o Estado Liberal apresenta-se como a iniciativa de uma classe, e não como proposta do povo, ao qual a grande massa proletária tem de aderir. Este Estado seria conhecido como "Estado Guarda Noturno", eis que sua única tarefa era resguardar as liberdades individuais, não se importando com as desigualdades sociais e as diferenças de classe, desconhecendo, assim, todas as diferenças sociais entre a classe dos burgueses e a do povo. Ao Estado Liberal cabia, somente, o estabelecimento de instrumentos legais para assegurar o livre desenvolvimento das pretensões individuais, sem qualquer preocupação com a estrutura social desigualitária. Ao mercado caberia regular a ordem social e econômica.

Assim, em linhas gerais, o Estado Liberal caracteriza-se pela vitória da proposta econômica liberal, fundada na propriedade privada, em especial nos meios de produção:

> O alicerce teórico da liberdade será a propriedade e os cidadãos serão aqueles que participam da ordem econômica de forma produtiva. Os direitos políticos em sentido restrito, entendidos como direitos de participar no poder do Estado votando e sendo votado, serão apenas dos proprietários que tenham acima de renda anual, muitas vezes constitucionalmente prevista. Assim, o cidadão será apenas o proprietário.[35]

As regras do liberalismo, todavia, não levam ao que fora prometido pelos seus teóricos, eis que

> A exacerbação da atividade econômica, sem nenhum controle por parte do Estado, gerou uma sociedade assimétrica, desigual, cujas disparidades sociais deixaram transparecer uma relação de extrema conflituosidade entre a minoria detentora do poder econômico e o restante da população despossuída e desassistida.[36]

Portanto, é um período marcado por graves conflitos extremados entre a classe detentora do capital e a classe trabalhadora das fábricas, que passou a reivindicar melhores condições de trabalho e de vida. Neste sentido,

---

[34] SARAIVA, Paulo Lopo, op. cit., 1983, p. 9.

[35] MAGALHÃES, José Luiz de Quadros de. Globalização e exclusão. *Revista de Direito Comparado*, Belo Horizonte, v. 1, n. 1, jul. 1997, p. 101.

[36] ARAUJO, Luiz Ernani Bonesso de. *O acesso à terra no estado democrático de direito*. Frederico Westphalen: Ed. da URI, 1998, p. 25-26.

O descumprimento das regras pelos competidores levava a economia do século XIX, ao mesmo tempo a um processo de crescimento jamais visto até então e a uma acumulação e concentração de riquezas também incomuns. A concentração de riqueza leva à eliminação da livre concorrência e livre iniciativa, idéias basilares do liberalismo, ao mesmo tempo que acentuava a limites alarmantes a miséria e outras formas emergentes de exclusão social. A resposta inicial do Estado liberal será a de combater a crescente marginalidade, criminalidade e as revoltas sociais de trabalhadores com a força policial e com reformas urbanas, que permitissem à polícia controlar mais facilmente as revoltas sociais. Entretanto a organização internacional de trabalhadores e a existência na segunda metade do século XIX, de uma proposta científica como alternativa ao Estado liberal, fazem com que a elite que se afirmou com o modelo econômico construído neste século, percebesse a necessidade de gradativamente incorporar reivindicações dos trabalhadores e propostas dos socialistas, numa tentativa de atenuar as distorções econômicas e acalmar a tensão social.[37]

Aos poucos, as relações trabalhistas começam a se modificar, tendo em vista as mazelas do sistema capitalista e da inoperância do Estado. Novas organizações de trabalhadores começam a surgir, inicialmente clandestinas, pressionando o capital e o Estado,[38] e as idéias socialistas frutificam.[39]

A sociedade exigia, pois, do Estado um outro comportamento, de intervenção e controle dos segmentos privados.[40] Desta forma, o

---

[37] MAGALHÃES, José Luiz de Quadros de, op. cit., 1997, p. 101-102.

[38] Para José Luis Bolzan de Morais: "É na passagem do século XVIII e início do XIX, no entanto, que a situação nas relações trabalhistas começa a se modificar, tendo em vista que o novo paradigma de produção exigia rápida união e organização dos trabalhadores para que fosse possível reivindicar, sobretudo, melhores condições de trabalho – redução na jornada, pagamento de salários compatíveis com a função desempenhada, regulação do trabalho da mulher e do menor, etc. – reivindicações estas que, se partissem do trabalhador individualmente considerado, certamente seriam denegadas e destinadas ao fracasso" (op. cit., 1996a, p. 90).

[39] Para Luiz Ernani Bonesso de Araujo: "Impulsionados pelas teorias marxistas, anarquistas, ou, ainda, cristãs, almejavam, ou uma outra sociedade que decretasse o fim do capital e da divisão da sociedade em classes (Marx), ou o fim do Estado (anarquistas), ou ainda uma relação capital-trabalho mais humanizada, que desse garantias efetivas de uma vida mais digna ao trabalhador, através da assistência à saúde, previdência, educação, remuneração justa e horário de trabalho regulamentado (defendido tanto pelos cristãos, como também pelos 'revisionistas', que eram aqueles que, mesmo não concordando com o determinismo de Marx, queriam construir uma sociedade socialista, mas acreditavam que esta só poderia se dar por etapas, a partir de avanços graduais em favor da classe trabalhadora)" (op. cit., 1998, p. 27).

[40] Paulo Lopo Saraiva, explica que: "As necessidades sociais, evidenciadas, em princípio, pela Revolução Industrial e, posteriormente, pelos movimentos socialistas que se sucedem, ao longo do tempo, demonstram, com clareza, que não basta ao ser humano o atributo da Liberdade, mas há um imperativo maior, que é a própria condição de usufruir dessa liberdade, ou seja, a condição socioeconômica capaz de admiti-la como pessoa humana. As transmutações ocorridas na Europa, no século XIX, denunciam um novo posicionamento popular, intrinsecamente vinculado à questão social, *mal do século*, que obrigou os estadistas a mudarem seu conceito sobre Estado, buscando uma nova ordem jurídica e econômica, ou tentando, como se verá um *Tertium Genus*, que não padecesse do liberalismo excessivo, tampouco portasse a coação do socialismo revolucionário. Verificou-se que a posição absenteísta do Estado não

Estado passa a admitir uma sensível mudança de postura perante as questões socioeconômicas, garantindo direitos sociais, como, por exemplo, a limitação da jornada de trabalho, a previdência social, etc.[41]

Após uma fase de transição, entre o final do século XIX e o início do século XX, onde as conquistas sociais ainda não estavam constitucionalizadas, embora já previstas na legislação infraconstitucional, o Estado assume uma postura verdadeiramente intervencionista, em especial após a 1ª Guerra Mundial, com a grave crise que se instalou na Europa, marco divisor entre o Estado absenteísta e o novo Estado Social. É com a Constituição Mexicana de 1917 e a Constituição de Weimar, na Alemanha de 1919, que os direitos sociais são erigidos em direitos constitucionais.[42]

Este novo Estado Social é assentado, ainda, na idéia do capitalismo.[43] Todavia, o intervencionismo, o controle de segmentos privados, a participação ostensiva do Estado nas mais diversas atividades, formam um novo paradigma estatal.

Salienta-se, outrossim, que a transformação do Estado Liberal clássico em Estado Social ocorreu, em grande modo, em face da incapacidade do modelo anterior em responder de maneira urgente à grave crise social e econômica que se abateu sobre o mundo, bem como em resposta aos ideais socialistas em expansão e, de maneira especial, ao Estado Socialista que surgiu, em 1917, na Rússia, que representava uma ruptura completa com o sistema capitalista.

Não se pode esquecer, ainda, após a 1ª Guerra Mundial, da expansão do fascismo (Itália) e do nazismo (Alemanha), além de

---

acompanhava a marcha do tempo, de vez que o proletariado, nova classe social, começava a impor sua vontade, através de atitudes inusitadas, proclamadoras de uma desconhecida verdade histórica" (op. cit., 1983, p. 11).

[41] Neste sentido, José Luiz de Quadros de Magalhães, menciona exemplos de mudanças nos Estados da época: o Estado Alemão, recém-unificado, é um dos pioneiros na legislação social. A Áustria também elabora uma legislação previdenciária, enquanto os Estados Unidos, em 1890, editam a Lei Sherman, modelo de legislação antitruste, visando a combater a concentração econômica que provocava a eliminação da concorrência e da livre iniciativa (op. cit., 1997, p. 102).

[42] Para José Luiz de Quadros de Magalhães, o novo modelo constitucional, mantendo "o núcleo liberal de direitos individuais e políticos, amplia o catálogo de direitos fundamentais acrescentando dois novos grupos de direitos: os direitos sociais relativos ao trabalho, saúde, educação, previdência e os direitos econômicos que marcam a postura intervencionista do Estado que passa a regular a economia e em alguns casos a exercer atividades econômicas" (op. cit., 1997, p. 102).

[43] José Luiz de Quadros de Magalhães, alerta que: "Podemos dizer que o Estado Social-liberal significou uma necessária mudança do Estado Liberal clássico, para de alguma forma preservar a idéia de uma economia capitalista livre, onde, à custa do não intervencionismo Estatal se preservassem a concorrência e a livre iniciativa. Entre outras palavras o liberalismo muda e o capitalismo liberal passa a ter uma preocupação social para preservar uma importante parcela do núcleo do pensamento liberal" (op. cit., 1997, p. 102).

outras correntes nacionalistas, alternativas do grande capital nacional europeu para barrar a expansão da revolução socialista, evitando com isto o comprometimento dos interesses capitalistas,[44] fator que contribuiu de maneira direta para a eclosão da 2ª Guerra Mundial.

Com o período do pós-guerra, há o renascimento do Estado Social assim como a expansão do Estado Socialista soviético, surgindo um mundo bipolar, entre as duas grandes potências mundiais, cada qual representando uma corrente ideológica, sendo a "guerra fria", que se estendeu até 1989, com a queda do muro de Berlim, o palco deste confronto.

O Estado Social retorna com muito mais força, passando a intervir no domínio econômico, com preocupação social e econômica. Mais que isto, o Estado passa a exercer atividade econômica, assistindo, de forma permanente, os excluídos do sistema social e econômico. O assistencialismo e o clientelismo são marcas típicas iniciais deste Estado.[45]

É claro que isto não ocorre de forma igualitária para todas as nações ocidentais, eis que, na Europa, em face da devastação provocada pela 2ª Grande Guerra, há grande apoio dos Estados Unidos para reerguer a economia e construir um efetivo Estado Social, que alcançasse uma justiça social concreta (a fim de manter o ideal co-

---

[44] Neste sentido, José Luiz de Quadros de Magalhães, aduz que: "Os fascismos europeus assim como o nazismo têm em comum um discurso social, a prática de uma economia dirigida voltada para a indústria bélica, a violência, sendo um movimento anti-democrático, anti-socialista, anti-liberal, anti-comunista, anti-operariado, ultra-nacionalista e especialmente no caso alemão, anti-semita." (op. cit., 1997, p. 103). E completa: "A capacidade do fascismo e do nazismo de reverter a penetração do movimento socialista reside na sua forte base cultural na qual se funda o discurso social nacionalista. Resgatando elemento por sobre o qual se constrói o sentimento de pertinência a um estado nacional, como um passado histórico comum, valores comuns, idioma comum e projeto político comum, o fascismo nas suas variadas formas busca construir a unidade nacional contra o estrangeiro que oprime, que é inferior, que impede o desenvolvimento livre da nação, possibilitando com isto oferecer uma alternativa muito mais próxima da realidade do povo, pois uma alternativa nacional, capaz de desmobilizar a proposta internacionalista e nova de luta de classes, presente no socialismo. Contra o internacionalismo socialista construído a partir do objetivo comum de todos os trabalhadores para eliminar o capital opressor, nada melhor que o discurso social nacionalista contra o opressor estrangeiro. Note-se que a proposta fascista terá um forte apelo na Europa, pois funda-se em valores culturais fortemente enraizados podendo facilmente desmobilizar o internacionalismo que procura ainda construir uma solidariedade e uma unidade com bases multinacionais" (op. cit., 1997, p. 103).

[45] José Luiz de Quadros de Magalhães, esclarece, todavia, que: "As Constituições Sociais elevam os direitos sociais e econômicos ao nível de norma fundamental, havendo uma ampliação do leque de direitos fundamentais, somando-se estes ao núcleo liberal de direitos individuais e políticos. Entretanto, a leitura oferecida a estes direitos é ainda numa perspectiva liberal. Os direitos individuais ainda são vistos como direitos contra o Estado e a liberdade fundamental existe se o Estado não intervém no livre espaço de escolha individual. Os direitos individuais e políticos são direitos de implementação imediata e os direitos sociais e econômicos aparecem como normas programáticas, de implementação gradual e quando necessário" (op. cit., 1997, p. 105).

munista distante). Já nos países periféricos, o Estado Social funcionará de forma imperfeita ou incompleta, com governos autoritários e ditatoriais, e não implementação deste novo modelo estatal.⁴⁶

A Europa, com a implementação efetiva dos direitos sociais e econômicos,

> traz consigo o germe da nova fase democrática do Estado Social e a superação da visão liberal dos grupos de direitos fundamentais. O oferecimento neste primeiro momento, de direitos sociais como saúde pública e educação pública oferecerá à população os mecanismos para se formar, informar e daí organizar, exigindo agora a sua inclusão no sistema econômico e social, pressionando o Estado a efetivar políticas econômicas que venham gerar empregos e salários justos. Esta combinação de fatores transformará o Estado Social, que de uma perspectiva clientelista, de manutenção da exclusão social, transforma-se em um Estado Social includente, pressionado pela população cada vez mais organizada e informada.⁴⁷

Emerge o chamado Estado de Bem-Estar Social – o *Welfare State* – (ou, ainda, Estado Protetivo ou Estado Providência), que é aquele que garante tipos mínimos de renda, alimentação, saúde, habitação, educação, assegurados a todo o cidadão, não como caridade, mas como direito de cidadania, previsto na ordem constitucional.⁴⁸

E, no campo jurídico, o Estado Providência incorpora novos direitos: direitos sociais dos pobres, das crianças, dos velhos, das mulheres, dos consumidores, do meio ambiente, etc., de cunho muito mais coletivo e difuso do que individual, que exigem uma atividade positiva do Estado.

Trata-se de um Estado includente, onde a liberdade ocorre porque a população tem acesso aos direitos sociais e econômicos, ou seja, o Estado oferece os meios para que os indivíduos sejam livres. "Há uma garantia cidadã ao bem-estar pela ação positiva do Estado como afiançador da qualidade de vida do indivíduo".⁴⁹

Observa-se que, para ser includente, o Estado Protetivo agigantou-se, produzindo uma inflação legislativa (para regular todo o seu campo de atuação), o aumento da máquina pública (burocracia) e, ainda, o domínio do Poder Executivo, e, não raras vezes, a perda da percepção do indivíduo, para ater-se, somente, na coletividade, oca-

---

⁴⁶ Nos países periféricos, como no Brasil, o Estado Protetivo foi sempre uma sombra do que ocorreu nos países centrais, muito mais um Estado autoritário, burocratizado, clientelista e assistencialista, que impedia as transformações sociais e a efetiva participação popular.

⁴⁷ MAGALHÃES, José Luiz de Quadros de, op. cit., 1997, p. 105.

⁴⁸ Neste sentido, é a visão de José Luis Bolzan de Morais, que cita, ainda, os casos da Constituição italiana, de 1948, e a Lei Fundamental da Alemanha, de 1949, como casos de reconhecimento constitucional deste novo paradigma estatal (op. cit., 1996a, p. 94-95).

⁴⁹ MORAIS, José Luis Bolzan de. As crises do estado contemporâneo. In: VENTURA, Deise de Freitas Lima (Org.). *América Latina:* Cidadania, Desenvolvimento e Estado. Porto Alegre: Livraria do Advogado, 1996b, p. 47.

sionando sério déficit de democracia, fatos que lhe trouxeram uma grave crise conceitual.⁵⁰

Hoje, todavia, algumas questões históricas produziram um novo conceito de Estado: o Estado Democrático de Direito, que

> emerge como um aprofundamento da fórmula, de um lado, do Estado de Direito e, de outro, do *Welfare state*. Resumidamente pode-se dizer que, ao mesmo tempo em que se tem a permanência em voga da já tradicional questão social, há como quê a sua qualificação pela questão da igualdade. Assim, o conteúdo deste se aprimora e se complexifica, posto que impõe à ordem jurídica e à atividade estatal um conteúdo utópico de transformação do *status quo*.⁵¹

Se o Estado Social pretendia a correção do individualismo liberal por intermédio de garantias coletivas, ainda assim a igualdade (não meramente formal) entre os indivíduos, sem base material, não era alcançada. Logo, o Estado Democrático de Direito surge na tentativa de conjugar o ideal democrático ao Estado de Direito, sob um conteúdo próprio onde estão presentes as conquistas democráticas, as garantias jurídicas e a preocupação social.

Assim, o Estado Democrático de Direito

> tem um conteúdo transformador da realidade, não se restringindo, como o Estado Social de Direito, a uma adaptação *melhorada* das condições sociais de existência. Assim, o seu conteúdo ultrapassa o aspecto material de concretização de uma vida digna ao homem e, passa a agira simbolicamente como fomentador da participação pública quando *o democrático qualifica o Estado, o que irradia os valores da democracia sobre todos os seus elementos constitutivos e, pois, também sobre a ordem jurídica*. E mais, a idéia de democracia contém e implica, necessariamente, a questão da solução do problema das condições materiais de existência.⁵²

Ao assumir o perfil de Democrático, o Estado de Direito tem como objetivo a igualdade e, assim, a transformação do *status quo*, numa constante reestruturação das próprias relações sociais.

O conceito de Estado Democrático de Direito é, pois, de algo em permanente mutação, envolvido com os valores sociais e, como visto, objetivando a transformação social.

Este é o conceito estampado na atual Constituição Federal brasileira, bem como na Constituição Portuguesa e na Constituição Espanhola, demonstrando toda a sua atualidade e importância, o que deverá ser, oportunamente, melhor analisado.

Na realidade, até aqui tentou-se demonstrar, ainda que de forma bastante simples, o desenvolvimento e as várias etapas do Estado

---

⁵⁰ Tais questões serão analisadas em momento oportuno, quando se verá, mais de perto, o problema da crise do Estado e do Direito em nosso tempo.

⁵¹ MORAIS, José Luis Bolzan de, op. cit., 1996b, p. 47.

⁵² MORAIS, José Luis Bolzan de, op. cit., 1996a, p. 74-75.

de Direito, a fim de que, ao estudar as mudanças no mundo jurídico, constitucional e dos direitos humanos e fundamentais, o próximo objetivo, fosse possível relacionar tais alterações com a mutação do próprio Estado, permitindo, então, um entendimento mais esclarecedor de como a sociedade, o Estado e o Direito são frutos de cada momento histórico de nossa civilização, que carrega consigo os valores e objetivos dos vários agentes políticos envolvidos.

2. Uma análise do Constitucionalismo e do Direito e suas transformações no Estado Moderno e Contemporâneo

Uma vez analisado o desenvolvimento e as várias etapas do Estado, é possível relacionar mais diretamente o desenvolvimento do constitucionalismo e do próprio Direito[53] com tais mudanças, a fim de propiciar a identificação das posturas ideológicas e os principais agentes destas transformações.

Observa-se, inicialmente, que no Medievo, em face da descentralização do poder e concorrência entre poderes distintos, não havia um Direito único, ordenado e hierarquizado, e sim um pluralismo jurídico.[54] Assim, esta profusão de ordenamentos jurídicos era reflexo da sociedade diferenciada e dos vários centros de poder existentes.

Por isso, "Pensar o Direito contemporâneo significa pensar, em especial, um determinado tipo de ordem jurídica, qual seja aquela produzida pelo poder soberano, pelo Estado",[55] ainda que não se possam negar outros espaços de juridicidade, que, porém, são, em sua quase totalidade, previstas, incorporadas ou negadas pelo ordenamento jurídico vigente.

Ou seja, com a consolidação do Estado Moderno, que ocorreu com a unificação do poder senhoral em um único centro decisório, numa unidade territorial definida, vale dizer, com a instauração de

---

[53] Ressalva-se, mais uma vez, que nosso estudo será mais teórico e descritivo (narrativo) do que histórico e crítico, pois se pretende apenas dar um pequeno panorama das principais transformações ocorridas no âmbito do Constitucionalismo e do Direito, sem entrar em casos particulares ou específicos. Posteriormente, procurar-se-á demonstrar o quão importantes são estas transformações para a análise da atual situação de nosso sistema jurídico e da conhecida crise do Estado e do Direito.

[54] Paulo Dourado de Gusmão, explica que: "Caracteriza-se a Idade Média pelo pluralismo de ordens jurídicas: direito bárbaro, direito dos senhorios, direito das corporações de mercadores, direito das cidades e direito canônico, vigentes muitas vezes no mesmo território" (op. cit., 1986, p. 363).

[55] Morais, José Luis Bolzan de, op. cit., 1996a, p. 29.

um poder soberano, surge uma nova ordem jurídica, única, coercitiva e hierarquizada.

A soberania, pois, "representou a transformação da pluralidade de forças até então ocorrentes, em organizações monolíticas de poder com exército, funcionários e ordem jurídica próprios, com atuação em todo um território".[56]

Falar em Direito Contemporâneo é, portanto, falar na estatalidade do Direito. E é o poder incontrastável (ou não) do soberano, no Estado Moderno, que dirá o Direito, positivando-o.

O ordenamento jurídico é, pois, produto desta nova realidade, que deixa de ser algo natural e passa a ser produto da racionalidade, cujo conteúdo deixa de ser inerente à natureza das coisas e passará a ser produzido pelo poder soberano do Estado, fruto da artificialidade das relações sociais.

Como se observou anteriormente, o Estado Moderno surge com a quebra do sistema medieval, a partir do conceito de soberania e concentração de poder, passando pelo Estado Absolutista até o Estado Liberal, mudanças diretamente causadas pelos ideais burgueses,[57] que, de maneira paciente, criaram a forma de tomada de poder[58] e modificaram todo o entendimento filosófico, até então reinantes, numa nova concepção de mundo.

---

[56] MORAIS, José Luis Bolzan de, op. cit., 1996a, p. 30.

[57] É Paulo Bonavides, quem fornece importante esclarecimento sobre as transformações sociais, políticas e econômicas da época: "Desde a Idade Média que a técnica de produção se transmudara. Com esta o poder econômico, deslocando-se das glebas feudais para a burguesia das navegações, do comércio florescente, das manufaturas prósperas, das empresas lucrativas, criara nas cidades a cada passo a base da sociedade nova e da riqueza maior, que vinha substituir a da sociedade dos feudos e da riqueza menor, que era doravante a terra. As exigências econômicas impuseram assim de imediato aos fundadores de dinastias, ao monarca consolidador do Estado moderno, a abertura de amplos condutos àquelas forças da produção, cujo ímpeto mais cedo ou mais tarde acabaria por romper a hierarquia social das classes. A monarquia absoluta – e aqui vai uma das suas aparências mais enganadoras – já sem meio de qualquer ação impeditiva à expansão capitalista da primeira idade do Estado moderno, entra a estimulá-la com a adoção da política mercantilista, política dos reis sequiosos de fundos com que manter a burocracia e os exércitos permanentes, política da qual a aristocracia tirava também sua fatia de participação ociosa, mas sobretudo política, verdadeira, profunda, necessária, dos interesses arraigados da classe mercantil e industrial. Era chegado o ensejo de a burguesia, caso se lhe deparasse a impugnação da autoridade régia, já não ter alternativa senão precipitar-lhe a queda, acelerando e antecipando com vertiginosa rapidez o processo revolucionário do terceiro estado o qual só vem a seu termo com a plena tomada do poder político" (op. cit., 1995, p. 70).

[58] A burguesia aceitou o modelo da Monarquia absoluta pois este, no início, auxiliava nos objetivos liberais, consoante observa Paulo Bonavides, eis que "promovendo a política mercantilista, intervindo na ordem econômica, subsidiando as primeiras empresas capitalistas, encorajando a iniciativa industrial, amparando os frutos do trabalho burguês ou a capacidade de exploração burguesa, a monarquia absoluta atenuava e encobria a agudeza da contradição frontal que era um governo de reis e nobres, de direitos feudais e instituições do período medievo, numa sociedade cuja base econômica se alterara profundamente, gravitando já o poder da riqueza num outro reino social de todo distinto, qual seja o da burguesia recém-for-

Portanto, o contratualismo tem papel primordial na nova concepção de mundo e, obviamente, na ordem estatal e jurídica, pois, em

> Contraposição à concepção orgânica da sociedade como algo "natural" ao homem, o modelo identificado como contratualista apresenta a sociedade/Estado como uma criação artificial da razão humana através do *consenso* – acordo tácito ou expresso entre a maioria ou a unanimidade dos indivíduos ... fim do Estado natural e o início do Estado Social e Político.[59]

Assim, em John Locke, pode-se buscar a caracterização dos moldes do liberalismo, eis que, além da defesa da liberdade e tolerância religiosas, a idealização lockeana apresenta a formulação do Estado Liberal, que já nasce limitado pelos direitos naturais fundamentais – vida e propriedade – que são conservados pelos indivíduos quando da criação do Estado Civil.

Outrossim, na teoria hobbesiana surgem os fundamentos do formalismo ético, ou seja, a concepção legalista de justiça, que tem como base a paz entendida como ordem estabelecida, onde o "Direito não tem a função de eliminar os conflitos, mas sim resolvê-los, decidindo-os, deixando de lado o estado de latência em que os mesmos permanecem".[60]

Logo, há a redução do Estado ao jurídico, ou seja, onde o Estado é limitado pelo Direito e onde a lei é vista como o único meio de estabelecer a ordem e propiciar o desenvolvimento da sociedade.

O contratualismo, pois, traduz numa "ética que preserva um ser humano racional, antropocêntrico e individualista, mediante um Estado formalista".[61]

Tais concepções fazem surgir o chamado Estado de Direito, que carrega em si a prescrição da supremacia da lei sobre a administração, ou seja, caracteriza-se pela autolimitação do Estado pelo Direito, sendo que o Estado cria o Direito e lhe dá força coercitiva, e, ao mesmo tempo, é limitado por este mesmo Direito.

---

mada e fortalecida. De início, acolheu o elemento burguês aquela política com reconhecimento cordial para atender à confirmação da economia capitalista, essa mesma economia que enganosamente fez do lema livre empresa o pendão de um dogma ambiciosa intentando traduzir a essência do sistema quando, em verdade, traduzia tão-somente o interesse de determinada fase transitória na passagem do capitalismo. Cresceu este amparado nos braços do Estado, protegido desde o berço pela política dos príncipes, cuja intervenção sobre o domínio econômico se processo sempre em ordem a sustentar o empresário débil e desajustado" (op. cit., 1995, p. 70-71). Assim, prossegue o autor: "Quando porém a burguesia cimentou seu inquebrantável poder econômico, tornou-se-lhe impossível tolerar a autoridade política em mãos de um príncipe guardião da antiga ordem jurídica e social privilegiada, que vinha da Idade Média, num desafio de continuidade aos tempos modernos, a saber, os tempos da burguesia" (op. cit., 1995, p. 71).

[59] MORAIS, José Luis Bolzan de, op. cit., 1996a, p. 31-32.

[60] Idem, p. 37.

[61] Idem, p. 38.

O Estado de Direito, dessa forma, é a típica criação dos ideais liberais, solidificando-se com a tomada do poder pelos burgueses, que impuseram ao Estado o objetivo de concretizar o ideário liberal referente ao princípio da legalidade, vale dizer, a submissão da soberania estatal à lei, a divisão de poderes e, principalmente, a garantia dos direitos individuais.

O Direito é, pois, fruto deste paradigma liberal, e surge como uma forma de dominação legal, eis que concebe o indivíduo igual e livre, desimportando qual a sua condição social.[62]

O constitucionalismo, da mesma forma que o Estado Liberal e o Direito correspondente, prende-se, justamente, ao triunfo político e doutrinário destes ideais liberais, numa relação direta com o tipo de Estado e de Direito de natureza Liberal, sendo que se baseava na idéia fundamental da limitação do poder (soberania), mediante a separação de poderes e na declaração de direitos liberais.

O termo *Constituição* ingressou na linguagem jurídica para exprimir, justamente, uma técnica do poder aparentemente neutra, encobrindo, todavia, "em profundidades invisíveis, desde o início, a idéia-força de sua legitimidade, que eram os valores ideológicos, políticos, doutrinários ou filosóficos do pensamento liberal".[63]

---

[62] José Luis Bolzan de Morais, traz interessante e completo esclarecimento sobre a questão: "A passagem da sociedade feudal para o tipo de sociedade burguesa, sobretudo em virtude da transformação dos métodos de produção e de um maior intercâmbio comercial, importou, dentre outras conseqüências, na supressão do regime de corporações de ofício, que vigorou durante todo o período medievo. Tais corporações tinham por função precípua controlar e dirigir a produção, contrapondo-se ao modelo anterior de trabalho eminentemente doméstico. Tal supressão, calcada no ideário liberal de incompatibilidade da existência de corpos intermediários entre o indivíduo e o Estado – vez que o homem, para atingir a plena liberdade, não poderia ser subordinado a grupos, pois estes tolheriam sua livre e plena manifestação, vinculado que ficava ao predomínio da vontade grupal – implicou, de início, uma interrupção no processo associativo que vinha se desenvolvendo ao longo de alguns séculos. Neste contexto, o aparato legal-racional do Estado Liberal, que passa a centralizar toda a produção jurídica, avaliza o surgimento desta nova ordem, proibindo, primeiramente, que as corporações praticassem determinados atos (proibição de dispor livremente de seus bens) para, em um segundo momento, determinar o seu fechamento por completo. O modelo capitalista finca suas bases e, para a obtenção de êxito na implantação do novo paradigma, exige que todas as pessoas sejam *livres e iguais*, com vistas a permitir a implementação de acertos entre capital e trabalho. Percebe-se, pois, que a dominação deixa de ocorrer pela existência de vínculos pessoais, como na sociedade medieval, para caracterizar-se como dominação legal, desconhecendo, desse modo, quaisquer tipos de desigualdades entre os pólos responsáveis pela produção. Entretanto, ao mesmo tempo em que procura editar as normas que regulamentam as relações capital/trabalho de um ponto de vista privatista – a idéia de contrato individual de trabalho calcada na liberdade contratual – o Estado capitalista deixa uma lacuna no ordenamento jurídico no que toca às formas de organização social e toda a sua ação coletiva. Veja-se bem: esta foi, justamente, a intenção do paradigma liberal. Este pretendia provocar uma dispersão com o intuito de evitar o associacionismo, atomizando os conflitos e seus agentes" (op. cit., 1996a, p. 88-89).

[63] BONAVIDES, Paulo. *Curso de direito constitucional*. 7 ed. São Paulo: Malheiros, 1998, p. 23.

O liberalismo, portanto,

> fez, assim, com o conceito de Constituição aquilo que já fizera com o conceito de soberania nacional: um expediente teórico e abstrato de universalização, nascida de seus princípios e dominada da historicidade de seus interesses concretos. De sorte que, exteriormente, a doutrina liberal não buscava inculcar a *sua* Constituição, mas o artefato racional e lógico, aquele que a vontade constituinte legislava como conceito absolutamente válido de Constituição, aplicável a todo o gênero humano, porquanto iluminado pelas luzes da razão universal. Aquilo que, como produto revolucionário, fora tão-somente do ponto de vista histórico, a Constituição de uma classe se transformava pela imputação dos liberais no conceito genérico de Constituição, de todas as classes. Assim perdurou até que a crise social do século XX escrevesse as novas Declarações de Direitos, invalidando o substrato material individualista daquelas Constituições, já de todo ultrapassado.[64]

A limitação do poder (com a previsão dos direitos individuais), estipulados numa carta constitucional,[65] foi a nota mais distinta do Estado de Direito, e

> tão forte se manifestou esse sentimento confinador do poder do Estado através de uma Constituição que, ao lavrarem o primeiro documento constitucional produzido pela Revolução Francesa, seus autores inseriram no art. 16 a disposição de que 'toda sociedade na qual não esteja assegurada a garantia dos direitos nem determinada a separação de poderes não possui Constituição.[66]

Por isso, "constitucionalismo e liberalismo são filhos gêmeos do mesmo pai, a saber, a dissolução do sistema de privilégios absolutistas conduzida pela burguesia revolucionária".[67]

Embora o ideal constitucional tenha surgido, de início, não apenas para servir como um regulamento do Estado, mas como carta constituinte da própria sociedade, trazendo um conteúdo baseado nos valores da liberdade, igualdade e fraternidade (e isto decorria da necessidade de legitimar e anunciar a nova sociedade que estava nascendo com a Revolução Francesa e o ideal liberal), a partir do século XIX a Constituição passa a ter como referente apenas o Estado, e não mais a sociedade. E isto ocorre, em especial, pela solidificação dos ideais burgueses, não mais temerosos com eventual retrocesso ao sistema absolutista, pois os juristas do Estado Liberal "haviam, com a máxima tranqüilidade, cimentado um Estado de

---

[64] Id., ib., p. 23.

[65] Para José Joaquim Gomes Canotilho: "Por constituição moderna entende-se a ordenação sistemática e racional da comunidade política através de um documento escrito no qual se declaram as liberdades e os direitos e se fixam os limites do poder político" (op. cit., 1999, p. 48).

[66] BONAVIDES, Paulo, op. cit., 1998, p. 25.

[67] CASTRO, Carlos Roberto Siqueira. Por um ensino crítico do direito constitucional. In: PLASTINO, Carlos Alberto (Org.). *Crítica do direito e do estado*. Rio de Janeiro: Graal, 1984, p. 135.

direito fora de todas as contestações contra-revolucionárias do absolutismo".[68] Podem-se encontrar, porém, três razões fundamentais:

> A primeira razão – de cariz histórico-genético – reporta-se à evolução semântica do conceito. Quando, nos processos constituintes americano e francês, se criou a constituição como lei conformadora do corpo político, passou a entender-se que ela "constituía" os "Estados Unidos" dos americanos ou o "Estado-Nação" dos franceses. A segunda razão – de natureza político-sociológica – relaciona-se com a progressiva estruturação do *Estado Liberal* cada vez mais assente na *separação Estado-Sociedade*. Os códigos políticos – as constituições e os códigos administrativos – diziam respeito à organização dos poderes do Estado; os códigos civis e comerciais respondiam às necessidades jurídicas da sociedade civil. Em terceiro lugar, pode apontar-se uma justificação filosófico-política. Sob a influência da filosofia hegeliana e da juspublicística germânica, a constituição designa uma ordem – *a ordem do Estado*. Ergue-se, assim, o Estado a conceito ordenador da comunidade política, reduzindo-se a constituição a simples *lei do Estado e do seu poder*. A constituição só se compreende através do Estado.[69]

A Constituição exprimia, dessa forma, tão-somente, o lado jurídico do compromisso do poder com a liberdade, estabelecendo um divórcio entre Estado e sociedade. Era a Constituição do Estado Liberal, também chamada de Constituição folha de papel, eis que não se questionava o seu aspecto político-ideológico,[70] mantendo a sociedade despolitizada.[71]

Tratava-se da dominação legal, já apontada anteriormente, onde o Direito perpetuava o *status quo*, ou seja, o sistema capitalista.[72]

---

[68] BONAVIDES, Paulo, op. cit., 1998, p. 25.

[69] CANOTILHO, José Joaquim Gomes, op. cit., 1999, p. 85.

[70] Neste sentido, Paulo Bonavides, explica que "Acabou, pois, o liberalismo por consagrar uma concepção fundamental estática de Constituição, eliminando o problema dos pressupostos ideológicos e sócio-econômicos (sic) indispensáveis ao entendimento dos próprios conteúdos constitucionais. Durante o período liberal concebia-se a Constituição qual um feixe de normas repartidoras de competência e acompanhadas, em geral, de uma declaração de direitos individuais. A Constituição cabia toda no direito constitucional e por ele se explicava. Mas um direito constitucional de natureza técnico-formal, mero acervo de regras que o jurista freqüentava e que delas se servia para aplicá-las a cada situação concreta. Era a idade de ouro e de apogeu do positivismo" (op. cit., 1995, p. 216).

[71] Para Paulo Bonavides: "O constitucionalismo clássico, reduzindo a Constituição simplesmente a um instrumento jurídico, dava competência aos três órgãos fundamentais da ordem estatal – o Executivo, o Legislativo e o Judiciário – ao mesmo passo que declarava os direitos e as garantias individuais. A Constituição se continha toda no texto, como se fora o livro sagrado da liberdade, a bíblia de uma nova fé democrática, o alcorão dos princípios liberais, tendo por finalidade precípua limitar ou enfrear o exercício do poder" (op. cit., 1998, p. 76).

[72] Paulo Bonavides, explica que: "A filosofia da revolução é substituída pela ideologia da neutralidade e da conservação de estruturas sociais estáticas. Cristalizado nos Códigos e positivado nas Constituições, aquele princípio liberal-burguês de organização jurídica da sociedade tinha o Estado por antítese e 'negativum', germinando uma concepção originária do Estado de Direito cuja essência consistia em ser apenas o guardião nominal dos direitos fundamentais, mas direitos de teor unicamente individualista. O dualismo Sociedade e Estado, para não dizermos sua completa separação, marcou ostensivamente tal concepção de Estado

A Constituição deste positivismo jurídico-estatal é nomeadamente formal e fechada, perdendo a capacidade de fazer a mudança social.[73] Ela tem função meramente "adaptativa e estabilizadora de sancionar, mediante a legalidade ou a juridicidade, todas as transformações já feitas ou transcorridas no âmbito da sociedade".[74] Há grande déficit democrático, eis que há a supremacia de uma classe: a dos capitalistas.

Todavia, com o avanço do capitalismo e surgimento da sociedade de massas (e os problemas da relação capital/trabalho), bem como pelas crises cíclicas do capitalismo, que originaram mudanças na sociedade e no Estado, fazendo surgir o Estado Social, o Direito passa a regular as relações trabalhistas[75] e, mais, ainda, começa a embasar a intervenção do Estado nas relações humanas.

Logo, o Direito passa a contemplar uma dimensão coletiva, e não mais meramente individualista. E o Estado responde a esta onda de transformações, através de políticas públicas, buscando garantir ao cidadão níveis mínimos de vida. Passa a ser um Estado de Bem-Estar Social, o *Welfare State*.

No Estado Social (em especial no Estado Protetivo), o Direito passa a ter uma característica de um Direito Social, incorporando políticas públicas e intervenções do Estado em benefício de um verdadeiro equilíbrio social.

Incorpora-se ao Direito, em especial após a 2ª Guerra Mundial, novos direitos, não mais individuais, mas direitos sociais de todas as matizes: dos trabalhadores, das mulheres, das crianças, do meio ambiente, do consumidor etc. As relações humanas tornam-se cada vez mais complexas, em razão das transformações sociais, da tecnologia, típicos de uma sociedade de massa em permanente mutação.

---

de Direito. As Constituições sancionavam então, juridicamente, o modelo da Sociedade de indivíduos, sempre autônoma, despolitizada, mecanicista, súdita de uma classe, em face do Estado rodeado de limites, não-intervencionista, feito de abstenções ou preso a um só fim: o de proteger formalmente os direitos fundamentais, ignorando-lhe todavia a materialidade subjacente" (op. cit., 1995, p. 365).

[73] Neste sentido, Paulo Bonavides, acrescenta que: "A Constituição do positivismo é em primeiro lugar conceito formal, norma que se explica pelo seu conteúdo nominal, por sua rigidez, vazada por escrito, mais hermética que aberta em presença da realidade circunjacente, exterior, em si mesma, à própria realidade, que ela organiza e regula juridicamente. O positivista, como intérprete da Constituição é conservador por excelência. Quem muda a Constituição é o legislador, ou seja, o constituinte e não o intérprete. A aplicação do direito é operação lógica, ato de subsunção, e não ato criador ou sequer aperfeiçoador. Aplicar o direito e criar o direito, dizem eles, são duas funções totalmente distintas ou, como afirma Burckhardt, se acham em 'antagonismo conceitual absoluto'" (op. cit., 1998, p. 149).

[74] BONAVIDES, Paulo, op. cit., 1998, p. 149.

[75] O Direito passa a incorporar as reivindicações trabalhistas, numa tentativa de atenuar as distorções sociais e econômicas e acalmar a tensão social.

Os litígios, fugindo da perspectiva liberal, passam de confrontos individuais para confrontos coletivos, ou de interesses de toda a sociedade.

Surgem os chamados interesses difusos, ou metaindividuais ou, ainda, transindividuais, que escapam, por completo, à tradição individual-egoístico do Direito Liberal, eis que atingem toda a coletividade:

> São direitos que se referem a categorias inteiras de indivíduos e exigem uma intervenção ativa, não somente uma negação, um impedimento de violação – exigem uma atividade. Ao contrário do Direito excludente, negativo e repressivo de feitio liberal, temos um Direito comunitário, positivo, promocional de cunho transformador.[76]

Interesses difusos, como o meio ambiente, que deve ser preservado, eis que de interesse de todos, é um dos impulsores desta nova realidade. Os interesses difusos caracterizam-se por pertencer a todos, ao mesmo tempo, e a ninguém, como é o direito ao ar que respiramos.

O Estado transformou-se, saindo de sua posição de neutralidade para assumir uma atitude intervencionista. Essa transformação também ocorre no âmbito do Direito, com a produção de leis de índole programáticas e obrigatórias para o Poder Público, que deve intervir para suprir as necessidades materiais do cidadão.[77]

No mesmo sentido, o próprio Constitucionalismo transmutou-se. De início, embora as transformações sociais, o surgimento de novos conflitos e interesses, a criação (geração) de novos direitos, o constitucionalismo apenas se adapta aos novos tempos, sem perder o formalismo e a rigidez característica do positivismo, fazendo com que a carta política seja desacreditada, menos importante do que os Códigos de natureza civil. Há uma clara hegemonia do direito privado sobre o direito público.

Somente com a instalação do Estado Social e a crise da legalidade[78] há uma quebra em tal concepção, numa reconciliação da Sociedade com o Estado, eis que, em face da ascensão da classe

---

[76] MORAIS, José Luis Bolzan de, op. cit., 1996a, p. 96.

[77] Todavia, a necessidade de intervenção do Estado e da regulamentação por este das novas e complexas relações humanas fez com que houvesse uma inflação legislativa, muitas vezes não cumprida, o que acabou trazendo descrédito e ineficácia ao Direito, como se verá oportunamente.

[78] Paulo Bonavides, esclarece que o formalismo atingiu seu ápice com Hans Kelsen, na Teoria Pura do Direito, que, "ao fazer válido todo o conteúdo constitucional, desde que devidamente observado o *modus faciendi* legal e respectivo, fez coincidir em termos absolutos os conceitos de legalidade e legitimidade, tornando assim tacitamente legítima toda espécie de ordenamento estatal ou jurídico. Era o colapso do Estado de Direito clássico, dissolvido por essa teorização implacável. Medido por seus cânones lógicos, até o Estado nacional-socialista de Hitler fora Estado de Direito" (op. cit., 1998, p. 151).

trabalhadora, o Estado passa a ser atuante, incorporando e protegendo os direitos sociais. Neste sentido, o constitucionalismo passa a privilegiar uma concepção de materialidade dos direitos fundamentais, superando a concepção formal de liberdade, própria do Estado Liberal.[79]

No Estado Social, a democracia se expande, ultrapassando a prática liberal,[80] surgindo uma nova hermenêutica, que supera a "velha hermenêutica" de Savigny, esta de inspiração romanista e jusprivatista.[81] A "nova hermenêutica" parte da

> legitimidade das Constituições e se afeiçoa ao Direito Público. A primeira servia ao Direito de uma Sociedade simples, a Segunda ao Direito de uma Sociedade extremamente complexa; aquela hermenêutica era rigidez, esta é flexibilidade; ali um Direito em repouso, aqui um Direito da mudança, do movimento, do dinamismo; um Direito que impõe, de último, a introdução de novos métodos na compreensão, aplicação e criação de regras normativas.[82]

Esta "nova hermenêutica"[83] surge amparada nos novos direitos fundamentais, de natureza coletiva e difusa, multifuncionais, que, além da dimensão negativa (de garantia negativa estatal), possuem uma dimensão positiva, de concreta atuação estatal.[84]

Hoje, com o Estado Democrático de Direito,[85] o constitucionalismo observa novas alterações, com a solidificação de sua importância no seio da sociedade. A Constituição passa a possuir duas razões fundamentais: juridicizar os direitos fundamentais e, em especial, o

---

[79] Paulo Bonavides, explica que: "Das relações negativas entre Estado e Sociedade, típicas do período anterior, transita-se para relações positivas; de uma concepção formal de liberdade para uma concepção material; de um abstencionismo dogmático do Estado para um intervencionismo quase sem limites; da unifuncionalidade do Estado-guardião para a multifuncionalidade do Estado prestador de serviços; do direito-resistência para o direito-participação; da cegueira perante os pressupostos materiais da liberdade para a visão completa e realista daqueles poderes sociais ou categorias intermediárias que, infensas ou refratárias à liberdade, podem todavia ocasionar gravíssimas lesões aos direitos fundamentais" (op. cit., 1995, p. 366-367).

[80] Inicia-se a prática do sufrágio universal, abrindo, assim, o raio de abrangência, para todas as classes sociais, na participação dos destinos do Estado.

[81] No Brasil, todavia, ainda hoje utilizamos as velhas doutrinas de cunho individualista na interpretação constitucional, numa mentalidade conservadora que traz enormes prejuízos à sociedade, o que será objeto, em capítulo próprio, de análise.

[82] BONAVIDES, Paulo, op. cit., 1995, p. 368.

[83] Exemplos mencionados desta "nova hermenêutica" são encontrados nas obras de autores como Konrad Hesse e Friedrich Müller, e nos métodos tópico ou casuístico, científico-realista e hermenêutico-concretista.

[84] Direitos fundamentais que serão mais bem analisados já no próximo capítulo, razão pela qual, por ora, não se fará qualquer digressão.

[85] A concepção do que seja Estado Democrático de Direito será melhor analisada nos próximos capítulos.

princípio democrático erigido à categoria de direito fundamental,[86] e garantir e preservar tais direitos fundamentais e o princípio democrático, e, assim, permitir que o ser humano busque a justiça, a igualdade e a liberdade.

Com isto, o constitucionalismo deixa de ser, como o era no Estado Liberal, apolítico e científico, para ser jurídico, político e social, como base para manter as conquistas sociais e para, ao mesmo tempo, propiciar as transformações sociais, ultrapassando aquela doutrina arraigadamente individualista:

> Atualmente, uma constituição não mais se destina a proporcionar um retraimento do Estado frente à Sociedade Civil, como no princípio do constitucionalismo moderno, com sua ideologia liberal. Muito pelo contrário, o que se espera hoje de uma constituição são linhas gerais para guiar a atividade estatal e social, no sentido de promover o bem-estar individual e coletivo dos integrantes da comunidade que soberanamente a estabelece.[87]

Observa-se, porém, com a atual crise de conceito do Estado e, por óbvio, do Direito e do próprio constitucionalismo, há uma tentativa de retorno ao Estado Liberal, de feições mínimas e de mero garantidor dos direitos de liberdade, sem qualquer preocupação social, que açoita, em especial, os ordenamentos jurídicos dos países em desenvolvimento, como o Brasil, objetivando a desconstitucionalização dos direitos fundamentais.[88]

O Direito e o constitucionalismo estão, pois, intimamente relacionados com os direitos humanos e fundamentais, razão pela qual, ainda na busca da avaliação das transformações da sociedade, do Estado e do Direito, passar-se-á a analisar, no próximo capítulo, a evolução dos direitos fundamentais, para, depois, contextualizar todas estas questões no histórico constitucional brasileiro.

---

[86] Democracia não entendida apenas como sufrágio universal, seu aspecto formal, mas entendida no seu aspecto material, como a possibilidade do povo usufruir todos os direitos fundamentais, ou seja, como direito à comunicação, direito à livre informação, à educação, bem como de serem concretizados e protegidos os direitos de terceira geração (direito à paz, ao desenvolvimento, ao meio ambiente, etc.).

[87] GUERRA FILHO, Willis Santiago. Direitos fundamentais, processo e princípio da proporcionalidade. In: *Dos direitos humanos aos direitos fundamentais*. Porto Alegre: Livraria do Advogado, 1997a, p. 16.

[88] Tal assunto ainda será objeto de análise nos próximos capítulos.

3. Os Direitos Humanos e Fundamentais

Após o estudo das mutações da sociedade, do Estado moderno, do Direito e do constitucionalismo, passar-se-á a analisar a situação dos direitos fundamentais perante tais realidades, procurando, justamente, uma imbricação com as transformações sociais.[89]

Na realidade, há uma indissociável vinculação entre os direitos fundamentais[90] e as noções de Constituição e Estado de Direito, eis que os primeiros, ao lado da definição da forma de Estado, do sistema de governo e da organização do poder, integram a essência do Estado constitucional, consoante dispôs o artigo 16 da Declaração Francesa dos Direitos do Homem e do Cidadão, de 26 de agosto de 1789, segundo o qual: "toda sociedade na qual a garantia dos direitos não é assegurada, nem a separação dos poderes determinada não possui Constituição".[91]

---

[89] O tema é fascinante e mereceria uma análise bem mais aprofundada do que se fará aqui, onde pretende-se, tão-somente, uma visão panorâmica do assunto, a fim de demonstrar as transformações sociais, políticas e econômicas da sociedade moderna e contemporânea. Reitera-se a advertência feita anteriormente, no sentido de que a análise da matéria a ser realizada será muito mais teórica e descritiva.

[90] MORAES, Alexandre de. *Direitos humanos fundamentais*. 2 ed. São Paulo: Atlas, 1998, conceitua os direitos humanos fundamentais como "O conjunto institucionalizado de direitos e garantias do ser humano que tem por finalidade básica o respeito a sua dignidade, por meio de sua proteção contra o arbítrio do poder estatal e o estabelecimento de condições mínimas de vida e desenvolvimento da personalidade humana" (p. 39).

[91] SARLET, Ingo Wolfgang. *A eficácia dos direitos fundamentais*. Porto Alegre: Livraria do Advogado, 1998, explica que: "Para além disso, estava definitivamente consagrada a íntima vinculação entre as idéias de Constituição, Estado de Direito e direitos fundamentais. Assim, acompanhando as palavras de K. Stern, podemos afirmar que o Estado constitucional determinado pelos direitos fundamentais assumiu feições de Estado ideal, cuja concretização passou a ser tarefa permanente. Tendo em vista que a proteção da liberdade por meio dos direitos fundamentais é, na verdade, proteção juridicamente mediada, isto é, por meio do Direito, pode afirmar-se com segurança, na esteira do que leciona a melhor doutrina, que a Constituição (e, neste sentido, o Estado constitucional), na medida em que pressupõe uma atuação juridicamente programada e controlada dos órgãos estatais, constitui condição de existência das liberdades fundamentais, de tal sorte que os direitos fundamentais somente poderão aspirar à eficácia no âmbito de um autêntico Estado constitucional. Os direitos fundamentais, consoante oportunamente averbou H.-P. Schneider, podem ser considerados, neste sentido, *conditio sine qua non* do Estado constitucional democrático. Além disso, como já havia sido objeto de previsão expressa na declaração de direitos da ex-colônia inglesa da Virgínia (1776), os

Sinteticamente, podem ser apresentadas três etapas da evolução dos direitos fundamentais[92] até o seu reconhecimento nas primeiras Constituições escritas:[93] "a) uma pré-história, que se estende até o século XVI; b) uma fase intermediária, que corresponde ao período de elaboração da doutrina jusnaturalista e da afirmação dos direitos naturais do homem; c) a fase da constitucionalização, iniciada em 1776, com as sucessivas declarações de direitos dos novos Estados americanos".[94]

Na pré-história dos direitos fundamentais, os valores da dignidade da pessoa humana, da liberdade e da igualdade dos homens encontra-se na filosofia, na religião e no direito natural, ou seja, nas doutrinas jusnaturalistas.[95]

Todavia, é por meio das teorias contratualistas, na referida fase intermediária dos direitos fundamentais, principalmente com Rousseau, na França, T. Paine, na América, e com Kant, na Alemanha (Prússia), que a doutrina jusnaturalista dos direitos humanos chega ao seu ponto culminante, inclusive através da laicização do direito natural, que atingiu seu apogeu no iluminismo, de inspiração jusracionalista,[96] com a afirmação dos direitos naturais do homem.

direitos fundamentais passaram a ser simultaneamente a base e o fundamento (*basis and foundation of government*), afirmando, assim, a idéia de um Estado que, no exercício de seu poder, está condicionado aos limites fixados na sua Constituição. Considerando-se, ainda que de forma aqui intencionalmente simplificada, o Estado de Direito não no sentido meramente formal, isto é, como 'governo das leis', mas, sim, como 'ordenação integral e livre da comunidade política', expressão da concepção de um Estado materialmente de Direito, no qual, além da garantia de determinadas formas e procedimentos inerentes à organização do poder e das competências dos órgãos estatais, se encontram reconhecidos, simultaneamente como metas, parâmetros e limites da atividade estatal, certos valores, direitos e liberdades fundamentais, chega-se fatalmente à noção – umbilicalmente ligada à idéia de Estado de Direito – de legitimidade da ordem constitucional e do Estado" (p. 60).

[92] Não se desconhece a diferença doutrinária existente entre os termos "direitos humanos" e "direitos fundamentais". "Direitos fundamentais" se aplica mais àqueles direitos do ser humano reconhecidos e positivados na esfera do direito constitucional positivo. Já o termo "direitos humanos" é mais aplicado aos direitos naturais ou internacionais. Para nosso trabalho, tal diferenciação não é primordial, ainda que se prefira a utilização efetiva de direitos fundamentais, mais coerente com o estudo que se pretende realizar.

[93] Importante visão da história dos direitos humanos pode ser encontrado na obra de LEAL, Rogério Gesta. *Direitos humanos no Brasil*: desafios à democracia. Porto Alegre: Livraria do Advogado; Santa Cruz do Sul: EDUNISC, 1997b. 168 p.

[94] SARLET, Ingo Wolfgang, op. cit., 1998, p. 37.

[95] Noções de direitos humanos são encontrados desde o Antigo Testamento, como, por exemplo, na conceituação do homem como criação divina, bem como na Idade Média, nas idéias de São Tomás de Aquino, passando, inclusive, pela doutrina estóica greco-romana e pelo cristianismo.

[96] Neste sentido, Ingo Wolfgang Sarlet, dá importante e completo panorama desta fase: "Cumpre referir, neste contexto, os teólogos espanhóis do século XVI (Vitória y las Casas, Vázquez de Menchaca, Francisco Suárez e Gabriel Vázquez), que pugnaram pelo reconhecimento de direitos naturais aos indivíduos, deduzidos do direito natural e tidos como expressão da liberdade e dignidade da pessoa humana, além de servirem de inspiração ao humanismo

E este processo de elaboração doutrinária dos direitos fundamentais foi acompanhado de uma progressiva recepção, no âmbito do direito positivo, dos valores destes direitos.

Primeiro, na Inglaterra da Idade Média, no século XIII, com a *Magna Charta Libertatum*, pacto firmado em 1215 pelo Rei João Sem-Terra, que serviu como ponto de referência para alguns direitos e liberdades civis clássicos.

Também importantes foram as declarações de direitos inglesas do século XVII, notadamente a *Petition of Rights*, de 1628, o *Habeas Corpus Act*, de 1679, e o *Bill of Rights*, de 1689, e, ainda, no início do século XVIII, o *Establishment Act*, de 1701, que limitavam o poder real e positivavam alguns direitos humanos.

---

racionalista de H. Grócio, que divulgou seu apelo à razão como fundamento último do Direito e, neste contexto, afirmou a sua validade universal, visto que comum a todos os seres humanos, independentemente de suas crenças religiosas. Ainda no século XVI, merecem citação os nomes dos jusfilósofos alemães Hugo Donellus, que, já em 1589, ensinava aos seus discípulos, em Nuremberg, que o direito à personalidade englobava os direitos à vida, à integridade corporal e à imagem, bem como o de Johannes Althusius, que, no início do século XVII (1603), defendeu a idéia da igualdade humana e da soberania popular, professando que os homens estariam submetidos à autoridade apenas à medida que tal submissão fosse produto de sua própria vontade e delegação, pregando, ainda, que as liberdades expressas em lei deveriam ser garantidas pelo direito de resistência. No século XVII, por sua vez, a idéia de direitos naturais inalienáveis do homem e da submissão da autoridade aos ditames do direito natural encontrou eco e elaborada formulação nas obras do já referido holandês H. Grócio (1583-1645), do alemão Samuel Pufendorf (1632-1694) e dos ingleses John Milton (1608-1674) e Thomas Hobbes (1588-1679). Ao passo que Milton reivindicou o reconhecimento dos direitos de autodeterminação do homem, de tolerância religiosa, da liberdade de manifestação oral e de imprensa, bem como a supressão da censura, Hobbes atribuiu ao homem a titularidade de determinados direitos naturais, que, no entanto, alcançavam validade apenas no estado da natureza, encontrando-se, no mais, à disposição do soberano. Cumpre ressaltar que foi justamente na Inglaterra do século XVII que a concepção contratualista da sociedade e a idéia de direitos naturais do homem adquiriram particular relevância, e isto não apenas no plano teórico, bastando, neste particular, a simples referência às diversas Cartas de Direitos assinadas pelos monarcas desse período. Ainda neste contexto, há que se referir o pensamento de Lord Edward Coke (1552-1634), de decisiva importância na discussão em torno da *Petition of Rights* de 1628, o qual, em sua obra e nas suas manifestações públicas como juiz e parlamentar, sustentou a existência de *fundamental rights* dos cidadãos ingleses, principalmente no que diz com a proteção da liberdade pessoal contra a prisão arbitrária e o reconhecimento do direito de propriedade, tendo sido considerado o inspirador da clássica tríade vida, liberdade e propriedade, que se incorporou ao patrimônio do pensamento individualista burguês. Decisiva, inclusive pela influência de sua obra sobre os autores iluministas, de modo especial franceses, alemães e americanos do século XVIII, foi também a contribuição doutrinária de John Locke (1632-1704), primeiro a reconhecer aos direitos naturais e inalienáveis do homem (vida, liberdade, propriedade e resistência) uma eficácia oponível, inclusive, aos detentores do poder, este, por sua vez, baseado no contrato social... Cumpre salientar, neste contexto, que Locke, assim como já o havia feito Hobbes, desenvolveu ainda mais a concepção contratualista de que os homens têm o poder de organizar o Estado e a sociedade de acordo com sua razão e vontade, demonstrando que a relação autoridade-liberdade se funda na autovinculação dos governados, lançando, assim, as bases do pensamento individualista e do jusnaturalismo iluminista do século XVIII, que, por sua vez, desaguou no constitucionalismo e no reconhecimento de direitos de liberdade dos indivíduos considerados como limites ao poder estatal" (op. cit., 1998, p. 39-41).

Em 20 de junho de 1776, sobrevém a Declaração de Direitos do povo de Virgínia (na América), com base em premissas teóricas do iluminismo e do contratualismo, a primeira que marca a transição dos direitos de liberdade legais inglesas para os direitos fundamentais constitucionais, que sanciona

> o que se pode considerar como a primeira declaração de direitos em sentido moderno, expressando: que todos os homens são por natureza igualmente livres e independentes, possuindo certos direitos inerentes, dos quais, quando ingressam no estado social, não podem, por nenhum contrato, privar-se ou deles abrir mão, como o gozo da vida e da liberdade, os meios de adquirir e possuir a propriedade, perseguir e obter a felicidade e segurança; afirma a separação dos poderes como premissa fundamental de organização do Estado; a liberdade de imprensa; o direito do acusado de conhecer a causa de sua detenção e ser julgado rapidamente por juízes imparciais; que nenhum homem pode ser privado de sua liberdade, senão segundo a lei do país ou segundo o juízo de seus pares.[97]

A Convenção de Virgínia incorpora virtualmente os direitos e liberdades já reconhecidas, sendo que, pela primeira vez, os direitos naturais são acolhidos e positivados como direitos fundamentais constitucionais,[98] iniciando a fase da constitucionalização dos direitos humanos.

Por fim, de suma importância é a Declaração dos Direitos do Homem e do Cidadão de 1789, também de inspiração jusnaturalista, reconhecendo ao ser humano direitos naturais, "fruto da revolução que provocou a derrocada do antigo regime e a instauração da ordem burguesa na França".[99] Os direitos individuais apresentam, todos eles, um caráter comum, de limitação do Estado, sem impor qualquer serviço positivo ou prestação em benefício dos cidadãos, numa nítida orientação burguesa.

A Declaração dos Direitos do Homem e do Cidadão, todavia, é de vital importância para a constitucionalização e o reconhecimento dos direitos e liberdades fundamentais nas Constituições do século XIX, culminando, ainda, com a afirmação do Estado de Direito, na sua concepção liberal-burguesa. É com tal declaração, também, que tais valores são universalizados, não como direitos de um povo,

---

[97] LEAL, Rogério Gesta, op. cit., 1997b, p. 32-33.

[98] Também na declaração de Independência dos Estados Unidos, que ocorreu em 04 de julho de 1776, há "uma mensagem de natureza política, econômica e cultural, inspirada na teoria dos direitos naturais e na idéia de contrato social, proclamando direitos já veiculados pela Declaração de Virgínia e agregando outros, como o de insurreição contra governos que abusem de seus poderes", consoante afirma LEAL, Rogério Gesta, op. cit., 1997 b, p. 33.

[99] SARLET, Ingo Wolfgang, op. cit., 1998, p. 45.

como na Convenção de Virgínia, destinada aos concidadãos americanos, mas como direitos de todos os indivíduos.¹⁰⁰

Surge aqui – no âmbito das primeiras Constituições escritas - a chamada primeira dimensão¹⁰¹ dos direitos fundamentais, produto peculiar

> do pensamento liberal-burguês do século XVIII, de marcado cunho individualista, surgindo e afirmando-se como direitos do indivíduo frente ao Estado, mais especificamente como direitos de defesa, demarcando uma zona de não-intervenção do Estado e uma esfera de autonomia individual em face do seu poder.¹⁰²

Estes direitos possuem notória vinculação com o constitucionalismo clássico e com o Estado de Direito Liberal e traduzem a ascensão da burguesia ao poder.

Do clássico lema "liberdade, igualdade e fraternidade" da Revolução Francesa, os direitos de primeira dimensão, são

> os direitos da liberdade, os primeiros a constarem do instrumento normativo constitucional, a saber, os direitos civis e políticos, que em grande parte correspondem, por um prisma histórico, àquela fase inaugural do constitucionalismo do Ocidente.¹⁰³

Tais direitos fundamentais, tal qual a própria ordem jurídica e a sociedade capitalista de então, "entram na categoria do *status ne-*

---

¹⁰⁰ Neste sentido, Paulo Bonavides, afirma que: "A vinculação essencial dos direitos fundamentais à liberdade e à dignidade humana, enquanto valores históricos e filosóficos, nos conduzirá sem óbices ao significado de universalidade inerente a esses direitos como ideal da pessoa humana. A universalidade se manifestou pela vez primeira, qual descoberta do racionalismo francês da Revolução, por ensejo da célebre Declaração dos Direitos do Homem de 1789" (op. cit., 1998, p. 516).

¹⁰¹ A doutrina utiliza indistintamente os termos "dimensão" e "geração" de direitos para indicar as mutações históricas que estes sofrem na sociedade humana, num processo de expansão, cumulação e fortalecimento. O que se quer demonstrar que o reconhecimento progressivo de novos direitos fundamentais tem o caráter de um processo cumulativo, de complementariedade, e não de alternância. Assim, consoante adverte Ingo Wolfgang Sarlet: "o uso da expressão 'gerações' pode ensejar a falsa impressão da substituição gradativa de uma geração por outra, razão pela qual há quem prefira o termo 'dimensões' dos direitos fundamentais, posição esta que aqui optamos por perfilhar, na esteira da mais moderna doutrina" (op. cit., 1998, p. 47). Diferente não é a posição de Paulo Bonavides, ao explicar que: "o vocábulo 'dimensão' substitui com vantagem lógica e qualitativa, o termo 'geração', caso este último venha a induzir apenas sucessão cronológica e, portanto, suposta caducidade dos direitos das gerações antecedentes, o que não é verdade. Ao contrário, os direitos da primeira geração, direitos individuais, os da segunda, direitos sociais, e os da terceira, direitos ao desenvolvimento, ao meio ambiente, à paz e à fraternidade, permanecem eficazes, são infra-estruturais, formam a pirâmide cujo ápice é o direito à democracia..." (op. cit., 1998, p. 525).

¹⁰² SARLET, Ingo Wolfgang, op. cit., 1998, p. 48. Segundo tal autor: "Os direitos fundamentais da primeira dimensão encontram suas raízes especialmente na doutrina iluminista e jusnaturalista dos séculos XVII e XVIII (nomes como Hobbes, Locke, Rousseau e Kant), segundo a qual, a finalidade precípua do Estado consiste na realização da liberdade do indivíduo, bem como nas revoluções políticas do final do século XVIII, que marcaram o início da positivação das reivindicações burguesas nas primeiras Constituições escritas do mundo ocidental" (op. cit., 1998, p. 48).

¹⁰³ BONAVIDES, Paulo, op. cit., 1998, p. 517.

gativus da classificação de Jellinek e fazem também ressaltar na ordem dos valores políticos a nítida separação entre a Sociedade e o Estado".[104] Valorizam primeiro o "homem-singular, o homem das liberdades abstratas, o homem da sociedade mecanicista"[105] que compõem a sociedade liberal.[106]

Com a industrialização e os graves problemas sociais e econômicos que a acompanharam,

> as doutrinas socialistas e a constatação de que a consagração formal de liberdade e igualdade não gerava a garantia do seu efetivo gozo acabaram, já no decorrer do século XIX, gerando amplos movimentos reivindicatórios e o reconhecimento progressivo de direitos atribuindo ao Estado comportamento ativo na realização da justiça social. A nota distintiva destes direitos é a sua dimensão positiva, uma vez que se cuida não mais de evitar a intervenção do Estado na esfera da liberdade individual, mas, sim, na lapidar formulação de C. Lafer, de propiciar um "direito de participar do bem-estar social".[107]

São os direitos de segunda dimensão, os chamados direitos sociais, culturais e econômicos, bem como os direitos coletivos ou de coletividades, introduzidos no constitucionalismo das distintas formas de Estado Social, no final do século XIX e início do século XX.

Inicialmente, foram objetos de uma formulação filosófica e política, de acentuado cunho ideológico social, e

> uma vez proclamados nas Declarações solenes das Constituições marxistas e também de maneira clássica no constitucionalismo da social-democracia (a de Weimar, sobretudo), dominaram por inteiro as Constituições do segundo pós-guerra.[108]

Não se cuida, mais, de liberdade do e perante o Estado, e sim, de liberdade por intermédio do Estado, caracterizando-se por outorgarem aos indivíduos direito a prestações sociais estatais, como assistência social, saúde, educação, trabalho, etc.

São, portanto, típicos do Estado Social, fruto da crise do capitalismo e das relações capital-trabalho.[109]

---

[104] BONAVIDES, Paulo, op. cit., 1998, p. 517.

[105] Idem, p. 518.

[106] São os direitos à vida, à liberdade, à propriedade e à igualdade (formal) perante a lei. Posteriormente, são complementados por um leque de liberdades (liberdade de expressão, imprensa, manifestação, reunião, etc.) e pelos direitos de participação política, tais como o direito de voto e a capacidade eleitoral.

[107] SARLET, Ingo Wolfgang, op. cit., 1998, p. 49.

[108] BONAVIDES, Paulo, op. cit., 1998, p. 518.

[109] Para Ingo Wolfgang Sarlet: "A utilização da expressão 'social' encontra justificativa, entre outros aspectos que não nos cabe aprofundar neste momento, na circunstância de que os direitos da Segunda dimensão podem ser considerados uma densificação das classes menos favorecidas, de modo especial da classe operária, a título de compensação, em virtude da extrema desigualdade que caracterizava (e, de certa forma, ainda caracteriza) as relações com a classe empregadora, notadamente detentora de um maior ou menor grau de poder econômico" (op. cit., 1998, p. 50).

Os direitos de segunda dimensão passaram, primeiro, por um chamado "ciclo de baixa normatividade", por sua eficácia duvidosa (obviamente, pela doutrina conservadora, clássica e liberal), "em virtude de sua própria natureza de direitos que exigem do Estado determinadas prestações materiais nem sempre resgatáveis por exigüidade, carência ou limitação essencial de meios e recursos".[110] Após, em razão da inexistência de garantias de sua concretização, foram considerados normas programáticas, para, então, finalmente, serem considerados preceitos de aplicabilidade imediata e necessária.

Principalmente após a 2ª Guerra Mundial, com o Estado do Bem-Estar Social, novos valores são agregados ao direitos fundamentais, em especial a partir da questão ecológica.[111] São os direitos de terceira dimensão, também denominados de direitos de fraternidade ou de solidariedade, trazendo como nota distintiva "o fato de se desprenderem, em princípio, da figura do homem-indivíduo como seu titular, destinando-se à proteção de grupos humanos (família, povo, nação), e caracterizando-se, conseqüentemente, como direitos de titularidade coletiva ou difusa".[112]

Entre os direitos de terceira dimensão,[113] são indicados os direitos à paz, à autodeterminação dos povos, ao desenvolvimento, ao meio ambiente e qualidade de vida, bem como o direito à conservação e utilização do patrimônio histórico e cultural.[114]

---

[110] BONAVIDES, Paulo, op. cit., 1998, p. 518.

[111] Neste sentido, Rogério Gesta Leal, explica que: "A partir deste quadro e durante a Segunda Guerra Mundial, se produzem em quase todos os territórios envolvidos consideráveis agressões às liberdades pessoais, sociais e econômicas, inclusive envolvendo, no ritmo do terror irascível, indivíduos absolutamente distanciados do tema da guerra. Paralelamente a isto, o período que vai de 1945 até 1960 é marcado por um grande impulso econômico com base no capital das grandes multinacionais, e com a ampliação do uso intensivo das fontes de energia e dos recursos naturais de todas as regiões do mundo. Este modelo de desenvolvimento amplia a níveis significativos o quadro de destruição ambiental, afetando principalmente os países do Terceiro Mundo e oportunizando o afloramento de uma terceira geração dos direitos humanos. A nova realidade econômica, industrial e política que irrompeu neste período faz surgir uma série de novos anseios e interesses postulados por novos sujeitos sociais, a serem garantidos com o esforço conjunto do Estado, dos indivíduos, dos diferentes setores da sociedade e dois países no Ocidente..." (op. cit., 1997b, p. 82).

[112] SARLET, Ingo Wolfgang, op. cit., 1998, p. 50.

[113] Seriam os direitos transindividuais, na visão de José Luis Bolzan de Morais, pois, embora sejam direitos que ultrapassam o indivíduo singularmente definido, perpassam-no, dando a idéia de que são interesses que tocam os indivíduos, e não que estão acima deles (op. cit., 1996a, p. 126).

[114] Ingo Wolfgang Sarlet, adverte que: "Cuida-se, na verdade, do resultado de novas reivindicações fundamentais do ser humano, geradas dentre outros fatores, pelo impacto tecnológico, pelo estado crônico de beligerância, bem como pelo processo de descolonização do segundo pós-guerra e suas contundentes conseqüências, acarretando profundos reflexos na esfera dos direitos fundamentais" (op. cit., 1998, p. 51).

Importante destacar que, em razão de terem uma titularidade coletiva, muitas vezes indefinida e indeterminável, como, por exemplo, no direito ao meio ambiente, em que pese estar preservada sua dimensão individual, há necessidade de criação, no âmbito do Direito, de novas técnicas de garantia e proteção, além do que ainda há restrições quanto à positivação destes direitos, embora, internacionalmente, através de um grande número de tratados, isto já começa a ocorrer.

Hoje, ao lado do Estado Democrático de Direito, há os que defendem uma quarta dimensão dos direitos fundamentais, como o direito à democracia, o direito à informação e o direito ao pluralismo, fruto da globalização dos direitos fundamentais, no sentido de uma universalização no plano institucional.[115] Há outros, ainda, que defendem direitos de quarta e quinta dimensões.[116]

Importa notar, de maneira conclusiva, que os direitos fundamentais são um produto histórico, nascidos de lutas pela preservação da liberdade e pela implementação da igualdade entre as pessoas.[117] Individuais, coletivos ou difusos, os direitos fundamentais e humanos são, sempre, inerentes à proteção da vida, da liberdade, da igualdade e da dignidade da pessoa humana.[118] Eles "nascem" para resguardar a dignidade e centralidade do homem:

> Mais uma prova, se isso ainda fosse necessário, de que os direitos não nascem todos de uma vez. Nascem quando devem ou podem nascer. Nascem quando o aumento do poder do homem sobre o homem – que acompanha inevitavelmente o progresso técnico, isto é, o progresso da capacidade do homem de dominar a natureza e os outros homens – ou cria novas ameaças à liberdade do indivíduo, ou permite novos remédios para as suas indigências: ameaças que são enfrentadas através de deman-

---

[115] Defende tal posição, no Brasil, Paulo Bonavides: "A democracia positivada enquanto direito da Quarta geração há de ser, de necessidade, uma democracia direta. Materialmente possível graças aos avanços da tecnologia de comunicação, e legitimamente sustentável graças à informação correta e às aberturas pluralistas do sistema. Desse modo, há de ser também uma democracia isenta já das contaminações da mídia manipuladora, já do hermetismo de exclusão, de índole autocrática e unitarista, familiar aos monopólios do poder. Tudo isso, obviamente, se a informação e o pluralismo vingarem por igual como direitos paralelos e coadjuvantes da democracia; esta, porém, enquanto direito do gênero humano, projetado e concretizado no último grau de sua evolução conceitual" (op. cit., 1998, p. 525).

[116] De quarta geração seriam os direitos de manipulação genética, relacionados à biotecnologia e à bioengenharia, e que tratam de questões sobre a vida e a morte, e que requerem uma discussão ética prévia. De quinta geração, por sua vez, seriam os advindos com a chamada realidade virtual, que compreendem o grande desenvolvimento da cibernética na atualidade, implicando o rompimento de fronteiras, estabelecendo conflitos entre países com realidades distintas. Esse é o entendimento de OLIVEIRA JÚNIOR, José Alcebíades de. Cidadania e novos direitos, In: *O novo em direito e política*. Porto Alegre: Livraria do Advogado, 1997, p. 193.

[117] Id., ib., p. 194.

[118] Cf. SARLET, Ingo Wolfgang, op. cit., 1998, p. 55.

das de limitações do poder; remédios que são providenciados através da exigência de que o mesmo poder intervenha de modo protetor.[119]

Por fim, as novas mudanças na sociedade, agora sem fronteiras, colocam em risco toda a evolução da teoria dos direitos fundamentais, em face dos efeitos nefastos da globalização e do neoliberalismo,

> notadamente os relacionados com o aumento da opressão socioeconômica e da exclusão social, somados ao enfraquecimento do Estado, o que têm gerado a diminuição da capacidade do poder público de assegurar aos particulares a efetiva fruição dos direitos fundamentais, além de reforçar a dominação do poder econômico sobre as massas de excluídos, verifica-se que até mesmo a noção de cidadania como "direito a ter direitos" (Celso Lafer) encontra-se sob grave ameaça, implantando-se, em maior ou menor grau, aquilo que Boaventura Santos denominou de um autêntico "fascismo societal", notadamente nos países periféricos e em desenvolvimento.[120]

Assim, faz-se necessário o estudo desta crise que atormenta o mundo social, jurídico e econômico. Antes, porém, far-se-á uma breve incursão localizada pelo direito constitucional brasileiro, a fim de melhor observar como as transformações analisadas do Estado e do Direito foram sentidas em nosso país.

---

[119] BOBBIO, Norberto. *A era dos direitos*. Trad. de Carlos Nelson Coutinho. Rio de Janeiro: Campus, 1992a, p. 6.

[120] SARLET, Ingo Wolfgang. Os direitos fundamentais na Constituição de 1988. In: *O direito público em tempos de crise:* estudos em homenagem a Ruy Ruben Ruschel. Porto Alegre: Livraria do Advogado, 1999, p. 133-134.

4. Um breve histórico constitucional brasileiro: situando as transformações do Estado e do Direito no Brasil

Uma vez demonstradas as transformações ocorridas no Estado Moderno e Contemporâneo, bem como no Direito, no constitucionalismo e nos direitos fundamentais, é importante fazer uma análise de como estas transformações se fizeram sentir na história constitucional brasileira. Assim, passa-se da questão universal para o problema local, que é por demais importante, a fim de que se possa ter um panorama da situação social, política e econômica brasileira frente às mudanças mundiais.

A fase colonial[121] ocorreu com a efetiva colonização do Brasil, primeiro com as capitanias hereditárias (a partir de 1534, ano da primeira concessão de uma Capitania, a de Pernambuco), após com o sistema de governadores-gerais, e, por fim, com a divisão da colônia em Estados, havendo séria dispersão do poder político, com formação de centros efetivos de poder locais, diferenciados nos aspectos sociais e econômicos, o que veio a repercutir na estruturação do futuro Estado brasileiro, inclusive na formação de uma "coronelística oligárquica", que perdurou até nos primeiros anos da República.[122]

A fase monárquica inicia-se, de fato, com a chegada de D. João VI ao Brasil, em 1808, e, com a transferência da Família Real para o Rio de Janeiro, foi criada toda uma estrutura necessária ao governo, desde a polícia até as repartições públicas, passando pela criação da própria Justiça, tudo o que antes faltava na fase colonial. Além disso, abriram-se os portos, decretou-se a liberdade da indústria e possibilitou-se a expansão comercial.

---

[121] Por óbvio, na fase colonial do Brasil, não há que se falar em Estado e nem em constitucionalismo, eis que nosso país era mera colônia de Portugal. E, ainda que o sistema jurídico era o da matriz, a sua aplicação dependia muito de cada centro de poder instalado nas diversas colônias brasileiras.

[122] Ver SILVA, José Afonso da. *Curso de direito constitucional positivo*. 8 ed. São Paulo: Malheiros, 1992, p. 64-67, que bem demonstra a situação política da época.

E, muito embora o Brasil tenha sido elevado à categoria de Reino Unido de Portugal, em 1815, pondo fim ao sistema colonial e ao monopólio da matriz, pouca influência houve, salvo no Rio de Janeiro, no interior do país, "onde a fragmentação e diferenciação do poder real e efetivo perduravam, sedimentados nos três séculos de vida colonial".[123]

Nesta época, as novas teorias políticas liberais que agitavam e renovavam o mundo europeu, vale dizer, o Liberalismo, o Parlamentarismo, o Constitucionalismo, o Federalismo, a Democracia e a República passaram a influenciar parte de uma nobreza já constituída e a aristocracia intelectual, graduada, na sua maioria, nas universidades européias.

Com a volta da família real e a regência de D. Pedro I, precipita-se o movimento no sentido de dotar o Brasil de uma Constituição, o que acontece, efetivamente, com a Proclamação da Independência e a Carta Magna de 1824.

Na realidade, a Carta de 1824 uniu as idéias liberais, então em voga, com a monarquia, numa aparente contradição, eis que o liberalismo opunha-se frontalmente à monarquia absolutista, ao deslocar a soberania do rei para o povo.[124] Isto ocorreu, todavia, para enfrentar a falta de unidade nacional, eis a referida descentralização do poder existente na época. Assim, a consecução desse objetivo "dependia da estruturação de um poder centralizador e uma organização nacional que freassem e até demolissem os poderes regionais e locais, que efetivamente dominavam no país".[125]

Dessa forma, foi o constitucionalismo o princípio fundamental desta construção nacional. A Carta de 1824 assegurou a instalação dos ideais liberais[126] e um mecanismo de divisão do poder, tudo de acordo com o postulado do artigo 16 da Declaração dos Direitos do Homem e do Cidadão de 1789, segundo o qual não tem constituição

---

[123] Id., ib., p. 67.

[124] Em verdade, a soberania era deslocada para a elite capitalista: os burgueses.

[125] SILVA, José Afonso da, op. cit., 1992, p. 68.

[126] A Constituição do Império do Brasil, jurada a 25-3-1824, previa, em seu Título VIII – *Das disposições geraes, e garantias dos direitos civis e políticos dos cidadãos brazileiros* – extenso rol de direitos humanos fundamentais. O art. 179 possuía 35 incisos, consagrando direitos e garantias individuais, tais como: princípios da igualdade e legalidade, livre manifestação de pensamento, impossibilidade de censura prévia, liberdade religiosa, liberdade de locomoção, inviolabilidade de domicílio, possibilidade de prisão somente em flagrante delito ou por ordem da autoridade competente, fiança, princípio da reserva legal e anterioriade da lei penal, independência judicial, princípio do juiz natural, livre acesso aos cargos públicos, abolição dos açoites, da tortura, da marca de ferro quente e todas as penas mais cruéis, individualização da pena, respeito à dignidade do preso, direito de propriedade, liberdade de profissão, direito de invenção, inviolabilidade das correspondências, responsabilidade civil do Estado por ato dos funcionários públicos, direito de petição, gratuidade do ensino público primário.

a sociedade onde não é assegurada a garantia dos direitos nem determinada a separação dos Poderes.¹²⁷

Com o Poder Moderador,¹²⁸ o Imperador chefiava o Executivo (administrativamente) e tinha interferência nos demais Poderes, criando-se, em verdade, uma centralização monárquica, um mecanismo político de poder central.¹²⁹ Assim, do ponto de vista da distribuição geográfica do poder,

> a Carta de 1824 estabeleceu uma vigorosa centralização político-administrativa, pela qual se acabou por evitar o que ocorreu na américa espanhola, fracionada em razão dos particularismos locais criados a partir da administração colonial.¹³⁰

O mérito da Carta de 1824 foi importante por manter, em especial, a integridade nacional. E a monarquia constitucional brasileira foi, não obstante, "um largo passo para a estréia formal definitiva de um Estado liberal, vinculado, todavia, a uma sociedade escravocrata, aspecto que nunca se deve perder de vista no exame das instituições imperiais".¹³¹

Em 1889, porém, vencem as forças descentralizadoras, agora mais organizadas, de corrente liberal,¹³² aliadas ao federalismo,

---

¹²⁷ Neste sentido, José Afonso da Silva, explica que: "Os estadistas do Império e construtores da nacionalidade tinham pela frente uma tarefa ingente e difícil: conseguirem construir a unidade do poder segundo esses princípios que não toleravam o absolutismo. E conseguiram-no dentro dos limites permitidos pela realidade vigente, montando, através da Constituição de 1824, um mecanismo centralizador capaz de propiciar a obtenção dos objetivos pretendidos, como provou a história do Império. 'É – como nota Oliveira Vianna - uma edificação possante, sólida, maciça, magnificamente estruturada, constringindo rijamente nas suas malhas resistentes todos os centros provinciais e todos os nódulos de atividade política do país: *nada escapa, nem o mais remoto povoado do interior, à sua compressão poderosa*" (op. cit., 1992, p. 69).

¹²⁸ Paulo Bonavides, alerta que "Dominada pelas sugestões constitucionais provenientes da França, a Constituição Imperial do Brasil foi a única Constituição do mundo, salvo notícia em contrário, que explicitamente perfilhou a repartição tetradimensional de poderes, ou seja, trocou o modelo de Montesquieu pelo de Benjamim Constant, embora de modo mais quantitativo e formal do que qualitativo e material. Com efeito, ao Executivo, Legislativo e Judiciário, acrescentou o Poder Moderador, de que era titular o Imperador e que compunha a chave de toda a organização política do Império. Em rigor, como redundou de sua aplicação constitucional, era ele o Poder dos Poderes, o eixo mais visível de toda a centralização de Governo e de Estado na época imperial" (op. cit., 1998, p. 329).

¹²⁹ A Constituição outorgada de 1824 não contava com controle jurídico de constitucionalidade. Cabia, apenas, à Assembléia Geral, no princípio de suas sessões, examinar, com feições políticas, se a Constituição havia sido observada. Na realidade, apenas em parte a Constituição era rígida, ou seja, na parte respeitando aos limites e atribuições dos Poderes Políticos e aos direitos políticos e individuais do cidadão.

¹³⁰ BASTOS, Celso Ribeiro. *Curso de direito constitucional*. 15 ed. São Paulo: Saraiva, 1994, p. 55.

¹³¹ BONAVIDES, Paulo, op. cit., 1998, p. 330.

¹³² Para José Afonso da Silva: "Os liberais lutaram quase sessenta anos contra esse mecanismo centralizador e sufocador das autonomias regionais. A realidade dos poderes locais, sedimentada durante a colônia, ainda permanecia regurgitante sob o peso da monarquia centralizante. A idéia descentralizadora, como a republicana, despontara desde cedo na história político-constitucional do Império. Os federalistas surgem no âmago da Constituinte de 1823, e per-

como princípio constitucional de estruturação do Estado, e a democracia, como regime político que melhor assegura os direitos humanos fundamentais. A 15 de novembro, dá-se no Brasil um golpe de Estado, a partir de um movimento de tropas situadas no Rio de Janeiro, pelo qual se põe fim à monarquia, proclamando-se a República.[133]

Assumindo o poder, os republicanos, civis e militares, passam, então, a cuidar da transformação do regime. Com a instalação do governo provisório, sob a presidência do Marechal Deodoro da Fonseca, edita-se o Decreto nº 1, de 15 de novembro de 1989, com a adoção do federalismo, sendo que as províncias eram alçadas à condição de Estados, para poderem fluir da autonomia própria dos Estados-Membros de uma Federação, inclusive podendo editar suas próprias Constituições.

Em seguida, através de uma comissão especial, estabeleceu-se um Anteprojeto de Constituição, e, por fim, através de uma Assembléia-Geral Constituinte, foi aprovada a primeira Constituição Republicana, promulgada em 24 de fevereiro de 1891, com sensível influência de Rui Barbosa.[134]

Adotou-se a forma de governo da República Federativa, optando-se pelo presidencialismo, à moda norte-americana. Firmou a autonomia dos Estados, aos quais conferiu competências remanescentes, e rompeu com a divisão quadripartito de poder, vigente no Império, para agasalhar a doutrina tripartito de Montesquieu, com o fortalecimento do Judiciário.[135]

---

manecem durante todo o Império, provocando rebeliões como as 'Balaiadas', as 'Cabanadas', as 'Sabinadas', a 'República de Piratini'. Tenta-se implantar, por várias vezes, a *monarquia federalista* do Brasil, mediante processo constitucional. (1823, 1831), e chega-se a razoável descentralização com o Ato Adicional de 1834, esvaziado pela lei de interpretação de 1840. O republicanismo irrompe com a Inconfidência Mineira e com a revolução pernambucana de 1817; em 1823, reaparece na constituinte, despontando outra vez em 1831, e brilha com a República de Piratini, para ressurgir com mais ímpeto em 1870 e desenvolver-se até 1889" (op. cit., 1992, p. 71).

[133] Para Afonso Arinos *apud* Bastos, Celso Ribeiro, os fatores que determinaram a queda do império são: "1º. A transformação da economia agrária determinando ou concorrendo para acontecimentos importantes; 2º. O aparecimento do exército com força política influente, em substituição aos partidos em declínio, passando, aos poucos, a ser força decisiva e quase dominadora; 3º. À aspiração federalista, que, perceptível desde a constituinte de 1823, foi se desenvolvendo gradativamente durante o Império; 4º. Certas influências culturais, principalmente o positivismo; 5º. O isolamento em que se achava o Brasil como única Monarquia continental e, graças ao mais estreito intercâmbio internacional, uma natural tendência ao enquadramento no sistema americano predominante, que era o da República presidencialista; 6º. O envelhecimento do imperador e seu relativo afastamento de um cenário político novo, cujos líderes ele não conhecia bem; a ausência de herdeiro masculino da Coroa e a falta de popularidade do príncipe-consorte estrangeiro" (op. cit., 1994, p. 57).

[134] Cf. Bastos, Celso Ribeiro, op. cit., 1994, p. 58.

[135] Paulo Bonavides, esclarece que: "Com o advento da República, o Brasil ingressou na Segunda época constitucional de sua história. Mudou-se o eixo dos valores e princípios de

A Declaração de Direitos mereceu grande destaque na Carta de 1891, eis que, além dos tradicionais direitos e garantias individuais que já haviam sido consagrados pela Constituição anterior, previu o abrandamento das penas criminais, com a supressão das penas de Galés, de banimento e de morte, bem como a constitucionalização do *Habeas Corpus*, instrumento jurídico de grande importância na repressão às prisões indevidas e aos atentados ao direito de locomoção em geral, introduzido em nosso sistema jurídico pelo Código Criminal de 1830.

A Carta Constitucional de 1891 previu, ainda, pela primeira vez, o sistema jurisdicional de controle difuso, por via de exceção, da constitucionalidade, numa importante inovação jurídica.

Todavia, tal sistema constitucional, que previu a descentralização administrativa e a autonomia dos Estados, enfraqueceu o poder central e reascendeu os poderes regionais e locais, "adormecidos sob o guante do mecanismo unitário e centralizador do Império".[136] As várias crises, inclusive com a decretação do estado de sítio, colocaram em xeque a Carta Constitucional que, em 1926, sofreu ampla reforma, marcada por uma conotação nitidamente autoritária e nacionalista, com o fortalecimento do Executivo.

Na realidade, a Carta Constitucional de 1891 não conseguiu romper com o regime oligárquico dominante, o chamado coronelismo.[137]

Em 1930, com o desenvolvimento da economia brasileira e em face da crise econômica de 1929, bem como "o surgimento de movimentos sociais pleiteando melhores condições de vida, trabalho e distribuição de renda, gerando controvérsias quanto à validade da

---

organização forma do poder. Os novos influxos constitucionais deslocavam o Brasil constitucional da Europa para os Estados Unidos, das Constituições francesas para a Constituição norte-americana" (op. cit., 1998, p 330). E completa: "Com efeito, os princípios chaves que faziam a estrutura do novo Estado diametralmente oposta àquela vigente no Império eram doravante: o sistema republicano, a forma presidencial de governo, a forma federativa de Estado e o funcionamento de uma suprema corte, apta a decretar a inconstitucionalidade dos atos do poder; enfim, todas aquelas técnicas de exercício da autoridade preconizadas na época pelo chamado ideal de democracia republicana imperante nos Estados Unidos e dali importadas para coroar uma certa modalidade de Estado liberal, que representava a ruptura com o modelo autocrático do absolutismo monárquico e se inspirava em valores de estabilidade jurídica vinculados ao conceito individualista de liberdade" (op. cit., 1998, p. 330-331).

[136] SILVA, José Afonso da, op. cit., 1992, p. 73.

[137] Para José Afonso da Silva: "O coronelismo fora o poder real e efetivo, a despeito das normas constitucionais traçarem esquemas formais da organização nacional com teoria de divisão de poderes e tudo. A relação de forças dos coronéis elegia os governadores, os deputados e senadores. Os governadores impunham o Presidente da República. Nesse jogo, os deputados e senadores dependiam da liderança dos governadores. Tudo isso forma uma constituição material em desconsonância com o esquema normativo da Constituição então vigente e tão bem estruturada formalmente" (op. cit., 1992, p. 74).

democracia liberal e do liberalismo econômico",[138] irrompeu a Revolução de 1930, que pôs abaixo a Primeira República.

Com a subida de Getúlio Vargas ao poder e a intervenção dos Estados, liquidando com a política dos governadores e afastando a influência dos coronéis (através de um novo sistema eleitoral), há o desmonte do coronelismo, ou, ao menos, seu enfraquecimento:

> Entre 1930, ano da pseudo-Revolução Liberal – liberal apenas porque tinha como inspiração suprema sanear o sistema representativo adulterado pelos vícios da corrupção eleitoral e estabelecer tanto quanto possível autenticidade do processo eletivo – e 16 de julho de 1934, data da promulgação da segunda Constituição republicana, decorreram quatro anos de interregno ditatorial, sob a égide de um Governo Provisório. Esse Governo se viu, porém, contestado em 1932 pela 'revolução constitucionalista' deflagrada em São Paulo, e logo sufocada com o emprego das armas e a prevalência do Poder Central.[139]

Inicia-se a questão social, em especial com a promulgação da nova Constituição de 1934, que inaugurou no Brasil "a terceira grande época constitucional de sua história; época marcada de crises, golpes de Estado, insurreição, impedimentos, renúncia e suicídio de Presidentes, bem como queda de governos, repúblicas e Constituições".[140]

Com a Constituição de 1934, há a penetração, até então ignorada no direito constitucional positivo vigente no país, de uma nova corrente de princípios, a do Estado Social, sob a influência da Constituição de Weimar, que ressaltava o aspecto social,[141] rompendo, pois, com a velha democracia liberal.

Nada mais é do que o sopro do Estado Social europeu, produto da sociedade de massa e das crises do capitalismo, no Estado brasileiro.

Também foi expressivo marco na progressão do País rumo a um controle direto de constitucionalidade, eis que previu, pela primeira

---

[138] BASTOS, Celso Ribeiro, op. cit., 1994, p. 62.

[139] BONAVIDES, Paulo, op. cit., 1998, p. 331.

[140] Id. ib., p. 332

[141] Neste sentido, Paulo Bonavides, explica que: "O constitucionalismo dessa terceira época fez brotar no Brasil desde 1934 o modelo fascinante de um Estado social de inspiração alemã, atado politicamente a formas democráticas, em que a Sociedade e o homem-pessoa – não o homem-indivíduo – são os valores supremos. Tudo porém indissoluvelmente vinculado a uma concepção reabilitadora e legitimante do papel do Estado com referência à democracia , à liberdade e à igualdade" (op. cit., 1998, p. 334). E, mais adiante, completa: "Esse reluzente espelho trouxe para aquela Constituição imagens novas de matéria constitucional: a subordinação do direito de propriedade ao interesse social ou coletivo, a ordem econômica e social, a instituição da Justiça do Trabalho, o salário mínimo, as férias anuais do trabalhador obrigatoriamente remuneradas, a indenização ao trabalhador dispensado sem justa causa, o amparo à maternidade e à infância, o socorro às famílias de prole numerosa, a colocação da família, da educação e da cultura debaixo da proteção especial do Estado" (op. cit., 1998, p. 334-335).

vez, o controle de constitucionalidade por via de ação, além de outros institutos importantes como o mandado de segurança.

Mas, embora tenha introduzido a questão social, a Carta de 1934 ainda tinha feição liberal, ou seja, era "um documento de compromisso entre o liberalismo e o intervencionismo" estatal.[142]

Ela espelhava, pois, as forças expressivas do contexto político-social de então, da grande tensão social existente, entre as forças reacionárias e as novas doutrinas sociais. Certamente, como avanço do socialismo na Rússia e o surgimento do fascismo europeu, de nítido e declarado objetivo de combate ao primeiro, o que traduziu nas posições opostas da extrema esquerda tanto quanto na extrema direita brasileira, inviável tornou-se a aplicação da Carta de 1934, gerando, assim, condições para que fosse possível o Golpe de 1937.[143]

Em 10 de novembro de 1937, o Brasil se vê colocado debaixo de uma nova Carta outorgada por Getúlio Vargas. Trata-se do Golpe de 1937, que implantou a nova ordem denominada Estado Novo, instituindo pura e simplesmente a ditadura, sendo que a Carta de 1937 é de inspiração fascista e, em conseqüência, de cunho eminentemente autoritário.

Não havia divisão de Poderes, embora existissem o Executivo, o Legislativo e o Judiciário, pois ao Executivo cabia o real exercício do poder. Embora consagrasse amplo rol de direitos e garantias individuais, nenhum deles chegou a ser efetivamente garantido, eis que a Carta não teve aplicação regular.[144]

A Constituição de 1937, pois, "era na verdade uma tomada de posição do Brasil no conflito ideológico da época pela qual ficava nítido que o País se inseria na lista contra os comunistas e contra a democracia liberal".[145]

---

[142] SILVA, José Afonso da, op. cit., 1992, p. 75.

[143] José Afonso da Silva, explica que: "O país já se encontrava sob impacto das ideologias que grassavam no mundo do após-guerra de 1918. Os partidos políticos assumiam posições em face da problemática ideológica vigente: surge um partido fascista, barulhento e virulento – a Ação Integralista Brasileira, cujo chefe, Plínio Salgado, como Mussolini e Hitler, se preparava para empolgar o poder; reorganiza-se o partido comunista, aguerrido e disciplinado, cujo chefe, Luís Carlos Prestes, também queria o poder. Getúlio Vargas, no poder, eleito que fora pela Assembléia Constituinte para o quadriênio constitucional, à maneira de Deodoro, como este, dissolve a Câmara e o Senado, revoga a Constituição de 1934, e promulga a Carta Constitucional de 10.11.37" (op. cit., 1992, p. 76).

[144] Com a Carta de 1937 ocorreu um eclipse na evolução do sistema de controle de constitucionalidade, eis que inferiorizava a decisão dos tribunais sobre a declaração de inconstitucionalidade ao sujeitar a matéria a um reexame pelo Parlamento, que, assim, poderia invalidar a decisão judiciária, fazendo, assim, eficaz eventual lei inconstitucional.

[145] BASTOS, Celso Ribeiro, op. cit., 1994, p. 69.

Com o término da 2ª Guerra Mundial e a vitória das potências ocidentais, o fascismo no Brasil tornava-se uma excrecência.[146] Assim, em 1945, com a redemocratização do Brasil e a queda de Getúlio Vargas, através de golpe militar, iniciou-se a edição de uma nova Carta Constitucional, com a instalação de uma Assembléia Constituinte,[147] no dia 2 de fevereiro de 1946, que iria terminar seus trabalhos em setembro do mesmo ano, promulgando a Constituição de 1946.

A Carta de 1946 tinha um objetivo primordial, ou seja, o de pôr fim ao Estado autoritário que vigia no país desde 1930.[148] Procurava, pois, um Estado democrático, de linha libertária, embora sem "descurar da abertura para o campo social que foi recuperada da Constituição de 1934".[149] Na verdade, ao contrário das anteriores Cartas, a Constituição de 1946 "não foi elaborada com base em um projeto preordenado, que se oferecesse à discussão da Assembléia Constituinte. Serviu-se, para sua formação, das Constituições de 1891 e 1934".[150]

No campo dos direitos sociais, a Constituição de 1946, além de prever um capítulo específico para os direitos e garantias individuais (Título IV, Capítulo II), estabeleceu, em seu art. 157, diversos direitos sociais relativos aos trabalhadores e empregados seguindo, pois, uma tendência da época. Além disso, previu títulos especiais para a proteção à família, educação e cultura (Título VI).

Na questão da ordem econômica, a Constituição de 1946 pode ser vista como uma tentativa de conciliar o princípio da liberdade de iniciativa com o princípio da justiça social, eis que consagra o princípio da intervenção do Estado no domínio econômico, o direito de greve dos trabalhadores, etc., típico do Estado Social que começava a predominar na Europa do após-guerra, como se viu nos capítulos precedentes.

---

[146] José Afonso da Silva, esclarece: "Terminada a II Guerra Mundial, de que o Brasil participou ao lado dos Aliados contra as ditaduras nazi-fascistas, logo começaram os movimentos no sentido da redemocratização do país: Manifesto dos Mineiros, entrevista de José Américo de Almeida, etc. Havia, também, no mundo do após-guerra, extraordinária recomposição dos princípios constitucionais, com reformulação de constituições existentes ou promulgação de outras (Itália, França, Alemanha, Iugoslávia, Polônia, e tantas outras), que influenciaram a reconstitucionalização do Brasil" (op. cit., 1992, p. 78).

[147] E nesta Assembléia Constituinte, sabe-se, estavam representadas várias correntes de opinião, desde a direita mais conservadora até as comunistas, com predominância, porém, das idéias conservadoras.

[148] Por isso, a separação de Poderes foi prevista na Carta, ou seja, justamente para fortalecer os Poderes Legislativo e Judiciário, e colocá-los em igualdade com o Executivo.

[149] BASTOS, Celso Ribeiro, op. cit., 1994, p. 74.

[150] SILVA, José Afonso da, op. cit., 1992, p. 77.

Retomou, ainda, a Carta de 1946 o caminho aberto pelo constituinte de 1934, ao resgatar os institutos de controle de constitucionalidade, bem como criar uma nova modalidade de ação direta de inconstitucionalidade, de caráter genérico.
Sob a égide desta Constituição,

> sucederam-se crises políticas e conflitos constitucionais de poderes, que se avultaram logo após o primeiro período governamental, quando se elegeu Getúlio Vargas com um programa social e econômico que inquietou as forças conservadoras, que acabaram provocando formidável crise que culminou com o suicídio do chefe do governo. Sobe o Vice-Presidente Café Filho, que presidiu às eleições para o qüinqüênio seguinte, sendo derrotadas as mesmas forças opostas a Getúlio. Nova crise. Adoece Café Filho. Assume o Presidente da Câmara de Deputados, Carlos Luz, que é deposto por um movimento militar liderado pelo General Teixeira Lott com todo o Poder Executivo e Legislativo concentrado nas mãos do Presidente da República, que legislava por via de decretos-lei que ele próprio depois aplicava, como órgão do Executivo.[151]

A Constituição de 1946 regeu o Brasil até 9 de abril de 1964, ocasião em que se principiaram os Atos Institucionais da chamada "revolução" de 1964 dos militares, nitidamente contra as idéias de esquerda, numa razão reacionária, numa ditadura prolongada e poderosa, de todos conhecida.

Expediu-se o Ato Institucional de 9 de abril de 1964, e, após, o Ato Institucional nº 2, de 27 de outubro de 1965. Posteriormente, novos atos institucionais ocorreram, inclusive regulando o procedimento a ser obedecido pelo Congresso Nacional na votação de uma nova Carta Magna.

Em 24 de janeiro de 1967 foi promulgada a nova Constituição brasileira, de clara influência da Carta de 1937, cujas características básicas assimilou. Preocupou-se com a segurança nacional. Fortaleceu o Executivo e diminuiu a autonomia individual, permitindo a supressão de direitos e das garantias constitucionais. Por fim, de importância vital para a caracterização da nova Carta, diminuiu ela a intervenção do Estado na ordem econômica. Manteve, todavia, o controle de constitucionalidade por via da ação.

Muito embora o desenvolvimento econômico do país, a insegurança era patente, estando grande parte da sociedade descontente com o regime instalado, notando-se a intensificação pela oposição da sua campanha contra o governo, batendo-se pela convocação de uma Assembléia Constituinte, para dotar o País de uma nova Lei Fundamental, bem como de certa mobilização popular, em especial dos estudantes.

---

[151] SILVA, José Afonso da, op. cit., 1992, p. 78-79.

Logo, surge o Ato Institucional nº 5, em 13 de dezembro de 1968, que fundava uma nova ordem jurídica, colocando todo o poder nas mãos do Presidente, numa ditadura sem precedentes na história brasileira. O seu autoritarismo era tão grande que chegou a suspender o *Habeas Corpus*. Era a ideologia da segurança nacional.

Seguiram-se, ainda, mais uma dezena e muitos atos complementares e decretos-leis, até que insidiosa moléstia impossibilitou o então Presidente Costa e Silva de continuar governando. Ele é declarado temporariamente impedido do exercício da Presidência pelo Ato Institucional nº 12, de 31.8.69, que atribuiu o exercício do Poder Executivo aos Ministros da Marinha de Guerra, do Exército e da Aeronáutica Militar, que, assim, completaram o preparo do novo texto constitucional, afinal promulgado, em 17.10.69, como Emenda Constitucional nº 1 à Constituição do Brasil, para entrar em vigor em 30.10.69.

Estava-se longe de uma normalidade jurídico-constitucional. A Emenda Constitucional nº 1, ainda que tenha produzido inúmeras e profundas alterações na Constituição de 1967, apenas recrudesceu, ainda mais, a ditadura militar, impondo restrições aos direitos e garantias individuais.

A luta pela normalização democrática e pela conquista do Estado de Direito Democrático, todavia, que começara desde que se instalou o golpe militar de 1964, com o passar dos anos, conseguiu vencer o autoritarismo, com a promulgação da Constituição de 1988.

Não foi fácil, é certo, mas a insatisfação democrática tomou, porém, as ruas, a partir da eleição dos Governadores de 1982, e, no início de 1984, as multidões acorreram entusiásticas aos comícios em prol da eleição direta a Presidente da República, interpretando o sentimento da Nação, em busca do reequilíbrio da vida nacional, que só poderia se consubstanciar numa nova ordem constitucional que refizesse o pacto político-social.

Após a eleição indireta de Tancredo Neves para a Presidência da República, e a assunção de José Sarney, seu Vice-Presidente (em face da morte do primeiro), iniciou-se a chamada Nova República, que redundou na Assembléia Nacional Constituinte, no restabelecimento das eleições diretas a Presidente da República, e, em especial, na Carta Magna de 1988.

A Constituição Federal de 1988 inaugura uma nova fase do constitucionalismo brasileiro, uma fase sem precedentes na sua história constitucional,[152] trazendo desde um amplo catálogo de direitos

---

[152] Ulysses Guimarães, Presidente da Assembléia Constituinte, *apud* ROCHA, Carmem Lúcia Antunes. O constitucionalismo contemporâneo e a instrumentalização para a eficácia dos

fundamentais, mas, fundamentalmente, prevendo garantias constitucionais e várias formas de controle de constitucionalidade.[153] Institutos como o *habeas data* e o mandado de injunção, entre outros, completam a concepção moderna e atuante da Carta de 1988.

Trata-se de uma Constituição embasada na tradição do constitucionalismo alemão de Weimar, de natureza eminentemente social,[154] base de um Estado Democrático de Direito, que pretende estabelecer em nosso país, consoante o Preâmbulo e o seu artigo 1º, *caput*,[155] o que demonstra estar em sintonia com a sociedade, o Estado e o constitucionalismo mais atual e moderno, em especial com a doutrina dos direitos fundamentais, tão importante em nosso tempo.

Inobstante, há um claro ímpeto reformista, que pretende desconstitucionalizar vários dos avanços trazidos pela Carta Magna de 1988, o que já se traduziu em várias tentativas de reforma do texto constitucional e nas várias emendas à constituição até hoje editadas. Sob a batuta do globalismo e do neoliberalismo, forças reacionárias, com base no argumento da ineficácia da Carta Magna e da necessidade da redução do Estado, "intentam apoderar-se do aparelho estatal para introduzir retrocessos na lei maior e revogar importantes avanços sociais, fazendo assim inevitável um antagonismo fatal entre o Estado e a Sociedade".[156]

Com tal advertência, concluiu-se o estudo da história constitucional do Brasil. Logo, tendo em vista as concepções de Estado de Direito, constitucionalismo e direitos fundamentais até aqui estudadas, nos capítulos anteriores, bem como as mutações destas noções no mundo e em nosso país, é possível, agora, uma análise mais profunda e paradigmática da atual situação constitucional brasileira

---

direitos fundamentais. *Revista Trimestral de Direito Público*, São Paulo, v. 16, s.d., referindo-se sobre a centralidade do homem na Carta Constitucional de 1988, diz que: "diferentemente das sete Constituições anteriores, começa com o homem. Graficamente testemunha a primazia do homem, que foi escrita para o homem, que o homem é seu fim e sua esperança. É a Constituição Cidadã... O homem é o problema da sociedade brasileira: sem salário, analfabeto, sem casa, portanto sem cidadania" (p. 51).

[153] Trazendo desde o tradicional controle difuso por via de exceção, bem como mantendo o controle concentrado, através da ação direta de inconstitucionalidade, e, especialmente, prevendo novidades como a inconstitucionalidade por omissão e a ampliação da legitimação para a propositura da ação direta de inconstitucionalidade. Posteriormente, pela Emenda Constitucional nº 3, de 17-3-93, foi criada, ainda, a ação declaratória de constitucionalidade de lei ou ato normativo federal.

[154] Cf. BONAVIDES, Paulo, op. cit., 1998, p. 336.

[155] Para José Afonso da Silva: "A Constituição da República Federativa no Brasil de 1988 suscita transformações formais e de fundo que importam a adoção de nova idéia de direito que informa uma concepção do Estado e da Sociedade diferente da que vigorava no regime constitucional revogado. Quer um *Estado Democrático de Direito* e uma *Sociedade livre, justa e solidária*" (op. cit., 1992, p. 7).

[156] BONAVIDES, Paulo, op. cit., 1998, p. 336.

e o seu enfrentamento com as transformações sociais, políticas e econômicas que ocorrem em nossa sociedade.

Portanto, é imprescindível, de início, a análise da exata noção do que seja um Estado Democrático de Direito e como o Brasil, após a Constituição Federal de 1988, enquadra-se nesta concepção, o que se fará no próximo capítulo, para, após, analisar-se a crise do Estado e do Direito, tão debatida em nosso país.

5. O Estado Democrático de Direito na Constituição brasileira

Nos capítulos anteriores procurou-se explicitar as noções básicas de Estado de Direito, constitucionalismo, direito e direitos fundamentais, bem como demonstrar as transformações destes conceitos na história mundial e brasileira. Necessário, agora, estudar a realidade atual e definir, com mais precisão, o que se entende por Estado Democrático de Direito,[157] suas repercussões, e como este conceito tem aplicação em nosso país.

Antes, entretanto, parece ser de bom alvitre recordar algumas questões básicas sobre as transformações do Estado de Direito, ainda que de forma breve.

O conceito de Estado de Direito Liberal, como se observou, emergiu aliado ao conteúdo próprio do liberalismo, que impôs aos liames jurídicos do Estado a concretização do ideal liberal. Por isso, o Estado Liberal assentava-se sobre o princípio da legalidade – ou seja, a submissão da soberania estatal à lei, divisão de poderes e a garantia dos direitos individuais[158] contra a ação do próprio Estado. Era o Estado dos burgueses, destituído de qualquer conteúdo e sem compromisso com a realidade política, social e econômica.

A nota central deste Estado Liberal apresentava-se como uma limitação jurídico-legal negativa, ou seja, como uma garantia dos cidadãos frente à eventual atuação do Estado.

Ao Estado, pois, cabia tão-somente o estabelecimento de instrumentos jurídicos que assegurassem o livre desenvolvimento das pretensões individuais.[159]

---

[157] É importante salientar que o conceito e a importância da noção de Estado Democrático de Direito ainda não é pacífico entre os doutrinadores, sendo tido, para alguns, como mero prolongamento do Estado de Direito Social. Tentar-se-á mostrar aqui, ao contrário, que não se trata, apenas, de uma modificação do Estado Social, mas, verdadeiramente, um novo modelo estatal, de grande importância no panorama mundial e brasileiro.

[158] Os chamados direitos fundamentais de primeira dimensão.

[159] José Luis Bolzan de Morais, aponta as características deste Estado de Direito: separação entre Estado e sociedade, mediada pelo Direito; as garantias das liberdades individuais por meio dos direitos humanos; a democracia representativa e o papel reduzido do Estado (op. cit., 1996a, p. 70-71).

Já no Estado Social, surgido após a revolução industrial, com a sociedade de massa,[160] e com seu auge no Estado Protetivo, após a 2ª Guerra Mundial, há uma correção de rumo, eis que a adjetivação do social transforma o Estado em garantidor de direitos coletivos e sociais.[161] Perde-se a noção da legalidade do ideário liberal, pois a lei

> passa a ser utilizada não mais, apenas, como ordem geral e abstrata – a generalidade da lei era considerada fulcro do Estado de Direito – mas, sim, como instrumento de ação, muitas vezes com caráter específico e concreto, atendendo critérios circunstanciais.[162]

E no Estado Social,

> a democracia pelas vias representativas já não se confina à supremacia de uma classe. Tendo por pressuposto o sufrágio universal, perde ela o teor formal que a revestia, abrindo raio de sua abrangência participativa a todos os estados ou seja a todas as classes. Essa abertura em verdade traz o fermento da dissolução e da crise do sistema representativo em suas bases clássicas, a saber, prepara a introdução do princípio democrático na sociedade contemporânea com um conteúdo de cidadania e uma força nova de concretude, que têm reflexos importantíssimos na reforma da velha concepção dos direitos fundamentais e de sua hermenêutica tradicional...[163]

No Estado Social, todavia, embora o avanço no trato das questões sociais, não há uma reformulação incisiva dos poderes vigentes à época do modelo clássico do Estado de Direito.

A democracia ainda é mais um conceito formal do que material, pelo qual o povo apenas elege seus representantes, ainda que por via direta, sem que haja uma efetiva participação daqueles nos controles e atuação do Estado.

E, muitas vezes, o Estado Social pode adquirir feições autoritárias, burocratizado (pela necessidade de maior atuação do aparelho estatal), havendo sério déficit democrático, eis que, sob o pretexto social, ofende direitos individuais ou torna-se a "ditadura" da maioria, com sérios prejuízos para a minoria.[164]

---

[160] E o surgimentos dos direitos fundamentais de segunda dimensão (ou coletivos) é característico desse novo modelo estatal.

[161] Paulo Bonavides, explica que: "Surgiu assim, o advento do Estado de Direito de segunda dimensão, onde as garantias dos direitos fundamentais já não consiste, como no primeiro, em afirmar direitos públicos subjetivos. Mas consiste em fazer do legislador, segundo assim assinalou Grimm, o agente de uma normatividade positiva em favor da consolidação da liberdade, em contraste portanto com o legislador negativo das chamadas reservas de lei, conforme era da índole do Estado liberal" (op. cit., 1995, p. 366).

[162] MORAIS, José Luis Bolzan de, op. cit., 1996a, p. 73-74.

[163] BONAVIDES, Paulo, op. cit., 1995, p. 367.

[164] Neste sentido, José Afonso da Silva, observa que, ao comentar os desvios que podem ocorrer sob a figura do Estado Social: "Mas ainda é insuficiente a concepção do Estado Social de Direito, ainda que, como *Estado material de Direito*, revele um tipo de Estado que tende a

No Estado Democrático de Direito, ao contrário dos anteriores, que nem sempre eram de características democráticas, há a tentativa, já referida, de conjugar o ideal democrático ao Estado de Direito, com a preocupação básica de transformação do *status quo*. Trata-se de um Estado que carrega consigo um caráter de transgressor, "que implica agregar o feitio incerto da Democracia ao Direito, impondo um caráter reestruturador à sociedade".[165] O fim a que se pretende, pois, é a constante e permanente reestruturação das próprias relações sociais.

Os princípios apontados deste Estado Democrático de Direito são:

A. *Constitucionalidade*: vinculação do Estado Democrático de Direito à uma Constituição como instrumento básico de garantia jurídica; B. *Organização Democrática da Sociedade* onde estão presentes os mecanismos tradicionais à democracia política, somados às possibilidades novas de participação social através de atores sociais emergentes, tais como: sindicatos, associações, etc.; C. *Sistema de direitos fundamentais individuais e coletivos*, seja como *Estado de distância*, porque os direitos fundamentais asseguram ao homem uma autonomia perante os poderes públicos, seja como um *Estado antropologicamente amigo*, pois respeita a dignidade da pessoa humana e empenha-se na defesa e garantia da liberdade, da justiça e da solidariedade; D. *Justiça Social* como mecanismos corretivos das desigualdades; E. *Igualdade* não apenas como possibilidade formal mas, também, como articulação de uma sociedade justa; F. *Divisão de Poderes ou de Funções*; G. *legalidade* que apa-

---

criar uma situação de bem-estar geral que garanta o desenvolvimento da pessoa humana. Sua ambigüidade, porém, é manifesta. Primeiro, porque a palavra social está sujeita a várias interpretações. Todas as ideologias, com sua própria visão do *social* e do *Direito*, podem acolher uma concepção do Estado Social de Direito, menos a ideologia marxista que não confunde o social com o socialista. A Alemanha nazista, a Itália fascista, a Espanha franquista, Portugal salazarista, a Inglaterra de Churchill e Attlee, a França, com a Quarta República, especialmente, e o Brasil, desde a Revolução de 30 – bem observa Paulo Bonavides – foram 'Estados sociais', o que evidencia, conclui, 'que o Estado social se compadece com regimes políticos antagônicos, como seja, a democracia, o fascismo e o nacional-socialismo'. Em segundo lugar, o importante não é o *social*, qualificando o Estado, em lugar de qualificar o Direito. Talvez até por isso se possa dar razão a Forsthoff quando exprime a idéia de que o Estado de Direito e o Estado Social não podem fundir-se no plano constitucional. O próprio Elías Díaz, que reconhece importância histórica do Estado Social de Direito, não deixa de lembrar a suspeita quanto a 'saber se e até que ponto o neocapitalismo do Estado Social de Direito não estaria em realidade encobrindo uma forma muito mais matizada e sutil de ditadura do grande capital, isto é, algo que no fundo poderia denominar-se, e se tem denominado, neofascismo'. Ele não descarta essa possibilidade, admitindo que o 'grande capital encontrou fácil entrada nas novas estruturas demoliberais, chegando assim a constituir-se como peça chave e central do *Welfare State*. Ainda que institucionalizado no chamado Estado Social de Direito, permanece sempre sob este – representado por seus grupos políticos e econômicos mais reacionários e violentos – essa tendência e propensão do capitalismo ao controle econômico monopolista e à utilização de métodos políticos de caráter totalitário e ditatorial, visando a evitar, sobretudo, qualquer eventualidade realmente socialista" (op. cit., 1992, p. 105-106).

[165] MORAIS, José Luis Bolzan de, op. cit., 1996a, p. 73-74.

rece como medida do direito, isto é, através de um meio de ordenação racional, vinculativamente prescritivo, de regras, formas e procedimentos que excluem o arbítrio e a prepotência; H. *Segurança e Certeza Jurídicas.*[166]

O marco principal do Estado Democrático de Direito é o encontro, portanto, da democracia com o Estado de Direito,[167] onde aquela receberá especial atenção, elevando-se a um direito fundamental, de quarta dimensão,[168] direito positivo das Constituições e de observância necessária para todos os Estados.[169]

O princípio democrático, pois, é o alicerce desse distinto modelo de Estado. Não se trata de democracia formal, mas de democracia direta, vale dizer, a verdadeira interferência do povo nas decisões políticas,[170] o que só pode acontecer se forem obedecidos determinados pressupostos, ou seja, se o povo puder realmente fruir dos direitos fundamentais, tais como o direito à educação, ao livre acesso ao exercício das profissões, à livre informação, etc.

O Estado Democrático de Direito é o Estado da legitimidade,[171] que é encontrada, justamente, na democracia e nos direitos fundamentais nela positivados, garantindo a participação popular nas de-

---

[166] MORAIS, José Luis Bolzan de, op. cit., 1996a, p. 81.

[167] Neste sentido, José Joaquim Gomes Canotilho, explica que: "O Estado de direito cumpria e cumpre bem as exigências que o constitucionalismo salientou relativamente à limitação do poder político. O Estado constitucional é, assim, em primeiro lugar, o Estado como uma *constituição* limitadora do poder através do império do Direito. As idéias do 'governo de leis e não de homens', de 'Estado submetido ao direito', de 'constituição como vinculação jurídica do poder' foram, como vimos, tendencialmente realizadas por institutos como os de *rule of law, due process of law, Rechtaataat, principe de la légalité*. No entanto, alguma coisa faltava ao Estado de direito constitucional – *a legitimação democrática do poder*" (op. cit., 1999, p. 94).

[168] Cf. BONAVIDES, Paulo, op. cit., 1995, p. 349.

[169] Norberto Bobbio, é categórico: "Direitos do homem, democracia e paz são três momentos necessários do mesmo movimento histórico: sem direitos do homem reconhecidos e protegidos, não há democracia; sem democracia, não existem as condições mínimas para a solução pacífica dos conflitos" (op. cit., 1992a, p. 1).

[170] Paulo Bonavides, explica que: "democracia direta é o povo investido na amplitude real de seu poder de soberania, alcançando, pela expressão desimpedida de sua vontade regulativa, o controle final de todo o processo político. Só o povo, constituído, por conseguinte, em árbitro supremo, confere legitimidade a todos os pactos e acomodações dos grandes interesses sociais conflitantes da sociedade complexa e pluralista" (op. cit., 1995, p. 355).

[171] Neste sentido, José Joaquim Gomes Canotilho, aduz que: "O Estado constitucional não é nem deve ser apenas um Estado de direito. Se o princípio do Estado de direito se revelou como uma 'linha Maginot' entre 'Estados que têm uma constituição' e 'Estados que não têm uma constituição, isso não significa que o Estado constitucional moderno possa limitar-se a ser apenas um Estado de direito. Ele tem de estruturar-se como Estado de direito democrático, isto é, como uma ordem de domínio legitimada pelo povo. A articulação do 'direito' e do 'povo' no Estado constitucional significa, assim, que o poder do Estado deve organizar-se e exercer-se em termos democráticos. O princípio da soberania popular é, pois, uma das traves mestras do Estado constitucional. O poder político deriva do 'poder dos cidadãos" (op. cit., 1999, p. 93-94).

cisões políticas[172] e evitando abusos contra os direitos fundamentais, ainda que sejam de interesse de uma maioria.[173]

Por isso, sendo um Estado de legitimidade, vale dizer de substância material, de valores, do princípio da democracia e dos direitos fundamentais, e não apenas de legalidade, esta baseada no império da lei, geral e abstrata, válida para todos, indistintamente, o princípio da igualdade não se funda mais num elemento puramente formal e abstrato, mas, ao contrário, traduz a possibilidade material para a conquista de uma igualdade real.[174]

É, em síntese, o Estado de Direito que não se define apenas pela legalidade, mas pelos princípios constitucionais e pela democracia, "cuja essência consiste em compendiar, numa união inviolável, a justiça, a liberdade e a igualdade".[175] Ele representa, assim,

> a vontade constitucional de realização do Estado Social. É nesse sentido que ele é um *plus* normativo em relação ao direito promovedor-intervencionista próprio do Estado Social de Direito. Registre-se que os direitos coletivos, transindividuais, por exemplo, surgem, no plano normativo, como conseqüência ou fazendo parte da pró-

---

[172] José Afonso da Silva, explica que o Estado Democrático de Direito "se funda no princípio da soberania popular que 'impõe a participação efetiva e operante do povo na coisa pública, participação que não se exaure, como faremos, na simples formação das instituições representativas, que constituem um estágio da evolução do Estado Democrático, mas não o seu completo desenvolvimento'. Visa, assim, a realizar o princípio democrático como garantia geral dos direitos fundamentais da pessoa humana. Nesse sentido, na verdade, contrapõe-se ao Estado Liberal, pois, como lembra Paulo Bonavides, 'a idéia essencial do liberalismo não é a presença do elemento popular na formação da vontade estatal, nem tampouco a teoria igualitária de que todos têm direito igual a essa participação ou que a liberdade é formalmente esse direito" (op. cit., 1992, p. 106-107).

[173] Para HESSE, Konrad. *Elementos de direito constitucional da República Federal da Alemanha*. Trad. de Luís Afonso Heck. Porto Alegre: Sergio Antonio Fabris Editor, 1998: "A Lei Fundamental considera, por isso, as minorias não como grupos que equivocadamente estão sobre a verdade e exatidão, e em nome de uma vontade comum simulada, podem ser oprimidos ou descartados. Ela assegura, antes, a posição de minorias, e ela assegura, com isso, simultaneamente, a possibilidade real de solução de conflitos. Isso ela procura efetuar por ela, no quadro do possível institucional, unir inseparavelmente com o princípio da legitimação do domínio pela maioria do povo, a garantia da oportunidade igual real das minorias" (p. 134).

[174] José Afonso da Silva, bem esclarece a questão: "Invoca-se, com freqüência, a doutrina da vontade geral de Rousseau para fundamentar a afirmativa de que a igualdade só pode ser atingida por meio de normas gerais; esquece-se que ele discutia o direito geral com referência a uma sociedade em que só haveria pequenas propriedades ou propriedades comuns. Não é, pois, fundamento válido para o postulado da generalidade que embasa o liberalismo capitalista... Conclui-se daí que a igualdade do Estado de Direito, na concepção clássica, se funda num elemento puramente formal e abstrato, qual seja a generalidade das leis. Não tem base material que se realize na vida concreta. A tentativa de corrigir isso, como vimos, foi a construção do Estado Social de Direito, que, no entanto, não foi capaz de assegurar a justiça social nem a autêntica participação democrática do povo no processo político, de onde a concepção mais recente do Estado Democrático de Direito, como Estado de legitimidade justa (ou Estado de Justiça Material), fundante de uma sociedade democrática qual seja a que instaure um processo de efetiva *incorporação* de todo o povo nos mecanismos do *controle das decisões*, e de sua *real participação nos rendimentos da produção*" (op. cit., 1992, p. 107-108).

[175] BONAVIDES, Paulo, op. cit., 1995, p. 371.

pria crise do Estado Providência. Desse modo, se na Constituição se coloca o modo, é dizer, os instrumentos para buscar/resgatar os direitos de segunda e terceira gerações, via institutos como substituição processual, ação civil pública, mandado de segurança coletivo, mandado de injunção (individual e coletivo) e tantas outras formas, *é porque no contrato social – do qual a Constituição é a explicação – há uma confissão de que as promessas da realização da função social do Estado não foram (ainda) cumpridas.*[176]

Pode-se apontar três pressupostos materiais do Estado Democrático de Direito, ou seja, a juridicidade, a constitucionalidade e o sistema de direitos fundamentais, ou seja, o Estado assume o papel (jurídico) de garantidor positivo dos direitos fundamentais (valores, núcleo político), embasado pela supremacia da Carta Constitucional sobre todo o ordenamento jurídico.

Em realidade, é na democracia e nos direitos fundamentais, bem como na hermenêutica de concretização, que encontramos a base do Estado Democrático de Direito. Mas sem a garantia destes, através do sistema constitucional, de nenhuma valia teria o novo modelo de Estado.

Assim, primeiro são necessárias a juridicização e a constitucionalização do princípio da democracia e direitos fundamentais,[177] a fim de legitimar o Estado e garantir a soberania do povo.[178]

Portanto, o constitucionalismo ganha máxima importância no Estado Democrático de Direito, onde a "Constituição é o denominador comum da ideologia democrática, convertida em compromisso inviolável que a legitimidade do sistema eleva ao grau de valor supremo".[179]

Importante, ainda, que, sob o manto constitucional, as regras do jogo democráticas[180] sejam garantidas, eis que:

---

[176] STRECK, Lenio Luiz, op. cit., 1999a, p. 37.

[177] E se os direitos fundamentais não forem reconhecidos pelo sistema jurídico não teremos como exigi-los legalmente.

[178] Para Paulo Bonavides: "É de observar, todavia, que não haverá lugar para a liberdade e a segurança dos cidadãos no constitucionalismo social e suas instituições políticas se este não se reconverter num constitucionalismo jurídico, que tenha já absorvido e assimilado todas as transformações sociais, oriundas do angustiante processo de mudança e reacomodação do homem a uma sociedade tecnicamente revolucionada, desde os alicerces, pelos progressos da Ciência, sobre a qual o homem parece haver perdido a jurisdição dos fins" (op. cit., 1998, p. 26).

[179] BONAVIDES, Paulo, op. cit., 1995, p. 207.

[180] BOBBIO, Norberto. *O futuro da democracia*: uma defesa das regras do jogo. Trad. de Marco Aurélio Nogueira. 5 ed. Rio de Janeiro: Paz e Terra, 1992b, é quem bem esclarece a questão: "Antes de mais nada, porque o que distingue um sistema democrático dos sistemas não democráticos é um conjunto de regras do jogo. Mais precisamente, o que distingue um sistema democrático não é apenas o fato de possuir as suas regras do jogo (todo sistema as tem, mais ou menos claras, mais ou menos complexas), mas sobretudo o fato de que estas regras, amadurecidas ao longo de séculos de provas e contraprovas, são muito mais elaboradas que as regras de outros sistemas e encontram-se hoje, quase por toda parte, constitucionalizadas, como acontece por exemplo na Itália" (p. 65).

a inexistência de regras anteriores e estáveis regulando a decisão a tomar permite que, na dependência dos interesses dos poderosos, sejam chamados a decidir ora um grupo, ora outro de pessoas – em evidente manipulação, totalmente alheia à idéia de participação popular. A inexistência de regras definindo o papel de cada membro do grupo, cujo respeito ele possa exigir, permite excluir pessoas sempre que sua presença não convenha. Regras estáveis e pretederminadas têm nome: *normas jurídicas, sobretudo as constitucionais*; normas jurídicas definindo os direitos políticos, o processo eleitoral, a participação direta, e assim por diante. Não há democracia sem normas jurídicas (de direito público, decerto) regulando o processo político.[181]

A democracia e os direitos fundamentais, por sua vez, são os limites materiais ao poder político, pois carregam valores que se relacionam com a dignidade da pessoa humana e com a possibilidade de alcançar, cada vez mais, o desenvolvimento da condição humana. Aqui vale dizer, é o próprio Direito, através da Carta Constitucional, através de seus limites materiais (e não só os formais do Estado de Direito), que servirá como limites aos abusos e às desigualdades.[182]

O Direito, pois, passa a ter um papel de garantia dos direitos fundamentais e da democracia, tanto na proteção dos direitos individuais liberais como na promoção dos direitos coletivos e difusos (ou transindividuais), e, assim, dar a imprescindível legitimidade ao poder no Estado de Direito.[183]

---

[181] SUNDFELD, Carlos Ari. *Fundamentos de direito público*. 2 ed. São Paulo: Malheiros, 1996, p. 52.

[182] Neste sentido, BOBBIO, Norberto. *Estado, governo, sociedade:* para uma teoria geral da política. Trad. de Marco Aurélio Nogueira. 4 ed. Rio de Janeiro: Paz e Terra, 1995, explica que: "A última luta pela limitação do poder político foi a que se combateu sobre o terreno dos direitos fundamentais do homem e do cidadão, a começar dos direitos pessoais, já enunciados na *Magna Charta* de Henrique III (1225) até os vários direitos de liberdade, de religião, de opinião política, de imprensa, de reunião e de associação, que constituem a matéria dos *Bill of Rights* dos Estados americanos e das Declarações dos direitos do homem e do cidadão emanadas durante a revolução francesa. Seja qual for o fundamento dos direitos do homem – Deus, a natureza, a história, o consenso das pessoas -, são eles considerados como direitos que o homem tem enquanto tal, independentemente de serem postos pelo poder político e que portanto o poder político deve não só respeitar mas também proteger. Segundo a terminologia Kelseniana, eles constituem limites à validade material do Estado. Enquanto tais, são diferentes dos limites anteriormente considerados, pois não dizem respeito tanto à quantidade do poder mas à sua extensão. Apenas o seu pleno reconhecimento dá origem àquela forma de Estado limitado por excelência que é o Estado liberal e a todas as formas sucessivas que, embora reconhecendo outros direitos fundamentais, como os direitos políticos e os direitos sociais, não diminuíram o respeito aos direitos de liberdade. Costuma-se chamar de 'constitucionalismo' à teoria e à prática dos limites do poder: pois bem, o constitucionalismo encontra sua plena expressão nas constituições que estabelecem limites não só formais mas também materiais ao poder político, bem representados pela barreira que os direitos fundamentais, uma vez reconhecidos e juridicamente protegidos, erguem contra a pretensão e a presunção do detentor do poder soberano de submeter à regulamentação todas as ações dos indivíduos ou dos grupos" (p. 100-101).

[183] FERRAJOLI, Luigi. O direito como sistema de garantias. Trad. de Eduardo Maia Costa. In: OLIVEIRA JÚNIOR, José Alcebíades de (Org.). *O novo em direito e política*. Porto Alegre: Livraria do Advogado, 1997a, bem explica esta questão: "Este papel de garantia do Direito

Aqui se observa a necessidade de que todas estas novas concepções trazidas pelo Estado Democrático de Direito (o constitucionalismo e os direitos fundamentais, em especial) sejam compreendidas, especialmente pelos operadores jurídicos, ou seja, todos aqueles que lidam com a Constituição e com o Direito (advogados, magistrados, promotores de justiça, parlamentares, etc.), superando toda uma concepção ultrapassada surgida com o Estado de Direito Liberal:

> Com o advento do Estado Democrático de Direito, toda a teoria jurídica necessita de uma adequação a esse novo modo (modelo) de produção de direito. Rompendo com a perspectiva de o direito ser regulador (modo de produção liberal-individualista), passa-se a perceber/entender o Direito como promovedor (Estado Social) e transformador (Estado Democrático de Direito). À evidência, tudo isso deve(ria) repercutir junto à teoria do direito. O Direito não pode mais ser visto como uma (mera) racionalidade instrumental.[184]

E o garantismo[185] surgiu, pois, entre outras teorias e doutrinadores, justamente em sintonia com o novo modelo de Estado e de

---

tornou-se hoje possível pela específica complexidade da sua estrutura formal, que é marcada, nos ordenamentos de constituição rígida, por uma dupla artificialidade: não só pelo caráter positivo das normas produzidas, que é a característica específica do positivismo jurídico, mas também pela sua sujeição ao Direito, que é a característica específica do Estado Constitucional de Direito, onde a própria produção jurídica é disciplinada por normas, já não apenas formais, como também substanciais, de Direito positivo. Se em virtude da primeira característica, o ser ou a existência do Direito já não deriva da moral nem se encontra na natureza, pois é precisamente 'posto' ou 'feito', pelos homens e é como os homens o querem e ainda antes o pensam, em virtude da segunda característica também o 'dever ser' do Direito Positivo, ou seja, as suas condições de 'validade', resulta positivado por um sistema de regras que disciplinam as próprias opções com que o Direito é pensado e projetado, estabelecendo os valores éticos-políticos – a igualdade, a dignidade da pessoa, os direitos fundamentais – que devem enformar aquelas regras. São, em suma, os próprios modelos axiológicos do Direito Positivo, e não só os seus conteúdos contingentes – o seu 'dever ser', e não apenas o seu 'ser'– que no Estado Constitucional de Direito são incorporados no ordenamento, como Direito sobre o Direito, sob a forma de limites e vínculos jurídicos da produção jurídica. Daí resultou uma inovação na própria estrutura d legalidade, que é talvez a conquista mais importante do Direito contemporâneo: a regulação jurídica do próprio Direito Positivo, não só quanto às formas de produção, mas também quanto aos conteúdos dos produzidos. Graças a esta dupla artificialidade – do seu 'ser' e do seu 'dever ser' – a legalidade positiva ou formal do Estado Constitucional de Direito mudou de natureza: já não é só condicionante, mas também é ela própria condicionada por vínculos jurídicos não só formais, como também substanciais" (p. 93-94).

[184] STRECK, Lenio Luiz. *Tribunal do júri:* símbolos e rituais. 3 ed. Porto Alegre: Livraria do Advogado, 1998a, p. 25.

[185] CADEMARTORI, Sérgio. *Estado de direito e legitimidade:* uma abordagem garantista. Porto Alegre: Livraria do Advogado, 1999, explica o que é o garantismo: "A teoria geral do garantismo apresenta-se na contemporaneidade como uma derivação da teoria garantista penal, a qual nasce e desenvolve-se a partir da matriz iluminista da época da Ilustração. Embora pensada originariamente dentro da matriz penalística, o seu desdobramento numa teoria geral evidencia para o estudioso do Direito um enorme potencial explicativo e propositivo. Em nível epistemológico, esta teoria embasa-se no conceito de *centralidade da pessoa*, em nome de quem o poder deve constituir-se e a quem deve o mesmo servir. Esta concepção instrumental do Estado é rica em conseqüências, tanto como teoria jurídica quanto visão política, dado que as mesmas vêem o Estado de Direito como artifício criado pela sociedade, que é logicamente

sociedade, sendo importante, em face da atualidade de seus conceitos e perspectivas, uma pequena incursão em seus significados.[186] A perspectiva garantista tem como base

> um projeto de Democracia social, que forma um todo único com o Estado social de Direito: consiste na expansão dos direitos dos cidadãos e dos deveres do Estado na maximização das liberdades e na minimização dos poderes, o que pode ser representado pela seguinte fórmula: Estado e Direito mínimo na esfera penal, graças à minimização das restrições de liberdade do cidadão e à correlativa extensão dos limites impostos à atividade repressiva; Estado e Direito máximo na esfera social, graças à maximização das expectativas materiais dos cidadãos e à correlativa expansão das obrigações públicas de satisfazê-las.[187]

A Constituição no Estado Democrático de Direito possui grande importância, para o garantismo, eis que carrega os valores fundamentais do Estado – os limites materiais,[188] ou seja, os direitos fundamentais, bem como fornece os limites formais do Estado. Por isso, é a Constituição uma norma, e não mera declaração de princípios, e a partir dela deve ser feita uma filtragem constitucional sobre todo o ordenamento jurídico.[189] Nesse sentido,

> Todos os direitos fundamentais – e não só os direitos sociais e os deveres positivos por eles impostos ao Estado, mas também os direitos de liberdade e as correspondentes proibições negativas que limitam a intervenção daquele – equivalem a vínculos de substância e não de forma, que condicionam a validade substancial das normas produzidas e exprimem, ao mesmo tempo, os fins para que está orientado esse moderno artifício que é o Estado Constitucional de Direito.[190]

O garantismo é importante para demonstrar a verdadeira importância da Constituição para o Estado Democrático de Direito.

---

anterior e superior ao poder político. Como modelo explicativo do Estado de Direito, a teoria garantista consegue dar conta desse aparato de dominação com extrema competência, eis que o apresenta como uma estrutura hierarquizada de normas que se imbricam por conteúdos limitativos do exercício do poder político. Propõe assim um modelo ideal de Estado de Direito, ao qual os diversos Estados Reais de Direito devem aproximar-se, sob pena de deslegitimação. Tem-se aqui então o aspecto propositivo da teoria, ao postular valores que necessariamente devem estar presentes enquanto finalidades a serem perseguidas pelo Estado de Direito, quais sejam a dignidade humana, a paz, a liberdade plena e a igualdade substancial. Em sua versão contemporânea, a teoria geral do garantismo foi formulada por Luigi Ferrajoli..." (p. 72).

[186] Para maior aprofundamento no garantismo é imprescindível o estudo de FERRAJOLI, Luigi. *Derecho y razón*. 2. ed. Madrid: Editora Trotta, 1997b. 957 p.

[187] STRECK, Lenio Luiz, op. cit., 1998a, p. 27-28.

[188] Aliás, esta concepção de limites materiais já pode ser observada na obra de BOBBIO, Norberto. *Teoria do ordenamento jurídico*. Trad. de Cláudio de Cicco e Maria Celeste C. J. Santos. São Paulo: Polis; Brasília: Editora Universidade de Brasília, 1989, onde ele afirma que o Direito não é só forma, mas, também, conteúdo (p. 53-58). Mesmo KELSEN, Hans. *Teoria pura do direito*. Trad. de João Baptista Machado. 6. ed. Coimbra: Arménio Amado, 1984, estuda a possibilidade de a Constituição determinar o conteúdo das normas inferiores (p. 309-313).

[189] Cf. STRECK, Lenio Luiz, op. cit., 1998a, p. 28-29.

[190] FERRAJOLI, Luigi, op. cit., 1997a, p. 97.

Todavia, a tarefa de concretizar os direitos fundamentais e a própria democracia substancial é de todos e, mais ainda, dos operadores jurídicos, como já se falou, ultrapassando-se a velha dogmática jurídica, o apego ao mero formalismo jurídico,[191] e o senso comum teórico dos juristas.[192]

No Estado Democrático de Direito, os operadores jurídicos devem ter em conta que a Constituição é Lei e, como tal,

> é feita para se aplicar, para se respeitar, para se cumprir, imponha ela uma abstenção ou um comportamento comissivo do Estado ou mesmo de outra pessoa. Constituição não sugere, determina e o que ela ordena é para se cumprir, mais ainda no que se

---

[191] Neste sentido, Lenio Luiz Streck, explica que: "A crise do modelo (modo de produção de Direito) se instala justamente porque a dogmática jurídica, em plena sociedade transmoderna e repleta de conflitos transindividuais, continua trabalhando com a perspectiva de um Direito cunhado para enfrentar conflitos interindividuais, bem nítidos em nossos Códigos (civil, comercial, penal, processual penal e processual civil, etc.). *Esta é a crise de modelo (ou modo de produção) de Direito, dominante nas práticas jurídicas de nossos tribunais, fóruns e na doutrina.* No âmbito da magistratura – e creio que o raciocínio pode ser entendido às demais instâncias de administração da justiça -, Faria aponta dois fatores que contribuem para o agravamento dessa problemática: o excessivo individualismo e o formalismo na visão de mundo: esse individualismo se traduz pela convicção de que a parte precede o todo, ou seja, de que os direitos do indivíduo estão acima dos direitos da comunidade; como o que importava é o mercado, espaço onde as relações sociais e econômicas são travadas, o individualismo tende a transbordar em atomismo: *a magistratura é treinada para lidar com as diferentes formas de ação, mas não consegue ter um entendimento preciso das estruturas socioeconômicas onde elas são travadas.* Já o formalismo decorre do apego a um conjunto de ritos e procedimentos burocratizados e impessoais, justificados em norma da certeza jurídica e da 'segurança do processo'. Não preparada técnica e doutrinariamente para compreender os aspectos substantivos dos pleitos a ela submetidos, ela enfrenta dificuldades para interpretar os novos conceitos dos textos legais típicos da sociedade industrial, principalmente os que estabelecem direitos coletivos, protegem direitos difusos e dispensam tratamento preferencial aos segmentos economicamente desfavorecidos" (op. cit., 1999a, p. 34-35).

[192] Trata-se de expressão cunhada por Luis Alberto Warat, em suas várias obras, como o *Manifesto do surrealismo jurídico*. São Paulo: Acadêmica, 1988, *Introdução geral ao direito I e II*. Porto Alegre: Sergio Antonio Fabris Editor, 1994 e 1995, e *O direito e sua linguagem*. Porto Alegre: Sergio Antonio Fabris Editor, 1984, para expressar as crenças que organizam a prática dos juristas. Lenio Luiz Streck, explica, de maneira mais resumida, o que significa tal concepção, que envolve os juristas "inseridos numa espécie de *corpus de representações* – com suas práticas cotidianas. O sentido comum teórico dos juristas é, assim, *o conjunto de crenças, valores e justificativas por meio de disciplinas específicas, legitimadas mediante discursos produzidos pelos órgãos institucionais, tais como os parlamentos, os tribunais, as escolas de direito, as associações profissionais e a administração pública*. Tal conceito traduz um complexo de saberes acumulados, apresentados pelas práticas jurídicas institucionais, expressando, destarte, um conjunto de representações funcionais provenientes de conhecimentos morais, teológicos, metafísicos, estéticos, políticos, tecnológicos, científicos, epistemológicos, profissionais e familiares, que os juristas aceitam em suas atividades por intermédio da dogmática jurídica. *Difusamente, é o conhecimento que se encontra na base dos discursos científicos e epistemológicos do Direito.* Pode ser entendido, ainda, como uma racionalidade subjacente, que opera sobre os discursos de verdade das ciências humanas. Tal racionalidade aparece em vários modos e maneiras e configura a instância de pré-compreensão do conteúdo e os efeitos do discursos de verdade do Direito, assim como também incide sobre a pré-compreensão que regula a atuação dos produtores e usuários dos discursos do e sobre o Direito" (op. cit., 1998a, p. 46).

refere a condutas das quais dependam a viabilidade do exercício de direitos fundamentais por ela declarados e assegurados.¹⁹³

Os operadores jurídicos devem considerar que as normas constitucionais possuem duplo caráter, não só jurídico, mas político, valorativo, que é preciso ser considerado, bem como a supremacia da Constituição no ordenamento jurídico. É necessário, pois, uma hermenêutica própria e especial, de concretização dos valores positivados na Constituição,¹⁹⁴ que consiga "concretizar, de forma excelente, o sentido (*Sinn*) da proposição normativa dentro das condições reais dominantes numa determinada situação".¹⁹⁵

É necessário, portanto, para a efetivação dos direitos fundamentais e da própria democracia substancial, estabelecendo, assim, efetivamente um Estado Democrático de Direito, que a Constituição do Estado Democrático de Direito seja realmente entendida e aplicada pelos operadores jurídicos, pois

> Como estamos em plena idade do Estado social, a busca desesperadora de reconhecimento e efetivação dos direitos sociais parece representar a tarefa mais árdua e importante dessa forma de Estado. Só nos resta portanto ser pragmáticos e realistas tocante à doutrina que sustenta as Constituições no Estado contemporâneo. Já não se pode admitir que seja ela a mesma doutrina do velho e clássico liberalismo. Sobre as ruínas deste, apagada a memória do passado, se intenta doravante erguer um singular social-liberalismo, cujos conteúdos confusos se diluem na imprecisão dos conceitos. Mais sólida e menos vaga todavia é a doutrina do Estado social. Não basta todavia à estabilidade social ter ingresso nas Constituições para que estas cumpram de imediato a finalidade histórica da nova função que lhes foi atribuída pela

---

¹⁹³ ROCHA, Carmen Lúcia Antunes, op. cit., s.d., p. 53.

¹⁹⁴ Neste sentido, ver os diversos e atuais métodos hermenêuticos mencionados por BONAVIDES, Paulo, op. cit., 1998, p. 398-479, em especial o método de interpretação "conforme a Constituição", ou *Verfassungskonforme Auslegung*, que nasceu na Corte Constitucional de Karlsruhe, na Alemanha, e, no Brasil, adotado por Lenio Luiz Streck, explicitado, em especial, na sua obra, já citada, *Hermenêutica jurídica e(m) crise*: uma exploração hermenêutica da construção do direito, onde, a partir do jurista Konrad Hesse, comenta a importância da força normativa da Constituição sobre todo o ordenamento: "A existência da Constituição, diz Hesse, é, em primeiro lugar, uma questão de sua força normativa. Quanto mais a ordem constitucional corresponde às realidades da situação histórica, quanto maior é a disposição de reconhecer os conteúdos da Constituição como obrigatórios e quanto mais firme é a determinação de atualizar esses conteúdos, também contra resistências, tanto mais e mais seguro aquelas ameaças poderão ser evitadas ou rechaçadas. Conseqüentemente, ao lado de uma superlegalidade formal (a Constituição como norma primária da produção jurídica), *a parametricidade material das normas constitucionais conduz à exigência da conformidade substancial de todos os atos do Estado e dos poderes públicos com as normas e princípios hierarquicamente superior da Constituição*. Como já se viu anteriormente, quando da abordagem do garantismo (validade como questão primária e vigência como questão secundária), a interpretação conforme à Constituição constitui-se em mecanismo de fundamental importância para a constitucionalização dos textos normativos infraconstitucionais". (op. cit., 1999a, p. 220).

¹⁹⁵ HESSE, Konrad. *A força normativa da constituição*. Trad. de Gilmar Ferreira Mendes. Porto Alegre: Sergio Antonio Fabris Editor, 1991, p. 22-23.

sociedade moderna – a de ministrar garantias concretas a uma liberdade impossível de dissociar-se tanto da ação dos que governam como do meio econômico e social onde ela se perfaz. Urge sobretudo que a "juridicidade" das Constituições não seja diminuída; "juridicidade", que não é abstrata nem insulável, porquanto reside já na força normativa da Constituição-lei, já na própria normatividade da esfera fática, reino da Constituição-realidade. Pela teoria material da Constituição, a Constituição-realidade se comunica à Constituição-lei para fazer firme e incontrastável a observância, a autoridade e a força imperativa desta última, produzindo uma perfeita adequação do constitucional ao real. A tarefa medular do Estado social contemporâneo nos sistemas políticos instáveis não é unicamente fazer a Constituição, mas cumpri-la, depois de reconhecer-lhe a legitimidade. Constituição carente de legitimidade é Constituição que colide com as exigências e os imperativos da ordem econômica, política e social, Constituição desatualizada com a sociedade, *ipso facto* Constituição sem "juridicidade", Constituição do texto e não da realidade, da forma e não do Direito.[196]

A Constituição possui, efetivamente, uma força normativa, e, embora não possa, por si só, realizar nada, ela pode impor tarefas. Ela se transforma em força ativa se for criada, na consciência geral, e, especialmente, entre os juristas, a vontade de Constituição (no alemão, *Wille zur Verfassung*), ou seja, a vontade de concretizar a ordem constitucional:

> Essa vontade de Constituição origina-se de três vertentes diversas. Baseia-se na compreensão da necessidade e do valor de uma ordem normativa inquebrantável, que proteja o Estado contra o arbítrio desmedido e disforme. Reside, igualmente, na compreensão de que essa ordem constituída é mais do que uma ordem legitimada pelos fatos (e que, por isso, necessita de estar em constante processo de legitimação). Assenta-se também na consciência de que, ao contrário do que se dá com uma lei do pensamento, essa ordem não logra ser eficaz sem o concurso da vontade humana. Essa ordem adquire e mantém sua vigência através de atos de vontade. Essa vontade tem conseqüência porque a vida do Estado, tal como a vida humana, não está abandonada à ação surda de forças aparentemente inelutáveis. Ao contrário, todos nós estamos permanentemente convocados a dar conformação à vida do Estado, assumindo e resolvendo as tarefas por ele colocadas. Não perceber esse aspecto da vida do Estado representaria um perigoso empobrecimento de nosso pensamento.[197]

Afinal, embora a Constituição não esteja desvinculada da realidade histórica concreta de seu tempo, ela não está condicionada, simplesmente, por essa realidade, ou seja, ela é determinada pela realidade social, e, ao mesmo tempo, determinante em relação a ela, o que não se pode nunca esquecer. Querendo, o operador jurídico

---

[196] BONAVIDES, Paulo, op. cit., 1998, p. 161-162.

[197] HESSE, Konrad, op. cit., 1991, p. 19-20.

pode, e deve, utilizar a Constituição para modificar o *status quo*, em benefício da sociedade.

No Estado Democrático de Direito, o que também é ponto pacífico, pela representação da vontade constitucional de realização do Estado social, o centro de decisões politicamente relevantes sofre sensível deslocamento do Legislativo e do Executivo para o Poder Judiciário, eis que

> o processo judicial que se instaura mediante a propositura de determinada ações, especialmente aquelas de natureza coletiva e/ou dimensão constitucional – ação popular, ação civil pública, mandado de injunção etc. – torna-se um instrumento privilegiado de participação política e exercício permanente da cidadania.[198]

Logo, o papel do Judiciário também é alterado num Estado que se quer democrático, distinto daquele ultrapassado Estado Liberal (onde o centro de decisão estava no Legislativo, eis que regulava o que era permitido e o que era proibido) ou mesmo do Estado Social (cuja primazia era do Executivo, em face da necessidade de realizar políticas públicas e sustentar a intervenção do Estado na economia). Do Judiciário não se pode mais esperar uma posição subalterna frente aos outros Poderes, eis que, justamente, as "Inércias do Executivo e falta de atuação do Legislativo passam a poder ser supridas pelo Judiciário, justamente mediante a utilização dos mecanismos jurídicos previstos na Constituição que estabeleceu o Estado Democrático de Direito".[199]

A atividade judicial não mais deve se limitar ao da mera aplicação do Direito, mas, ao contrário, deve ser criativa, produtora de direito, para enfrentar melhor todos os conflitos sociais que surgem cada vez mais e mais rápido num mundo globalizado. Neste sentido, o "juiz não há de se limitar a ser apenas, como disse Montesquieu, *la bouche de la loi*, mas sim *la bouche du droit*, isto é, a boca não só da lei, mas do próprio Direito",[200] que envolve, em especial, os direitos fundamentais e os princípios constitucionais, fundamentos do Estado Democrático de Direito.[201]

---

[198] GUERRA FILHO, Willis Santiago. *Autopoiese do direito na sociedade pós-moderna*. Porto Alegre: Livraria do Advogado, 1997b, p. 36.

[199] STRECK, Lenio Luiz, op. cit., 1999a, p. 38.

[200] GUERRA FILHO, Willis Santiago, op. cit., 1997b, p. 36.

[201] Ingo Wolfgang Sarlet, bem explica esta questão: "No que concerne à vinculação aos direitos fundamentais, há que ressaltar a particular relevância da função exercida pelos órgãos do Poder Judiciário, na medida e que não apenas se encontram, eles próprios, também vinculados à Constituição e aos direitos fundamentais, mas que exercem, para além disso (e em função disso) o controle de constitucionalidade dos atos dos demais órgãos estatais, de tal sorte que os tribunais dispõem – consoante já se assinalou em outro contexto – simultaneamente do poder e do dever de não aplicar os atos contrários à Constituição, de modo especial os ofensivos aos direitos fundamentais, inclusive declarando-lhes a inconstitucionalidade. É nes-

Sendo os direitos fundamentais a sintaxe da liberdade nas Constituições,

> faz-se mister introduzir talvez, nesse espaço teórico, o conceito do juiz social, enquanto consectário derradeiro de uma teoria material da Constituição, e sobretudo da legitimidade do Estado social e seus postulados de justiça, inspirados na universalidade, eficácia e aplicação imediata dos direitos fundamentais. Coroam-se, assim, os valores da pessoa humana no seu mais elevado grau de juridicidade e se estabelece o primado do Homem no seio da ordem jurídica, enquanto titular e destinatário, em última instância, de todas as regras do poder.[202]

O Estado Democrático de Direito depende, assim, muito mais de uma ação concreta do Judiciário do que de procedimentos legislativos e administrativos, ainda que, por óbvio, não se deve esperar do Judiciário a solução para todas as mazelas sociais:

> O que ocorre é que, se no processo constituinte optou-se por um Estado intervencionista, visando a uma sociedade mais justa, com a erradicação da pobreza etc., *dever-se-ia esperar que o Poder Executivo e Legislativo cumprissem tais programas especificados na Constituição*. Acontece que a Constituição não está sendo cumprida. As normas-programa da Lei Maior não estão sendo implementadas. Por isso, na falta de políticas públicas cumpridoras dos ditames do Estado Democrático de Direito, *surge o Judiciário como instrumento para o resgate dos direitos não realizados*. Por isto a inexorabilidade desse '*sensível deslocamento*' antes especificado. Em face do quadro que se apresenta – ausência de cumprimento da Constituição, mediante a omissão dos poderes públicos, que não realizam as devidas políticas determinadas pelo pacto constituinte -, *a via judiciária se apresenta com a via possível para a realização dos direitos que estão previstos nas leis e na Constituição*. Assim, naquilo que se entende por Estado Democrático de Direito, o Judiciário, através do controle

---

te contexto que se têm sustentado que são os próprios tribunais, de modo especial a Jurisdição Constitucional por intermédio de seu órgão máximo, que definem, para si mesmos e para os demais órgãos estatais, o conteúdo e sentido 'correto' dos direitos fundamentais. Paralelamente a esta dimensão negativa da vinculação do Poder Judiciário aos direitos fundamentais, J. Miranda, ilustre mestre de Lisboa, aponta a existência de uma faceta positiva, no sentido de que os juízes e tribunais estão obrigados, por meio da aplicação, interpretação e integração, a outorgar às normas de direitos fundamentais a maior eficácia possível no âmbito do sistema jurídico. Ainda no âmbito destas funções positiva e negativa da eficácia vinculante dos direitos fundamentais, é de destacar-se o dever de os tribunais interpretarem e aplicarem as leis em conformidade com os direitos fundamentais, assim como o dever de colmatação de eventuais lacunas à luz das normas de direitos fundamentais, o que alcança, inclusive, a Jurisdição cível, esfera na qual – ainda que numa dimensão diferenciada – também se impõe uma análise da influência exercida pelos direitos fundamentais sobre as normas de direito privado. Neste contexto, constata-se que os direitos fundamentais constituem, ao mesmo tempo, parâmetros materiais e limites para o desenvolvimento judicial do Direito. Por outro lado, a condição peculiar do Poder Judiciário, na medida em que, sendo simultaneamente vinculado à Constituição (e aos direitos fundamentais) e às leis, possui o poder-dever de não aplicar as normas inconstitucionais, revela que eventual conflito entre os princípios da legalidade e da constitucionalidade (isto é, entre lei e Constituição) acaba por resolver-se em favor do último" (op. cit., 1998, p. 331-332).

[202] BONAVIDES, Paulo, op. cit., 1998, p. 540.

da constitucionalidade das leis, *pode servir como via de resistência às investidas dos Poderes Executivo e Legislativo, que representem retrocesso social ou a ineficácia dos direitos individuais ou sociais.* Dito de outro modo, a Constituição não tem somente a tarefa de apontar o futuro. Tem, igualmente, a relevante função de proteger os direitos já conquistados. Desse modo, mediante a utilização da principiologia constitucional (explícita ou implícita), *é possível combater alterações feitas por maiorias políticas eventuais*, que, legislando na *contramão da programaticidade constitucional*, retiram (ou tentam retirar) conquistas da sociedade. Veja-se, nesse sentido, a importante decisão do Tribunal Constitucional de Portugal, que aplicou a cláusula da 'proibição do retrocesso social', inerente/imanente ao Estado Democrático e Social de Direito: '*...a partir do momento em que o Estado cumpre (total ou parcialmente) as tarefas constitucionalmente impostas para realizar um direito social, o respeito constitucional deste deixa de consistir (ou deixa de consistir apenas) numa obrigação positiva, para se transformar ou passar também a ser uma obrigação negativa. O Estado, que estava obrigado a atuar para dar satisfação ao direito social, passa a estar obrigado a abster-se de atentar contra a realização dada ao direito social*' (Acórdão n. 39/84 do Tribunal Constitucional da República Portuguesa).[203]

Eis, portanto, as características principais do Estado Democrático de Direito, bem como as transformações de postura que ele trouxe. Naturalmente, é necessário verificar, agora, se nosso país enquadra-se como um verdadeiro Estado Democrático de Direito, pela relevância que isto representa para a nossa realidade.

Em nosso país, tanto no preâmbulo como em seu artigo 1º, *caput*, a Constituição Federal de 1988 afirma que o Estado brasileiro constitui-se num verdadeiro Estado Democrático de Direito, tendo como fundamentos a soberania, a cidadania, a dignidade da pessoa humana, os valores sociais do trabalho e da livre iniciativa e o pluralismo político (incisos I, II, III, IV e V). Além disso, estipulou os objetivos do Estado em construir uma sociedade livre, justa e solidária, garantir o desenvolvimento nacional, erradicar a pobreza e a marginalização e reduzir as desigualdades sociais e regionais, e, por fim, promover o bem de todos, sem preconceitos de origem, raça, sexo, cor, idade e quaisquer outras formas de discriminação, consoante o artigo 3º da Carta Magna.

Logo, impossível negar o caráter de Estado Democrático de Direito ao Estado brasileiro, com todas as conseqüências que isto acarreta, como se verificou.[204]

O princípio democrático antes referido, fundamento de legitimidade do Estado Democrático de Direito, enquanto princípio cons-

---

[203] STRECK, Lenio Luiz, op. cit., 1999a, p. 38-39.

[204] Nesse sentido, MORAES, Alexandre de. *Direito constitucional*. 6 ed. São Paulo: Atlas, 1999, p. 47-48; SILVA, José Afonso da, op. cit., 1992, p. 102; e BONAVIDES, Paulo, op. cit., 1998, p. 336, dentre tantos outros.

titucional explícito de direito positivo, inclinado a uma forma eventual e futura de democracia direta, foi reproduzido no parágrafo único do artigo 1º da Carta Constitucional de 1988, que reza: "Todo o poder emana do povo, que o exerce por meio de representantes eleitos ou *diretamente,* nos termos desta Constituição" (grifo nosso).

O Constituinte de 1988, ao se definir pelo Estado Democrático de Direito propôs, sem dúvida alguma, um novo modelo de organização política na qual se deve levar em conta a liberdade, a igualdade (com conteúdo social de garantias das condições mínimas de vida digna), o pluralismo político e a justiça social.[205] E isto não pode ser esquecido pelos operadores jurídicos.[206]

Caracterizado o Estado brasileiro como um Estado Democrático de Direito, e apontadas as características deste Estado constitucional, importante é a análise da crise pela qual passa a nossa sociedade, em face do neoliberalismo e do globalismo, o que se fará no capítulo seguinte.

Observa-se, ainda, que tais análises serão importantes para a correta conceituação do Ministério Público no Estado constitucional brasileiro e qual sua importância para a sociedade brasileira, a pretensão principal deste estudo.

---

[205] Luiz Ernani Bonesso de Araujo, esclarece que: "Com a promulgação da Constituição de 1988, a sociedade brasileira se viu diante de uma nova situação: a emergência de novos direitos, principalmente os de cunho social, plasmados numa Carta que institui o 'Estado Democrático de Direito'. O Estado Democrático de Direito vem se caracterizar por ser um Estado em que há a unificação dos pressupostos liberais, como o enumerados no art. 5º da Constituição, que dizem respeito aos direitos individuais do cidadão, com os pressupostos do Estado social, que exigem a prestação por parte desse mesmo Estado, de direitos que dão ao cidadão condições de acesso a uma vida minimamente digna, levando-o a se integrar no desenvolvimento econômico, social e cultural do país" (op. cit., 1998, p. 227).

[206] LEAL, Rogério Gesta. *A função social da propriedade e da cidade no Brasil:* aspectos jurídicos e políticos. Porto Alegre: Livraria do Advogado; Santa Cruz do Sul: EDUNISC, 1998, salienta que: "Por certo, este ideal de adesão ao pacto social que deveria evidenciar a Constituição no Brasil ainda está longe de se conquistar. Pode-se afirmar, contudo, que, como referencial jurídico, a Carta de 1988 alargou significativamente a abrangência dos direitos e garantias fundamentais e, desde o seu preâmbulo, prevê a edificação de um Estado Democrático de Direito no país, com o objetivo de assegurar o exercício dos direitos sociais e individuais, a liberdade, a segurança, o bem-estar, o desenvolvimento, a igualdade e a justiça, como valores supremos de uma sociedade fraterna, pluralista e sem preconceitos" (p. 112).

6. Globalismo, neoliberalismo e a crise do Estado e do Direito

No transcurso de sua história, o Estado moderno sofreu profundas e inúmeras modificações, que o transformaram completamente. Passou de um Estado absolutista para um Estado Democrático de Direito, transformou o Direito e viu surgir várias dimensões de direitos fundamentais, reflexos de uma sociedade em mutação.

Tais fatos, e suas conseqüências, foram até aqui estudados, nos vários capítulos precedentes, sempre com o objetivo de uma melhor compreensão do mundo em que se vive, fruto de uma sociedade em transformação, fato que muitas vezes não nos apercebemos, exigindo-se cada vez mais justiça social, principalmente nos países em desenvolvimento como o Brasil.

Agora, a sociedade atravessa nova mutação, originada pelo globalismo,[207] que atinge o próprio Estado e o Direito contemporâneos, numa crise de graves conseqüências, em especial pelas teorias neoliberais[208] que predominam (ou predominavam) em todo o mundo,

---

[207] A globalização, embora não haja uma noção uniformizada na doutrina especializada, é conceito surgido na literatura destinada às firmas multinacionais, que, com a moderna tecnologia, que praticamente extinguiu a noção espaço-tempo nas transações econômicas e comerciais, foi erigida para denominar a nova fase da economia mundial. A expressão designaria, consoante José Luiz Quadros de Magalhães, um "movimento complexo de abertura de fronteiras econômicas e de desregulamentação, que permite às atividades econômicas capitalistas estenderem seu campo de atuação ao conjunto do planeta. O aparecimento de instrumentos de telecomunicações extremamente eficiente permitiu a viabilidade deste conceito, reduzindo as distâncias a nada. O fim do bloco soviético e o aparente triunfo planetário do modelo neoliberal no início dos anos 1990 parecem da a esta noção uma validade histórica. Na França foi escolhido o nome de mundialização para substituir globalização" (op. cit., 1997, p. 108).

[208] Neste sentido, MELLO, Celso Antônio Bandeira de. A democracia e suas dificuldades contemporâneas. *Revista de Direito Administrativo*, Rio de Janeiro, v. 212, abr./jun. 1998, esclarece que: "O Estado Social de Direito emerge, encerrando o ciclo do liberalismo, quando emerge o comunismo. Tão logo fracassa o comunismo, renasce, de *imediato*, com vigor máximo as idéias liberais, agora 'recauchutadas' com o rótulo de 'neo', propondo liminarmente a eliminação ou sangramento das conquistas trabalhistas e direitos sociais, do mesmo passo em que revive o imperialismo pleno e incontestado, sob a designação aparentemente técnica de 'globalização'. Não há nisto, como é óbvio, coincidência alguma. O que há é disseminação de *idéias políticas*, de interesse dos países dominantes e das camadas sociais mais favorecidas. Livres, uns e outros, dos temores e percalços que lhes impuseram as concessões feitas no curso

exigindo um retorno ao modelo de ordem estatal reduzida, como era o Estado Liberal, com a desconstitucionalização e perda de inúmeros direitos de ordem social.[209]

E, embora na Europa o projeto neoliberal esteja perdendo cada vez mais força, com um retorno ao ideal democrático e social, no Brasil, e no Terceiro Mundo, o neoliberalismo é imposto por novos autoritarismos.[210]

Assim, faz-se necessário o estudo destas transformações, da crise do Estado e do Direito, suas causas e conseqüências, a fim de compreender qual a relevância destes importantes fenômenos para nosso país, ainda mais que possuímos uma sociedade carente de realização de direitos e, ao mesmo tempo, uma Constituição Federal que garante estes direitos de forma mais ampla possível.

Inicialmente, observa-se uma crise conceitual[211] do Estado, eis que, como já se viu, este foi todo desenvolvido a partir da idéia da soberania, ou seja, como um poder soberano e juridicamente incontrastável, "pelo qual se tem a capacidade de definir e decidir acerca do conteúdo e aplicação das normas, impondo-as coercitivamente dentro de um determinado espaço geográfico, bem como fazer frente a eventuais injunções externas".[212]

Todavia, esta independência externa e, ao mesmo tempo, poder absoluto interno de cada Estado, características da soberania, no mundo globalizado de hoje sofreu enorme desgaste, pelos mais variados motivos.

No plano internacional, os Estados soberanos passaram a ser interdependentes, unidos por interesses comerciais e econômicos, como ocorre, por exemplo, nas chamadas comunidades supranacionais, como na Comunidade Econômica Européia, no NAFTA e no

---

do século presente, empenha-se, agora, ao final dele, em retomar as posições anteriores. Trata-se, como se vê, de um retorno ao mesmo esquema de poder, nos planos internos e internacional, vigente no final do século passado e início deste, sob aplausos praticamente unânimes em ambas as frentes" (p. 70).

[209] José Luiz Quadros de Magalhães, refere que: "O mundo, no final do século, assistiu à queda do 'socialismo real', nos seus modelos europeus, finalizando uma cruel guerra econômica, na qual os Estados Unidos aparecem como vencedores momentâneos, com a falsa declaração do fim das ideologias e com a expansão do modelo neoliberal, trazendo desemprego, e promovendo uma acumulação e movimentação de capital jamais vista" (op. cit., 1997, p. 99).

[210] Autoritarismos que ocorrem em governos, como o de Fernando Henrique Cardoso, que se sustentam no enfraquecimento do Legislativo e do Judiciário, com a total predominância do Executivo, em geral auxiliados pelo monopólio dos meios de comunicação, difundindo, assim, o ideal neoliberal. Tais governos, todavia, são travestidos de uma capa democrática, encobrindo sua atuação autoritária.

[211] Cf. MORAIS, José Luis Bolzan de, op. cit., 1996b, p. 37-50.

[212] Id. ib., p. 39.

Mercosul, fazendo com que os Estados-Membros sujeitem-se a regras internacionais.

É importante destacar, ainda, a questão das empresas transnacionais que, sem qualquer vínculo com os Estados, e em face do grande poderio econômico que possuem, impõem aos países (em especial, os mais fracos) atitudes de cunho econômico-fiscal (auxílios fiscais, desregulamentação das relações de trabalho, por exemplo) para estabelecerem-se ou manterem-se em atividades num determinado espaço nacional.

Também as Organizações Não-Governamentais (ONGs), que são organismos internacionais de todo tipo, e que atuam em espaços intermediários entre o público-privado, passam a intervir em áreas estatais como ecologia, saúde e direitos humanos, entre outros, influenciando a atuação dos países.[213]

Por fim, os próprios direitos humanos, e sua importância para a sociedade mundial, passam a ser limites ao poder do Estado na ordem internacional, que perde parte de sua soberania para adaptar-se a regras de direito público internacional (de direitos humanos), sob pena de boicotes e sanções comerciais.

No plano interno dos Estados, surgem outros agentes políticos, fora do campo estatal, que possuem grande poder de influência na sociedade e que atuam em espaços públicos, como os Sindicatos e as organizações empresariais (SESI, SESC, etc.).

Tudo isto, descaracteriza a soberania estatal, eis que outros espaços, fora do Estado ou acima dele, passam a ter um campo de influência e de decisão inegáveis, fazendo com que se perca aquela idéia de soberania (absoluta e incontrastável), típica do Estado nacional, e, como conseqüência, o aparecimento de outros espaços de decisão e produção de direito. Logo, o Estado não é mais o único local de poder num país e o Direito não é mais um produto exclusivo do Estado.

Também há uma crise estrutural do Estado, que é de natureza financeira, surgida com o aumento de atividade estatal no Estado Protetivo, para fazer frente ao crescimento das demandas sociais em razão de sua maior intervenção na área social,[214] o que fez surgir um

---

[213] Os relatórios produzidos por estas ONGs são tão importantes na ordem mundial que podem servir de base para gerar políticas internacionais de boicotes e sanções para os países indicados por desrespeitar direitos humanos ou objetivos mundiais.

[214] José Luis Bolzan de Morais, explica que: "A história desta passagem, de todos conhecida, vincula-se em especial na luta dos movimentos operários pela conquista de uma regulação para a convencionalmente chamada questão social. São os direitos relativos às relações de produção e seus reflexos, como a previdência e assistência sociais, o transporte, a salubridade pública, a moradia, etc., que vão impulsionar a passagem do chamado Estado Mínimo – onde lhe cabia tão só assegurar o não-impedimento do livre desenvolvimento das relações sociais

aparelho burocratizado e caro, e, ao mesmo tempo, um aumento do custo deste para a sociedade (principalmente através do aumento de impostos), com sensível perda de legitimidade e uma crise filosófica, que atinge a própria solidariedade humana.[215]

E de cunho regulativo da sociedade, o Direito sofre o mesmo desgaste,[216] em especial pela transformação da sociedade, agora globalizada, onde a tecnologia e os interesses econômicos ditam as regras, e as relações sociais são cada vez mais diferenciadas, fragmentadas e conflitivas.[217] Condicionado o Direito por dois princípios

---

no âmbito do mercado – para o Estado intervencionista – que passa a assumir tarefas até então próprias à iniciativa privada. Neste ponto, algumas circunstâncias precisam ser aclaradas: 1) o processo de crescimento do Estado não beneficiou unicamente as classes trabalhadoras como o asseguramento de determinados direitos. A atuação estatal em muitos setores significou também a possibilidade de investimentos em estruturas básicas alavancadoras do processo produtivo industrial – pense-se, aqui, por ex., na construção de usinas hidroelétricas, estradas, financiamento, etc.; 2) a democratização de canais que permitiram o crescimento das demandas por parte da sociedade civil. Este fato será, posteriormente, um dos obstáculos críticos ao próprio desenvolvimento do Estado do Bem-Estar Social se pensarmos que, com o aumento da atividade estatal crescia, também, a sua burocracia, como instrumento de concretização dos serviços e, como sabido, democracia e burocracia andam em caminhos com sentidos opostos" (op. cit., 1996b, p. 46-47).

[215] ROSANVALLON, Pierre. *A crise do estado-providência*. Trad. de Joel Pimentel de Ulhôa. Goiânia: Editora da UFG; Brasília: Editora da Universidade de Brasília, 1997, esclarece, em sua obra, que o déficit público decorre da falta de equilíbrio entre as despesas públicas e a arrecadação com os impostos. O Estado Protetivo aumenta os impostos para fazer frente ao aumento de demandas sociais. Todavia, por ser inclusivo, ou seja, viabilizar o bem-estar para todos, o Estado Protetivo atua cada vez mais, e as demandas são cada vez maiores, fazendo com que haja um descontrole nas verbas públicas. Logo, a arrecadação de impostos não é suficiente e é preciso novo aumento, num problema contínuo, agravado pela burocracia, notória fonte de gastos públicos. E, em face destas questões, há uma crise de legitimidade do Estado, visto por muitos, principalmente a classe média e a elite, como gastador e perdulário. Na verdade, há uma crise de solidariedade, sendo, para tal autor, acima de tudo, necessário um novo pacto social, um compromisso democrático da própria sociedade (p. 83-104).

[216] Neste sentido, FARIA, José Eduardo. Globalização econômica e reforma constitucional. *Revista dos Tribunais*, São Paulo, v. 736, fev. 1997, esclarece que, no Estado do Bem-Estar Social, o Direito era regulativo, ou seja: "Como vetor tanto do progresso material quanto da justiça social, o Executivo se converte, assim, em instrumento de consecução de objetivos concretos; seu sistema jurídico é basicamente concebido como técnica de direção gestão e regulação da sociedade; e, se por um lado todas essas mudanças abrem caminho para o fenômeno da 'publicização do direito', por meio da expansão desordenada do direito administrativo, tributário, trabalhista, previdenciário e econômico, por outro a continuidade do direito privado sem maiores alterações por parte do legislador faz com que a generalidade intrínseca a suas normas se converta numa espécie de 'véu ideológico' das diferentes situações da vida. Desse modo, o Estado-Providência deixa de ser aquela associação 'ordenadora' típica do Estado liberal clássico, que tinha a legitimidade do uso da coação jurídica, renunciando, em contrapartida, a intervir no campo econômico e social; e passa a ser uma associação eminentemente 'reguladora', na perspectiva de um Estado Social de Direito" (p. 13).

[217] José Eduardo Faria, bem explica a situação: "Os dois choques do petróleo ocorridos em 1973 e 1979, mudando o custo relativo das energias e, como conseqüência, deflagrando uma nova crise estrutural do sistema financeiro, desorganizando o modelo econômico de inspiração social-democrata forjado no pós-guerra, provocando uma enorme recessão nos países desenvolvidos, obrigando as grandes empresas a reagirem defensivamente à estagnação das atividades produtivas, instabilizando o comércio internacional e gerando uma revolução

conflitantes, o da legalidade (típico do Estado Liberal) e o da eficiência das políticas públicas (típico do Estado Protetivo), o Estado contemporâneo passa a agir de modo paradoxal, gerando, em nome da estabilização monetária e do crescimento econômico, uma corrosiva inflação jurídica, que acaba 'desvalorizando' o direito positivo e o impedindo de exercer satisfatoriamente suas funções de controlador e regulador da sociedade.[218] Por isso, sustenta-se, inclusive, a desjuridicização dos direitos humanos,[219] o que, porém, pode ser questionada e superada na visão do garantismo, a partir da ótica de Luigi Ferrajoli, totalmente aplicável ao caso:

> Parece-me que um tal diagnóstico arrisca-se a sucumbir numa espécie de falácia naturalista ou, mais precisamente, determinista: os nossos sistemas jurídicos seriam como são porque não poderiam ser de outra maneira. É esta passagem irrefletida do ser ao dever ser – pouco importa se em sede determinista ou apologética – o perigo

---

tecnológica com o objetivo de reduzir o impacto do custo da energia e do trabalho no preço final dos bens e serviços, põem em cheque tanto as engrenagens decisórias quanto o sistema político-jurídico do Estado-Providência. Com isso, acabam minando ainda mais o primado do equilíbrio entre os poderes e os dispositivos formais do constitucionalismo liberal clássico. Dado o desafio de responder a questões técnicas novas e cada vez mais complexas, o Executivo se vê obrigado a editar sucessivas normas de comportamento, normas de organização e normas programáticas que, intercruzando-se continuamente, acabam produzindo inúmeros microssistemas legais e distintas cadeias normativas no âmbito do sistema jurídico. Por causa dessas sucessivas transformações e dessa produção desordenada de normas jurídicas de diferentes tipos, a tradicional concepção normativista do direito como um sistema lógico-formal fechado, hieraquizado e axiomatizado, típica do constitucionalismo do séc. XIX, vai sendo substituída pela configuração do direito como uma organização de regras sob a forma de 'redes', dadas as múltiplas cadeias normativas, com suas inter-relações basilares aptas a capturar, pragmaticamente, a crescente complexidade da realidade sócio-econômica" (op. cit., 1997, p. 13-14).

[218] José Eduardo Faria, é quem, mais uma vez, explica o problema: "Ao provocar a desvalorização do instrumental normativo que os governos têm ao seu dispor, a inflacionada legislação acima descrita tem sido um dos principais fatores responsáveis tanto pelo agravamento das tensões entre a estrutura do processo de negociações coletivas e o conflito distributivo aguçado pela crise econômica, quanto pelo crescente grau de inefetividade do poder de regulação, direção e intervenção do Estado contemporâneo. No primeiro caso, essas tensões são exponenciadas pelo fato de que, apesar dos esforços para ver suas demandas reconhecidas como direitos subjetivos e convertidas em obrigações do Estado, sindicatos, movimentos comunitários, entidades representativas, associações religiosas e corporações muitas vezes vêem suas conquistas formalmente consagradas em textos legais reduzidas a pó, ou seja, esvaziadas por um sistema jurídico que, de tanto ter ampliado seu número de normas, torna-se pesado, ineficaz e impotente. No segundo caso, quanto mais procura disciplinar e regular todos os espaços, dimensões e temporalidade do sistema econômico, convertendo numa intrincada teia regulatória e numa complexa rede de microssistemas normativos esse ordenamento jurídico altamente 'inflacionado' (em termos de quantidade de regras e da variabilidade de suas formas) e dotado de um formalismo meramente de 'fachada'(graças ao crescente recurso do legislador aos conceitos jurídicos indeterminados, às normas programáticas e às cláusulas gerais), menos o Estado parece capaz de expandir seu raio de ação e de mobilizar os instrumentos de que formalmente dispõe para exigir respeito a suas ordens" (op. cit., 1997, p. 15-16).

[219] Para tanto, ver FARIA, José Eduardo. Direitos humanos e globalização econômica: notas para uma discussão. *O Mundo da Saúde*, São Paulo, v. 22, n. 2, mar./abr. 1998, p. 73-80.

que me parece presente em muitas teorizações atuais sobre a descodificação, sobre a deslegificação e a desregulação. É certamente indispensável uma abordagem realista do Direito e do funcionamento concreto das instituições jurídicas se não queremos cair na oposta e não menos difundida falácia, idealista e normativista, de quem confunde o Direito com a realidade, as normas com os fatos, os Manuais de Direito com a descrição do efetivo funcionamento do próprio Direito. E todavia o Direito é também uma realidade não-natural, mas artificial, construída pelos homens, incluído os juristas, que aliás aí têm uma parte não diminuta de responsabilidade. E não há nada de deterministicamente necessário nem de sociologicamente natural na ineficácia dos direitos e na violação sistemática das regras por parte dos titulares dos poderes públicos. Nem há nada de inevitável e de irremediável no caos normativo, na proliferação das fontes e na conseqüente incerteza e incoerência dos ordenamentos, com os quais é habitualmente representada, pela sociologia jurídica sistêmica, a crise moderna do Estado de Direito. ...A situação do Direito própria do *ancien régime* era bastante mais "complexa", irracional e desregulada do que a de hoje. A selva das fontes, o pluralismo e a sobreposição dos ordenamentos, a inflação normativa e anomia jurídica dos poderes que tiveram de enfrentar os clássicos do jusnaturalismo e do iluminismo, de Hobbes a Montesquieu e a Beccaria, formavam um quadro seguramente mais dramático e desesperante do que aquele que surge aos nossos olhos. E mesmo então, nas origens da modernidade jurídica, foram muitas e autorizadas as vozes que se ergueram contra a pretensão da razão jurídica de reordenar e reconstruir o próprio objeto em função dos valores da certeza e da garantia dos direitos; basta pensar na oposição de Savigny e da Escola Histórica aos projetos de codificação e, do outro extremo, à incompreensão e à desvalorização por parte de Jeremy Bentham da Declaração Francesa dos Direitos do Homem de 1789.[220]

O maior problema do Estado e do Direito contemporâneos, portanto, tem origem numa chamada crise filosófica, antes referida, que aponta para a desagregação da base do Estado do Bem-Estar Social, calcado na solidariedade humana, que enfraquece toda a teoria dos direitos humanos, fruto, indubitavelmente, da proposta neoliberal, que se aproveitou da profunda crise econômica da década de 70, que diminuiu a capacidade do Estado de responder à crescente demanda social, bem como da ideologia, através da grande mídia, para tornar crível que o ideal liberal sobrepujou o lado humano e social, com o fim do socialismo soviético.[221]

---

[220] FERRAJOLI, Luigi, op. cit., 1997a, p. 92-93.

[221] Neste sentido, José Luiz Quadros de Magalhães, explica que: "Os neoliberais apresentam uma solução para a crise que o Estado Social naquele momento não era capaz de superar. Entretanto, para superá-la, era necessário criar as condições para acumulação e expansão do capital, com a posterior criação de riquezas e empregos. Para que o capital se expandisse era necessário que o Estado criasse as seguintes situações ideais: 1 – diminuição do Estado com processos de privatização, permitindo que o setor privado pudesse atuar naqueles setores onde o Estado era concorrente ou único ator; 2 – com a diminuição do Estado, inclusive nas suas prestações sociais fundamentais, é possível a diminuição ou eliminação dos tributos do capital, deixando que a classe assalariada arque com o que subsiste dos serviços públicos (os dados do período Reagan nos EUA ilustram esta afirmativa); 3 – enfraquecimento dos sindi-

No Brasil, inclusive, para vedar a atuação de um Poder Judiciário independente, que garantisse os direitos fundamentais e a própria democracia substancial, engenhou-se todo um sistema para engessar a atuação imprescindível deste Poder, em especial através de um controle externo e da súmula vinculante.[222]

Portanto, não é gratuito este ataque neoliberal, que ocorre(u) justamente quando os direitos fundamentais e a democracia estavam sendo elevados à máxima importância na sociedade, fruto das conquistas do ser humano numa sociedade em busca da dignidade humana e da centralidade da pessoa.

---

catos para que não haja pressão eficiente sobre o valor do trabalho ameaçando os lucros crescentes; 4 – para enfraquecer os sindicatos é necessária política econômica de geração do desemprego, com a substituição gradual do trabalho humano pela automação (o capital tem investimento maciço em serviços e bens sofisticados para ampliação dos lucros aumentando o consumo sem aumentar os consumidores, permitindo assim, também, a geração do desemprego, o que pode parecer incompatível); 5 – com o enfraquecimento dos sindicatos, a diminuição dos salários em determinada área de produção (os salários perdem seu valor real com uma inflação controlada, que permita a sua diminuição sem afetar o setor produtivo – em outras palavras, inflação existente mas sob controle); 6 – com o enfraquecimento dos sindicatos, a diminuição dos direitos sociais especialmente os direitos constitucionais do trabalhador, o que significa um retorno a características da terceira fase evolutiva do Estado" (op. cit., 1997, p. 106-107).

[222] STRECK, Lenio Luiz. *Súmulas no direito brasileiro:* eficácia, poder e função: a ilegitimidade constitucional do efeito vinculante. 2 ed. Porto Alegre: Livraria do Advogado, 1998b, explica toda a problemática das reformas constitucionais em nosso país e da introdução da súmula vinculante em nosso Direito, em especial pela questão da dominação e submissão do Judiciário. Ele informa que: "Com efeito, as reformas constitucionais em tramitação estão ajustadas ao projeto neoliberal de governo, no contexto do qual o *establishment busca gestar um novo modo de produção de Direito, condizente com a pós-modernidade globalizante*. Isto ocorre justamente nesse vácuo que se formou entre o modo liberal-individualista de produção de Direito e o advento do Estado Democrático de Direito, que criou uma infinidade de direitos por realizar" (p. 277). Ele comenta, ainda, quanto à súmula vinculante, que: "Houve generalizados protestos da comunidade jurídica brasileira. O pensamento dos magistrados foi muito bem resumido pelo presidente em exercício da AJURIS-Associação dos Juízes do Rio Grande do Sul, Cláudio Baldino Maciel, para quem a vinculação da jurisprudência (e das Súmulas) se constituiria em uma 'camisa de força que atingiria gravemente a autonomia do Poder Judiciário e tornando-o subserviente ao Poder Central" (p. 163). E esclarece como isto ocorre: "Enfim, sendo o Direito uma instância do político, atuando no interior da sociedade com seus mecanismos simbólicos, fica claro que o discurso jurídico, inexoravelmente, *engendrará relações de dominação e submissão*. No âmbito das relações entre os tribunais superiores e inferiores e destes com os seus juízes, bem como relativamente aos demais operadores do Direito, as práticas discursivas, cada vez mais, *tenderão a ser previamente definidas*. Para tanto, instrumentos (sofisticados) como as Súmulas têm o condão de servir como mecanismos (*perfeitamente*) adequados para o *establishment* jurídico-dogmático alcance o *consenso discursivo*, que atenderá – e não há dúvida nisto – *os interesses dos setores que dominam as relações sociais*. Tais setores/fatores, à total evidência, não podem ser desprezados nas relações de força que ocorrem no processo de formação da lei e dos mecanismos de produção do discurso oficial e da fala autorizada, nem tampouco desindexados das relações entre sociedade (setores hegemônicos) e Poder Judiciário, colocando em risco o seu papel de árbitro dos conflitos. Nesse sentido, a importância da discussão daquilo que se pode denominar de *poder de controlabilidade difusa das Súmulas*, que atua como uma forma de violência simbólica..." (op. cit., 1998b, p. 217).

A crise financeira é superável, como sempre aconteceu na história humana, onde o homem sempre conseguiu superar os seus próprios limites. E até hoje, nenhuma teoria econômica mostrou, em termos claros e objetivos, qual é o limite econômico de um Estado interventor.[223]

Existem, ainda, as questões que desnaturam a soberania, antes referidas, mas que, também, não são absolutas a ponto de quebrar a concepção de Estado, eis que a soberania e o Estado nacional ainda são paradigmas de nossa época, eis que é no Estado que se encontra a força que empresta ao direito internacional o seu poder e é nele que se garantem os direitos fundamentais internamente.[224] O Estado, pois, salvaguarda os direitos internos e coopera internacionalmente com os demais países, não no globalismo econômico, mas no respeito aos direitos fundamentais:

> Se ontem a "conquista territorial", a "colonização", o "espaço vital", o "interesse nacional", a "razão de estado' surgiam sempre como categorias quase ontológicas, hoje os fins dos estados podem e devem ser os da construção de "Estados de direito democráticos, sociais e ambientais", no plano interno, e Estados abertos e internacionalmente "amigos" e "cooperantes" no plano externo. Por isso, o *pathos* de um programa de "paz mundial" assenta na intensificação do "desarmamento" e na viabilização efectiva de uma *segurança coletiva*.[225]

O Estado é necessário para a garantia dos direitos fundamentais e da democracia, ainda que não mais possa ser visto como uma entidade fechada em si mesma, sob a idéia de um soberania incontrastável.

---

[223] Neste sentido, Pierre Rosanvallon, explica bem a questão, afirmando que: "Em todos os casos, as soluções financeiras teóricas existem. Mas elas acarretam conseqüências que são de ordem social e política porque em cada um dos casos aventados implicam a modificação do equilíbrio social existente entre os indivíduos, as categorias sociais e os agentes econômicos. É neste sentido que se pode dizer que não há verdadeira crise do financiamento do Estado-providência. O que a expressão 'impasse financeiro' designa é de fato o problema do grau de socialização tolerável de um certo número de bens e de serviços" (p. 15). E completa: "É por isso que não pode fixar *a priori* limites intransponíveis para o Estado-providência que se deduziriam de uma análise estritamente econômica e financeira. Wagner, o grande teórico alemão do Estado social, no fim do século XIX, pensava, muito justamente, que os apertos e as dificuldades financeiras terminam sempre por ser resolver desde que sejam apenas conseqüências de um 'movimento de civilização'. Isto equivale a dizer que, se há limites, estes só podem ser societais ou culturais" (op. cit., 1997, p. 17).

[224] SANTOS, Boaventura de Souza. *Reinventar a democracia:* entre o pré-contratualismo e o pós-contratualismo. Coimbra: Oficina do Centro de Estudos Sociais, 1998, após análise dos problemas atuais do Estado e do Direito, postula a necessidade de criação de um espaço público não estatal para assegurar a democracia, eis o enfraquecimento do Estado contemporâneo pelo globalismo e neoliberalismo. Todavia, acredita que é justamente o Estado o elemento crucial de articulação e de coordenação deste espaço público: um Estado que garanta a igualdade de oportunidades aos diferentes projetos de institucionalidade democrática e que garanta padrões mínimos de inclusão que tornem possível a cidadania. E, para isto, ele precisa ser forte, organizado e interveniente, ainda que isto possa parecer um paradoxo (p. 46-50).

[225] CANOTILHO, José Joaquim Gomes, op. cit., 1999, p. 1275.

Por isso, para enfrentar a grande complexidade das relações humanas, numa época de grande avanço tecnológico, numa sociedade diferenciada, somente um Estado forte pode intervir para garantir a democracia e os avanços sociais, tão caros ao ser humano.

Portanto, o papel do Estado é ser democrático, onde a Constituição garanta os processos democráticos de constante mudança na sociedade, com respeito aos direitos fundamentais.[226] É sua função "reagir e conservar". Conservar o modelo de sociedade democrática e reagir com sua força a qualquer tentativa de mudança autoritária e arbitrária nas chamadas regras do jogo, tão-bem defendidas por Bobbio.[227]

O papel do Direito é, outrossim, "o de estabelecer as margens, os limites desta sociedade, e, embora esses sejam cada vez mais largos, eles continuam a existir, como requisito e, mesmo, razão de ser do Estado".[228] Ele tem a função de garantia, ou seja, de garantir os direitos fundamentais, o seu núcleo material.[229] E mais que isto, o Direito não pode mais ser visto sob o paradigma liberal, de cunho individual-egoístico, mas sob o prisma coletivo e difuso, onde a socialização e a coletivização têm papel fundamental:

> Neste sentido, este Direito tenderá a um aprofundamento radical da idéia de uma juridicidade calcada em alguma base de comunhão e de promoção de condutas e, ainda, inevitavelmente atrelado a uma ordem democrática. Certamente, uma nova ordem jurídica pressupõe, conseqüentemente, a reeducação de seus operadores, desde aqueles ligados ao processo de produção de normas jurídicas até aqueles vinculados à sua aplicação, passando por todas as figuras integradas direta ou indiretamente na produção do sentido do Direito.[230]

É tarefa dos operadores jurídicos (e de toda a sociedade) compreender esta situação, para buscar a efetivação de um verdadeiro

---

[226] Neste sentido, CAPPELLETTI, Mauro. *Juízes legisladores?* Trad. de Carlos Alberto Alvaro de Oliveira. Porto Alegre: Sergio Antonio Fabris Editor, 1993, aduz que: "a democracia não pode sobreviver em um sistema em que fiquem desprotegidos os direitos e as liberdades fundamentais" (p. 106).

[227] BOBBIO, Norberto, op. cit., 1992b, p. 65.

[228] MAGALHÃES, José Luiz Quadros de, op. cit., 1997, p. 110.

[229] Luigi Ferrajoli, explica que: "O paradigma do Estado Constitucional de Direito – ou seja, o modelo garantista – mais não é do que esta dúplice sujeição do Direito ao Direito que afeta ambas estas dimensões de cada fenômeno normativo: a vigência e a validade, a forma e a substância, os sinais e os significados, a legitimação formal e a legitimação substancial... Todos os diretos fundamentais – e não só os direitos sociais e os deveres positivos por eles impostos ao Estado, mas também os direitos de liberdade e as correspondentes proibições negativas que limitam a intervenção daquele – equivalem a vínculos de substância e não de forma, que condicionam a validade substancial das normas produzidas e exprime, ao mesmo tempo, os fins para que está orientado esse moderno artifício que é o Estado Constitucional de Direito" (op. cit., 1997a, p. 97).

[230] MORAIS, José Luis Bolzan de, op. cit., 1996a, p. 227.

Estado Democrático de Direito, que garanta os direitos fundamentais da pessoa humana.[231] Mas, para tanto, é necessário serem ultrapassadas as concepções atrasadas e há muito equivocadas utilizadas pelos operadores jurídicos, fonte também da crise de inefetividade dos direitos humanos e da crise que assola o Direito e o Poder Judiciário em nosso país:

> Com efeito, o sistema processual-legal (ainda) trabalha na perspectiva de um modelo de direito de cunho nitidamente liberal-individualista. Nessa perspectiva, os conflitos são diluídos/institucionalizados, redefinidos juridicamente. A relação jurídico-social de cunho interindividual, ou, como diriam os manuais de Direito, entre Caio e Tício, é facilmente resolvida pelas instâncias encarregadas de aplicação da justiça. O problema ocorre – e aí emerge a crise – quando o Judiciário se defronta com os problemas/conflitos de ordem transindividual, próprios de uma sociedade conflituosa, onde a modernidade é tardia/arcaica e onde não houve o Estado Social. Dito de outro modo, preparado para enfrentar/resolver conflitos interindividuais próprios de um modelo (ultrapassado) de direito liberal de cunho ordenador, a dogmática jurídica (e o Direito) não conseguem resolver os conflitos próprios de uma sociedade carente da realização de seus direitos sociais-fundamentais, que tem a sua disposição uma Constituição prenhe de direitos, característicos de um Estado Democrático de Direito, cujo modelo de direito é intervencionista-promovedor-transformador. *É justamente nesse hiato que a crise se desenrola em sua plenitude.* O problema – como já se viu no decorrer da obra – é que o jurista, inserido no "sentido comum teórico", não se dá conta dessa crise e de suas conseqüências na sociedade. É claro que o Judiciário e as instituições encarregadas de aplicar e administrar a justiça não escapam a essa problemática.[232]

É preciso superar, com urgência, a crise de paradigma dos operadores jurídicos, combatendo-se a atuação desvinculada e acrítica da realidade, bem como o próprio senso comum teórico que embasa, justamente, a prática individualista e descompromissada dos juris-

---

[231] Milena Petters Melo, explica que: "Tal empreendimento pressupõe uma nova *praxis* de cidadania vinculada à reconstrução da democracia: 1 – assente na racionalidade formal do Direito, como defende *Bobbio*, no sentimento constitucional (*Löwenstein*) e na vontade da Constituição (*Hesse*); 2 – comprometida com a real efetivação dos direitos positivados, não enquanto concessão estatal ou imposição coercitiva, mas de forma integrativa, através da cooperação entre os indivíduos e os grupos; 3 – atuante na luta pelo 'instituído sonegado' e pela floração contínua de novos direitos; 4 – voltada para a emergência dos novos sujeitos de direitos; 5 – vinculada a um novo exercício da cidadania que aponte para a redefinição dos espaço público e para a refundação do pacto social, retomando o princípio rousseauniano de 'comunidade', fundado na obrigação horizontal entre os cidadãos, com autonomia e responsabilidade na participação e solidariedade para a formação da vontade geral; e 6 – aberta aos *jus contendum*, ao conflito de interesses e divergência das tensões que existem na sociedade, em prol de uma síntese equilibrada entre 'subjetividade, cidadania e emancipação. Uma *praxis* que amplie os espaços participativos e efetue os Direitos Humanos, fazendo com que a sociedade brasileira resgate sua dimensão cidadã com compromisso, criatividade, ousadia e sobretudo paixão, pois todos os grandes movimentos transformadores da história foram apaixonados" (op. cit., 1998, p. 86-87).

[232] STRECK, Lenio Luiz, op. cit., 1998b, p. 253-254.

tas. Não é por nada que ainda são poucos os condenados pelos chamados crimes de "colarinho branco" e cumprem penas privativas de liberdade,[233] procurando a Polícia e o Ministério Público, no mais das vezes, condenar miseráveis por crimes de somenos importância. Não é por nada que a atividade policial quase não é fiscalizada (praticando todo tipo de arbitrariedade e coação física ilegal) e só se interessa em apurar os crimes contra o patrimônio, cometidos, em regra, por pessoas desvalidas e sem peso social, esquecendo-se, propositadamente, dos crimes praticados pelos grandes comerciantes e industriais, pelos administradores públicos, etc.[234] Não é por nada que os administradores públicos quase não são cobrados juridicamente pelos desmandos nas contas públicas e pelo desinteresse em efetivar políticas públicas em prol dos menos favorecidos. Não é por nada que os direitos mais básicos das crianças e adolescentes, dos idosos e dos doentes sejam renegados e esquecidos pelo Estado e que

---

[233] Neste sentido, a Procuradora da República, CASTILHO, Ela Volkmer de. *O controle penal dos crimes contra o sistema financeiro nacional*. Belo Horizonte: Del Rey, 1998, traz importante pesquisa cujos dados revelam que, de 1986 a 1995, somente 5 dos 682 supostos crimes financeiros apurados pelo Banco Central resultaram em condenações, por crimes de colarinho branco, pela Justiça Federal de 1º Grau, e que, ainda, apenas 9, dos referidos 682 casos apurados pelo Banco Central, restaram com punição em 2ª Instância. E, mais, que nenhum dos réus condenados foi para a cadeia. Tal demonstra o número pífio de condenações frente ao grande número de crimes de colarinho branco, traduzindo a impunidade e a falta de visão da Justiça como um todo, quase sempre mais preocupada com os crimes de somenos importância.

[234] Por isso, há muito discute-se como implementar o controle externo da atividade policial, determinado pelo artigo 129, inciso VII, da Constituição Federal, a cargo do Ministério Público, e uma necessidade imperiosa para reprimir os abusos e punir a corrupção. Tal discussão ocorre especialmente no Rio Grande do Sul e no Estado de São Paulo. Todavia, o corporativismo policial e a crise de paradigma dos legisladores, auxiliados pela mídia sensacionalista, tentam minar o desejo de criar um novo padrão ético e de trabalho para a Polícia Civil. Assim, no Rio Grande do Sul, o projeto de lei que regulamentava o controle externo sofreu os mais agressivos ataques na Assembléia Legislativa gaúcha, sendo que o atual Secretário de Justiça e Segurança do Rio Grande do Sul, José Paulo Bisol, que tem defendido o controle externo e alterações na estrutura policial, bem como o fim do inquérito policial, tem sofrido uma campanha de desmoralização e agressões de toda a ordem, sempre a partir da grande mídia, inclusive sob a ameaça de uma Comissão Parlamentar de Inquérito. Em São Paulo, a Associação dos Delegados de Polícia chegou a ajuizar uma ação direta de inconstitucionalidade, tentando, com isso, impedir que o Secretário Estadual da Segurança, Marco Vinicio Petrelluzzi, Promotor de Justiça licenciado, continuasse na Secretaria, com o nítido objetivo de impedir alterações na estrutura policial daquele Estado e mesmo o controle externo. Tais fatos demonstram a dificuldade de romper com o passado e com as velhas elites, e iniciar uma nova era de desenvolvimento. Entretanto, no Rio Grande do Sul, conseguiu-se, após muito combate, aprovar a Lei Complementar nº 11.578, de 05 de janeiro de 2001, publicada no Diário Oficial do Estado, em 08 de janeiro do mesmo ano, que dispõe sobre o controle externo da atividade policial pelo Ministério Público, inclusive com sua regulamentação por ato administrativo do Procurador-Geral de Justiça, o que já ocorreu, através do Provimento nº 08/2001, de 12 de fevereiro de 2001, e publicado no Diário da Justiça de 23 de fevereiro do mesmo ano, em vigor a partir de 1º de março. Tal fato representa uma vitória da cidadania e inaugura uma nova época no Ministério Público, em grande parte pela atuação destacada do Procurador-Geral de Justiça, Dr. Cláudio Barros Silva, e demais integrantes da Instituição.

quase nada é feito para modificar esta terrível realidade. Não é por nada que os juízes (e os tribunais) são rápidos em prolatar decisões para proteger direitos individuais, vale dizer, a liberdade e a propriedade individual, inclusive quando está em jogo invasões de terras e a questão fundiária, e, em geral, lentos e desinteressados quando precisam decidir em favor da coletividade e dos direitos sociais.[235]

No seio do Ministério Público, especificamente, a crise de paradigma é facilmente verificável, consoante atesta o Relatório de Pesquisa "O Ministério Público e a Justiça no Brasil", realizado pelo Instituto de Estudos Econômicos, Sociais e Políticos de São Paulo – IDESP, que, no primeiro semestre de 1996, efetuou entrevistas com Promotores e Procuradores de Justiça de todo o Brasil, além de integrantes do Ministério Público Federal, constatando que apenas um terço dos entrevistados concordava totalmente com a afirmação de que a sociedade brasileira era hipossuficiente e que, por isso, as instituições da Justiça deveriam atuar no sentido de protegê-la, e, ainda, que apenas metade dos entrevistados consideravam que o Ministério Público deveria ser o canal de demandas sociais, demonstrando, portanto, que mais da metade dos entrevistados (todos integrantes do Ministério Público, reitera-se) não possuía uma visão social mais ampla e necessária, condizente com a realidade brasileira.

Mais do que nunca, é preciso garantir os direitos fundamentais[236]

---

[235] Para uma visão mais crítica e aprofundada desta realidade, ver STRECK, Lenio Luiz. *Hermenêutica jurídica e(m) crise:* uma exploração hermenêutica da construção do direito, e *Tribunal do júri:* símbolos e rituais, obras já mencionadas, que demonstram, com clareza, que os juristas ainda pensam, em grande modo, a nossa sociedade, complexa e em crise, a partir da ótica liberal-individualista. Por isso, a Justiça – e o próprio Ministério Público -, tratam, muitas vezes, as invasões de terras como se fossem meros conflitos de vizinhança; punem "ladrões de galinha" com a máxima gravidade penal e "esquecem-se" dos grandes desfalques de bilhões de dólares ocorrido no sistema financeiro nacional e no INSS, tudo a indicar a falta de visão social dos operadores jurídicos, o que precisa, com urgência, mudar.

[236] Paulo Bonavides, alertou que: "O Brasil está sendo impelido para a utopia deste fim de século: a globalização do neoliberalismo, extraída da globalização econômica. O neoliberalismo cria, porém, mais problemas do que os que intenta resolver. Sua filosofia do poder é negativa e se move, de certa maneira, rumo à dissolução do Estado nacional, afrouxando e debilitando os laços de soberania e, ao mesmo passo, doutrinando uma falsa despolitização da sociedade. A globalização política neoliberal caminha silenciosa, sem nenhuma referência de valores. Mas nem por isso deixa de fazer perceptível um desígnio de perpetuidade do *statu quo* de dominação. Faz parte da estratégia mesma de formulação do futuro em proveito das hegemonias supranacionais já esboçadas na presente. Há, contudo, outra globalização política, que ora se desenvolve, sobre a qual não tem jurisdição a ideologia neoliberal. Radica-se na teoria dos direitos fundamentais. A única verdadeiramente que interesse aos povos da periferia. Globalizar direitos fundamentais equivale a universalizá-los no campo institucional. Só assim aufere humanização e legitimidade um conceito que, doutro modo, qual vem acontecendo de último, poderá aparelhar unicamente a servidão do porvir" (op. cit., 1998, p. 524).

e solidificar a democracia,[237] e para isto é necessário fortalecer o Estado e, principalmente, o constitucionalismo, base de todo o ordenamento jurídico. Por isso,

> A verdade abstrata do século XVIII tocante aos direitos humanos será, por conseguinte, a verdade concreta do século XXI se a ciência das Constituições sobreviver às impugnações neoliberais, embargando a dissolução do Estado social, conservando a projeção de universalidade dos direitos fundamentais como direitos do gênero humano...[238]

Os direitos fundamentais, pela importância que adquirem no seio deste Estado Democrático de Direito, a fim de transformar nossa sociedade, devem ser entendidos como normas objetivas, "de validade universal, de conteúdo indeterminado e aberto, e que não pertencem nem ao Direito Público, nem ao Direito Privado, mas compõem a abóbada de todo o ordenamento jurídico enquanto direito constitucional de cúpula",[239] e, portanto, a Constituição, que os garante, é imprescindível para manter as regras democráticas e possibilitar a justiça social.[240]

A Constituição, como receptáculo dos direitos fundamentais e do princípio da democracia substancial, aparece como uma norma, eis que é o "conjunto de normas jurídicas positivas (regras e princípios) geralmente plasmadas num documento escrito",[241] tendo "posição hierárquico-normativa superior relativamente às outras normas do ordenamento jurídico",[242] apresentando o princípio da força normativa da constituição, que nada mais é do que a obrigação de "dar-se prevalência aos pontos de vista que, tendo em conta os pressupostos da constituição (normativa), contribuem para uma efi-

---

[237] LEAL, Rogério Gesta. *Hermenêutica e direito:* considerações sobre a teoria do direito e os operadores jurídicos. Santa Cruz do Sul: EDUNISC, 1999, esclarece que: "A função do conhecimento democrático e emancipador do Direito, aliado à função também social dos operadores jurídicos, reclama do Estado, em todos os seus vetores e poderes, mas principalmente do Poder Judiciário, a superação do caráter negativo dos direitos humanos e fundamentais, que deixam, desse modo, de ser considerados como uma autolimitação do poder soberano do Estado, para reforçar o princípio da soberania popular, impondo a esse conceber tais direitos como instrumentos jurídicos e políticos destinados a regular suas ações positivas na busca da implementação de uma verdadeira democracia" (p. 198-199).

[238] BONAVIDES, Paulo, op. cit., 1998, p. 9-10.

[239] Idem, p. 541.

[240] Paulo Bonavides, é categórico ao explicar que devemos superar os velhos métodos de interpretação, baseados numa realidade ultrapassada: "Os direitos fundamentais, em rigor, não se interpretam: concretizam-se. A metodologia clássica da Velha Hermenêutica de Savigny, de ordinário aplicada à lei e ao Direito Privado, quando empregada para interpretar direitos fundamentais, raramente alcança decifrar-lhe" (op. cit., 1998, p. 545).

[241] CANOTILHO, José Joaquim Gomes, op. cit., 1999, p. 1073.

[242] Idem, p. 1074.

cácia óptima da lei fundamental".[243] Além disto, vincula todos os operadores jurídicos, de forma obrigatória.

É certo que em razão de todas estas transformações que acontecem (ou aconteceram) em nossa sociedade, aqui referidas, o constitucionalismo vem sofrendo inúmeros problemas,[244] mas, ainda assim, é de importância vital para o Estado Democrático de Direito,[245] o que deve ser apercebido por todos aqueles que lidam com o Direito, especialmente no seio do Poder Judiciário, ente que deve, justamente, resguardar a supremacia constitucional, os diretos fundamentais e a democracia.[246]

Como já foi sustentado anteriormente, o Judiciário, no Estado Democrático de Direito, ganha especial relevância pela sua tarefa de garantir os direitos fundamentais e promover a transformação social.[247] Todavia, para que isto ocorra, é necessária a superação do

---

[243] CANOTILHO, José Joaquim Gomes, op. cit., 1999, p. 1151.

[244] Embora aqui não seja possível uma análise desses problemas, pois mereceriam todo um estudo à parte, o que está fora, pois, de nosso objetivo, importante é a lição de José Joaquim Gomes Canotilho, que apresenta e analisa tais problemas, podemos, ao menos, indicá-los: são os problemas de inclusão, de referência, de reflexividade, de universalização, de materialização do direito, de reinvenção do território, de "tragédia", de fundamentação: princípios ou paradoxos?, de simbolização e de complexidade (op. cit., 1999, p. 1257-1263). E o próprio autor, no artigo "Rever ou romper com a constituição dirigente? defesa de um constitucionalismo moralmente reflexivo", publicado em 1996, nos *Cadernos de Direito Constitucional e Ciência Política*, São Paulo, n. 15, p. 7-17, abr./jun. 1996, coloca em dúvida a Constituição dirigente, defendendo um constitucionalismo mais reflexivo, aberto, menos estatizante e não regulativamente autoritário, ainda que não isento de "garantia das condições sob as quais podem coexistir as diversas perspectivas de valor, conhecimento e acção" (p. 17). De qualquer forma, o mestre lusitano parece acreditar, ainda, na necessidade e importância da Constituição, especialmente na sua obra mais completa, *Direito constitucional e teoria da constituição*, antes citada, já na sua 3ª edição, na qual nos filiamos.

[245] Cf. CANOTILHO, José Joaquim Gomes, op. cit., 1999, p. 1269.

[246] E para que isto ocorra é necessária toda uma mudança de postura dos operadores jurídicos, em especial dos magistrados, consoante apontam ROCHA, Fernando Luiz Ximenes. Direitos fundamentais na constituição de 88. *Revista dos Tribunais*, São Paulo, v. 758, p. 23-33, dez. 1998, que é Desembargador do Tribunal de Justiça do Ceará; e SOUZA, Luiz Sergio Fernandes de. Globalização e direitos humanos: em busca da racionalidade perdida. *Revista dos Tribunais*, v. 757, p. 52-63, nov. 1998, culto Juiz de Direito.

[247] Neste sentido, Clèmerson Merlin Clève, demonstra a importância do Judiciário no Estado Democrático de Direito, em especial no Brasil: "A função do Judiciário, em princípio é a de dirimir conflitos de interesses. Mas, a função do Judiciário, também, é a de distribuir justiça. O povo tem fome de justiça. Mas qual justiça é distribuída pelo Judiciário? O Estado Democrático de Direito é mais do que um Estado de Direito. É um Estado de Justiça. A Constituição Federal de 1988 procurou fazer do Brasil um Estado de Justiça. Por isso inscreve na Ordem Constitucional uma série de valores que, agregados em regras e princípios (os princípios fundamentais), são suficientes para informar o conteúdo mínimo do direito brasileiro. Esse conteúdo mínimo, corresponde aos *standards* de justiça aceitos pela formação social brasileira. A justiça da decisão judicial é a justiça deduzida de um Texto Constitucional que procura privilegiar a dignidade da pessoa humana. No sistema constitucional brasileiro atual é perfeitamente possível se advogar a inconstitucionalidade da lei injusta. Qualquer lei injusta, ofensiva dos *standards* definidos pelo Constituinte, será uma lei inconstitucional cuja aplicação pode ser perfeitamente negada pelo juiz. O juiz deve, no atual momento histórico, ter um

velho paradigma juspositivista, de sujeição do juiz à lei, qualquer que seja o seu significado, para que ocorra uma sujeição à lei somente enquanto válida, vale dizer, "coerente com a constituição",[248] ou seja, "já não uma sujeição à lei de tipo acrítico e incondicional, mas sim sujeição, antes de mais, à constituição, que impõe ao juiz a crítica das leis inválidas por meio da sua reinterpretação em sentido constitucional ou a sua denúncia por inconstitucionalidade".[249] É, pois, nesta sujeição do juiz à constituição,

> que reside o principal fundamento atual da legitimação da jurisdição e da independência do Poder Judiciário frente aos Poderes Legislativo e Executivo, embora estes sejam – e até porque o são – poderes assentes na maioria. Precisamente porque os direitos fundamentais em que se baseia a democracia substancial são garantidos incondicionalmente a todas e a cada um, mesmo contra a maioria, eles constituem o fundamento, bem mais do que o velho dogma juspositivista da sujeição à lei, da independência do Poder Judiciário, que para a sua garantia está especificamente vocacionado. Daí resulta que o fundamento da legitimação do Poder Judiciário e da sua independência mais não é do que o valor da igualdade, enquanto igualdade *endroits*: visto que os direitos fundamentais são de cada um e de todos, a sua garantia exige um juiz terceiro e independente, subtraído a qualquer vínculo com os poderes assentes na maioria, e em condições de poder censurar, como inválidos ou como ilícitos, os atos praticados no exercício desses poderes. É este o sentido da frase "há tribunais em Berlim": tem de haver um juiz independente que possa intervir para reparar as injustiças sofridas, para tutelar o indivíduo mesmo quando a maioria e até a totalidade dos outros se coligam contra ele, para absolver no caso de falta de provas, mesmo quando a opinião pública exige a condenação, ou para condenar, havendo prova, quando a mesma opinião é favorável à absolvição. Esta legitimação não tem nada a ver com a da democracia política, ligada à representação, pois não deriva da vontade da maioria. O seu fundamento é unicamente a intangibilidade dos direitos fundamentais. E todavia é uma legitimação democrática, que os juízes recebem da sua função de garantia dos direitos fundamentais, sobre os quais se baseia aquilo a que chamamos "democracia substancial".[250]

Cabe ao Judiciário ser sustentáculo da democracia, eis que

> Parece bem evidente que a noção de democracia não pode ser reduzida a uma simples idéia majoritária. Democracia, como vimos, significa também participação, tolerância e liberdade. Um judiciário razoavelmente independente dos caprichos, talvez momentâneos, da maioria, pode dar uma grande contribuição à democracia; e para isso em muito pode colaborar um judiciário suficientemente ativo, dinâmico e

---

compromisso com a justiça normativamente inscrita na Constituição Federal. E isso é perfeitamente possível no Brasil, já que aqui, ao contrário de outros países, todos os juízes exercem jurisdição constitucional (todos os órgãos do Judiciário são órgãos da Justiça Constitucional" (op. cit., maio 1993, p. 39).

[248] FERRAJOLI, Luigi, op. cit., 1997a, p. 100.
[249] Idem, p. 101.
[250] Idem, p. 101-102.

criativo, tanto que seja capaz de assegurar a preservação do sistema de *checks and balances*, em face do crescimento dos poderes políticos, e também controles adequados perante outros centos de poder (não governativos ou quase-governativos), tão típicos das nossas sociedades contemporâneas.[251]

Para tanto, é imprescindível o caráter criativo dos juízes na atividade judiciária de interpretação e de atuação da legislação e dos direitos sociais,[252] eis que só assim é que os direitos difusos e coletivos, característicos do Estado Democrático de Direito, podem ser efetivados.

Em razão de tudo o que até aqui se defendeu, a crise do Estado e do Direito, em especial em face do globalismo e do neoliberalismo, só poderá ser superada se a sociedade, especialmente os operadores jurídicos, compreender a importância do Estado, dos direitos fundamentais e do constitucionalismo para manter as conquistas sociais e para buscar uma sociedade democrática e mais justa, com certeza, a pretensão de todos nós.

Obviamente, a crença numa sociedade melhor dependerá, como sempre dependeu, de um novo consenso, de um novo pacto social, onde a sociedade embarque numa nova solidariedade, buscando a justiça social.[253] Mas isto não ocorrerá, e nem frutificará, sem que nós, os operadores jurídicos, compreendamos o atual momento pelo qual passa a sociedade, onde os direitos mais básicos estão sendo perdidos em nome de uma falsa verdade promovida pelos ideais neoliberais, e nos apercebamos que é ainda o Direito a única alternativa possível "para responder à complexidade social e para salvar, com o futuro do Direito, também o futuro da democracia".[254]

É preciso, pois, uma tomada de atitude dos operadores jurídicos, que efetivam os direitos sociais e garantem o sucesso de um ordenamento jurídico contra as mazelas do globalismo e do neoliberalismo:

> Frente a semejantes ilusiones la experiencia enseña que ninguna garantía jurídica puede sostenerse exclusivamente sobre las normas; que ningúm derecho fundamental puede sobrevivir concretamente sin el apoyo de la lucha por su realización por

---

[251] CAPPELLETTI, Mauro, op. cit., 1993, p. 107.

[252] Idem, p. 41-42, demonstra bem tal necessidade.

[253] É o que defende Pierre Rosanvallon, na sua obra *A crise do estado-providência*, já mencionada. Não há, todavia, possibilidade de uma nova solidariedade e nem de consenso social se não existirem regras, se os direitos não estiverem assegurados, se as pretensões não forem embasadas numa sociedade justa e democrática, cujos princípios sejam resguardados e garantidos. Por isso, o Direito é imprescindível, e é neste sentido a crítica de José Joaquim Gomes Canotilho, aos pensamentos de Jürgen Habermas e John Rawls, que defendem uma teoria moral aplicada à política e uma teoria comunicativa do direito e da política, respectivamente (op. cit., 1999, p. 1266-1269). Sérgio Cademartori, também se posiciona neste mesmo sentido (op. cit., 1999, p. 91-154).

[254] FERRAJOLI, Luigi, op. cit., 1997a, p. 109.

> parte de quien es su titular y de la solidaridad con ella de fuerzas políticas y sociales; que, en suma, un sistema jurídico, incluso técnicamente perfecto, no puede por sí solo garantizar nada. Por el contrario, escribió Vittorio Emanuelo Orlando, "ninguna persona de buen sentido creerá que un simples cambio de una o más leyes podría bastar para que el cuidadano inglés del siglo XX vaya a encontrarse, frente a su soberano, en la misma condición de los súbditos del emperador de Uganda". Es este sustrato político, material y cultural del derecho – compuesto de lealtad de las fuerzas políticas a las reglas del juego, de sentimiento de los ciudadanos de los derechos propios y ajenos, de luchas individuales y colectivas en su defensa y desarrollo, de compromiso civil e intelectual contra las carencias y las desviaciones de los poderes en todos los niveles del ordenamiento – lo que forma la praxis del garantismo y el conjunto de las garantías *externas*, no menos importante que las *internas* o jurídicas, de la efectividad de los derechos fundamentales.[255]

Logo,

> Sólo a través de la lucha por los derechos, que quiere decir su constante ejercicio y su defensa tenaz frente a todo posible obstáculo, amenaza o violación, puede garantizarse su posesión efectiva y la consiguiente valorización de la persona. Un derecho no ejercitado o no defendido está en realidad destinado a decaer y finalmente a sucumbir. De la libertad de pensamiento y de prensa a los derechos políticos, de la libertad personal a los derechos sociales, la efectividad de los derechos de la persona no está nunca garantizada de una vez por todas como graciosa concesión jurídica, sino que es siempre el efecto de cotidianas y a veces costosas conquistas.[256]

Vivemos, assim, numa época de superação dos postulados individualistas do direito, onde o papel do juiz vem crescendo, bem como o de todos os operadores jurídicos.

---

[255] (Frente a semelhantes ilusões, a experiência ensina que nenhuma garantia jurídica pode sustentar-se exclusivamente em sua forma normativa; que nenhum direito fundamental pode sobreviver concretamente sem o apoio da luta por sua realização por parte de quem é seu titular e da solidariedade das forças políticas e sociais; que, em suma, um sistema jurídico, mesmo tecnicamente perfeito, não pode por si só garantir nada. Pelo contrário, escreveu Vittorio Emanuelo Orlando, "nenhuma pessoa de bom senso acreditará que uma simples alteração de uma ou mais leis será suficiente para que o cidadão inglês do século XX esteja, na presença de seu soberano, nas mesmas condições dos súditos do imperador de Uganda". É esse substrato político, material e cultural do direito – composto de lealdade das forças políticas às regras do jogo, do sentimento dos cidadãos aos direitos próprios e alheios, de lutas individuais em sua defesa e desenvolvimento, de compromisso civil e intelectual contra as carências e os desvios dos poderes em todos os níveis do ordenamento – aquilo que forma a práxis do garantismo e o conjunto das garantias *externas*, não menos importantes que as *internas* ou jurídicas, da efetividade dos direitos fundamentais). FERRAJOLI, Luigi, op. cit., 1997b, p. 942.

[256] (Somente através da luta pelos direitos, que quer dizer seu constante exercício e sua defesa tenaz frente a todo possível obstáculo, ameaça ou violação, pode assegurar sua posse efetiva e a conseqüente valorização da pessoa. Um direito não exercitado ou não defendido está em realidade destinado a decair e finalmente sucumbir. Da liberdade de pensamento e de imprensa aos direitos políticos, da liberdade individual aos direitos sociais, a efetividade dos direitos humanos não está nunca assegurada de uma vez por todas como graciosa concessão jurídica, mas é sempre o efeito de cotidianas e às vezes caras conquistas). FERRAJOLI, Luigi, op. cit., 1997b, p. 944-945.

Os direitos coletivos e difusos, característicos do Estado Democrático de Direito,[257] devem ser garantidos e efetivados, através da atuação positiva do aparelho estatal.[258]

A Constituição brasileira,[259] ainda que não seja uma Constituição ideal (se é que ela existe), precisa ser considerada e tornada

---

[257] Neste sentido, Mauro Cappelletti, esclarece que: "Constitui um dado da realidade que a legislação social ou de *welfare* conduz inevitavelmente o estado a superar os limites das funções tradicionais de 'proteção' e 'repressão'. O papel do governo não pode mais se limitar a ser o de um 'gendarme' ou *'nigth watchmann'*; ao contrário, o estado social – o *'État providence'*, como o chamam, expressivamente, os franceses – deve fazer sua a técnica de controle social que os cientistas políticos chamam de *promocional*. Tal técnica consiste em prescrever programas de desenvolvimentos futuros, promovendo-lhes a execução gradual, ao invés de simplesmente escolher, como é típico da legislação clássica, entre 'certo' e 'errado', ou seja, entre o caso 'justo' e o 'injusto', *right and wrong*. E mesmo quando a legislação social cria por si mesma direitos subjetivos, cuida-se mais de *direitos sociais* do que meramente individuais. Tipicamente, os direitos sociais pedem para sua execução a intervenção ativa do estado, freqüentemente *prolongada no tempo*. Diversamente dos direitos tradicionais, para cuja proteção requer-se apenas que o estado não permita sua violação, os direitos sociais – com o direito à assistência médica e social, à habitação, ao trabalho – não podem ser simplesmente 'atribuídos' ao indivíduo. Exigem eles, ao contrário, permanente ação do estado, com vistas a financiar subsídios, remover barreiras sociais e econômicas, para, enfim, promover a realização dos programas sociais, fundamentos desses direitos e das expectativas por eles legitimadas. É evidente que, nessas novas área do fenômeno jurídico, importantíssimas implicações impõem-se aos juízes. Em face de legislação social que se limita, freqüentemente, a definir a finalidade e os princípios gerais, e diante de direitos sociais essencialmente dirigidos a gradual transformação do presente e formação do futuro, os juízes de determinado país bem poderiam assumir – e muitas vezes de fato, têm assumido – a posição de negar o caráter preceptivo, ou *'self-executing'*, de tais leis ou direitos programáticos. Sobre isso aprendemos alguma coisa na Itália, especialmente entre 1948 e 1956, ou seja, nos anos entre a entrada em vigor da Constituição e a criação da Corte Constitucional. Mais cedo ou mais tarde, no entanto, como confirmou a experiência italiana e de outros países, os juízes deverão aceitar a realidade da transformada concepção do direito e da nova função do estado, do qual constituem também, afinal de contas, um 'ramo'. E então será difícil para eles não dar a própria contribuição à tentativa do estado de tornar efetivos tais programas, de não contribuir, assim, para fornecer concreto conteúdo àquelas 'finalidades e princípios': o que eles podem fazer controlando e exigindo o cumprimento do dever do estado de intervir ativamente na esfera social, um dever que, por ser prescrito legislativamente, cabe exatamente aos juízes fazer respeitar" (op. cit., 1993, p. 41-42).

[258] José Alcebíades de Oliveira Júnior, aduz que: "Em virtude desse quadro, é importante salientar que a consolidação dos direitos desses 'novos sujeitos de direito' e suas respectivas implantações efetivas, precisam estar vinculadas a uma visão sociológica e política do jurídico, assim como a uma visão juridicizante da política. Isto quer dizer que, por um lado, devemos enfrentar a tarefa de diagnóstico e conceituação desses novos direitos, quaisquer que sejam eles, e são muitos em função das transformações do Estado. Os do consumidor e do meio ambiente são exemplos notórios. E, por outro, abordar o fato de não ser suficiente o reconhecimento teórico (ou simplesmente legal) desses direitos, para que eles se tornem efetivos. Tal como expõe Bobbio, existem problemas inerentes às transformações do Estado que são de difícil consenso, um contínuo desentendimento entre liberais e socialistas, além da ameaça do renascimento de um neoliberalismo em sentido economicista (liberalista). Tudo isso torna difícil a prática dos direitos sociais e transindividuais, que requerem necessariamente uma intervenção ativa do Estado, que não é requerida pela proteção dos direitos de liberdade, produzindo aquela organização dos serviços públicos de onde nasceu até mesmo uma nova forma de Estado, o Estado social" (op. cit., 1997, p. 195).

[259] Para BARROSO, Luís Roberto. Dez anos da Constituição de 1988 (foi bom pra você também?). In: SARLET, Ingo Wolfgang (Org.). *O direito público em tempos de crise:* estudos em

efetiva, e esta é a tarefa de todos nós, principalmente em razão das graves carências de nosso povo.

Para Bobbio, por fim, e no que pode ser resumida toda a questão que envolve os direitos humanos no Estado Democrático de Direito, "O problema fundamental em relação aos direitos do homem, hoje, não é tanto o de *justificá-los*, mas o de *protegê-los*. Trata-se de um problema não filosófico, mas político",[260] eis que

> Não se trata de saber quais e quantos são esses direitos, qual é sua natureza e seu fundamento, se são direitos naturais ou histórico, absolutos ou relativos, mas sim qual é o modo mais seguro para garanti-los, para impedir que, apesar das solenes declarações, eles sejam continuamente violados.[261]

Logo, é imprescindível a mudança de postura de todos os operadores jurídicos, a fim de efetivar os direitos fundamentais, em especial os direitos sociais, que, "como se sabe, são mais difíceis de proteger do que os direitos de liberdade".[262] E isto cabe, prioritariamente ao Estado,[263] através e principalmente do Poder Judiciário e da instituição do Ministério Público, nos termos das disposições constitucionais.

Mas o Ministério Público brasileiro, que foi elevado à categoria de função essencial à Justiça, de caráter permanente e cuja atribuição

---

homenagem a Ruy Ruben Ruschel. Porto Alegre: Livraria do Advogado, 1999: "Ao longo da história brasileira, sobretudo nos períodos ditatoriais, reservou-se ao direito constitucional um papel menor, marginal. Nele buscou-se não o caminho, mas o desvio; não a verdade, mas o disfarce. A Constituição de 1988, com suas virtudes e imperfeições, teve o mérito de criar um ambiente propício à superação dessas patologias e à difusão de um sentimento constitucional, apto a inspirar uma atitude de acatamento e afeição em relação à Lei Maior. O último decênio é marcado pela preocupação, tanto do próprio constituinte como da doutrina e dos tribunais, com a efetividade do texto constitucional, isto é, com o seu real cumprimento com a concretização da norma no mundo dos fatos e na vida das pessoas. A patologia do autoritarismo, aliada a certas concepções doutrinárias retrógradas, haviam destituído outras constituições de sua força normativa, convertendo-as em um repositório de promessas vagas e exortações ao legislador infraconstitucional, sem aplicabilidade direta e imediata. A Constituição de 1988 teve o mérito elevado de romper com este imobilismo. Embora ainda existam disposições inoperantes, o Texto em vigor, tanto quanto carta de direitos quanto como instrumento de governo, é uma realidade viva na prática dos cidadãos e dos Poderes Públicos. Uma Constituição não é só técnica. Tem de haver, por trás dela, a capacidade de simbolizar conquistas e de mobilizar o imaginário das pessoas pata novos avanços. O Surgimento de um sentimento constitucional no País é algo que merece ser celebrado. Trata-se de um sentimento ainda tímido, mas real e sincero, de maior respeito e até um certo carinho pela Lei Maior, a despeito da volubilidade de seu texto. É um grande progresso. Superamos a crônica indiferença que, historicamente, se manteve em relação à Constituição. E para os que sabem, é a indiferença, não o ódio, o contrário do amor" (p. 216-217).

[260] BOBBIO, Norberto, op. cit., 1992a, p. 24.
[261] Idem, p. 25.
[262] Idem, p. 63.
[263] Norberto Bobbio, bem demonstra que é somente no interior de um Estado de Direito que os direitos fundamentais poderão ser protegidos (op. cit., 1992a, p. 63).

constitucional, consoante o artigo 127, *caput*, da Lei Maior, é a defesa da ordem jurídica, do regime democrático e dos interesses sociais e individuais indisponíveis, está adaptado e funcionando consoante os ditames constitucionais, fazendo cumprir os direitos difusos e coletivos? E qual é, afinal, a natureza constitucional do Ministério Público brasileiro? O que é e qual a sua importância no cenário público brasileiro?

São questões que merecem uma análise aprofundada e criteriosa, justamente o objetivo principal de todo este estudo.

Assim, situada a problemática do Estado Democrático de Direito, dos direitos humanos e do constitucionalismo, especialmente no Brasil, cabe, agora, através desta nova mentalidade que devem possuir os operadores jurídicos, e em face da importância da mudança de paradigma na concepção do Estado e do Direito até aqui explanadas, a análise da instituição do Ministério Público brasileiro, como ele enquadra-se no sistema constitucional e como pode (e deve) atuar frente a todas estas questões.

Dessa forma, está completo o primeiro objetivo deste estudo. Agora, procurar-se-á estudar a instituição do Ministério Público no Estado Democrático brasileiro, iniciando-se pelo estudo das origens desta instituição na história da humanidade, e, após, na história brasileira, os próximos e imediatos objetivos.

7. A evolução do Ministério Público na história da civilização

Não foi sem razão que nos primeiros seis capítulos procurou-se demonstrar as transformações da sociedade, do Estado e do Direito na história moderna e contemporânea. Isto foi feito para possibilitar o estudo do Ministério Público no âmbito do Estado Democrático de Direto brasileiro, assim definido pela nossa atual Constituição Federal de 1988.

Demonstrou-se, em verdade, a importância do constitucionalismo, como forma de garantir os direitos fundamentais e a democracia, justamente as características principais do Estado Democrático de Direito que possuímos (ou pretendemos instalar) em nosso país e que é a tônica nos países mais desenvolvidos do mundo.

Demonstrou-se a importância dos direitos fundamentais, devidamente garantidos constitucionalmente, para viabilizar a dignidade do ser humano, na busca de uma sociedade mais justa e fraterna, objetivo do Estado Democrático de Direito. E, neste sentido, mostrou-se a importância, hoje, dos direitos coletivos e difusos, que abrangem os interesses de uma coletividade e mesmo de toda a sociedade, e que impõem a atuação estatal, ainda que muitas vezes, como se viu, sejam de difícil aplicação e concretização, fazendo com que sejam esquecidos e inefetivados, com grave prejuízo à comunidade e às classes menos favorecidas economicamente.

Demonstrou-se, ainda, a importância do princípio democrático para possibilitar a efetiva participação do povo na atuação estatal, ao assegurar os direitos fundamentais contra os abusos de quem quer que seja, mesmo do próprio Estado, e concretizar, assim, uma vida mais justa e digna, numa sociedade pluralista e democrática.

Demonstrou-se, mais ainda, que neste Estado Democrático de Direito é o Poder Judiciário que passa a ser o guardião dos direitos fundamentais e da democracia, bem como do próprio constitucionalismo, e, logo, um Poder de importância fundamental para as pretensões de uma sociedade mais igualitária e solidária.

Por fim, demonstrou-se que todos nós, operadores jurídicos, devemos mudar nossa forma de concepção de mundo, compreendendo a significação exata da noção de Estado Democrático de Direito, direitos fundamentais, democracia e constitucionalismo, na busca da concretização, assim, desta sociedade mais justa e fraterna, ultrapassando velhos padrões epistemológicos e antigas concepções jurídicas, não mais em sintonia com a realidade atual de nosso mundo e de nosso país.

Todavia, e aqui começa um novo tópico deste trabalho, a busca desta sociedade igualitária, onde os direitos fundamentais, especialmente os direitos de natureza social, sejam efetivados e a democracia seja respeitada, é, muitas vezes, de difícil realização, ainda mais numa sociedade carente e desigualitária como a nossa, onde grande parte da população vive em condições de miséria, e o Estado ainda é em grande parte omisso.

Ora, como já se analisou, e aqui cabe uma pequena digressão, que é da máxima importância, o Estado Democrático de Direito ultrapassa a questão da igualdade formal, que, no Estado de Direito Liberal, era reduzido à fórmula de que "todos são iguais perante a lei".

Esta concepção da igualdade era própria do discurso liberal, surgida a partir das idéias de Locke, Montesquieu e Rousseau, para limitar e controlar o poder do Estado, que deveria se pautar na legalidade e no respeito aos direitos fundamentais de liberdade.[264] Os direitos de liberdade negativa valiam para o homem abstrato, ou seja, o homem visto pela concepção contratualista, que idealizava o homem como ser livre e igual, sem necessidade de qualquer intervenção estatal.

Com as transformações sociais, a partir das mazelas da sociedade de massa, e o surgimento dos direitos sociais, que nada mais eram do que a forma de trazer um pouco de dignidade ao homem, esmagado por uma sociedade desigual, há o alargamento do próprio conceito de sujeito de direito, que passa a abranger, além do indivíduo, as entidades de classe, as organizações sindicais, os grupos vulneráveis e a própria humanidade. O homem passa a ser considerado como pessoa real, localizada numa sociedade desigual.[265]

---

[264] Neste sentido, PIOVESAN, Flávia; PIOVESAN, Luciana; SATO, Priscila Kei. Implementação do direito à igualdade. *Cadernos de Direito Constitucional e Ciência Política*, São Paulo, v. 21, s.d., explicam que: "Era neste cenário que se introduzia a concepção formal de igualdade, como um dos elementos a demarcar o Estado de Direito Liberal. Todavia, como já ressaltado, não era previsto qualquer direito de natureza social e nem mesmo se pensava no valor da igualdade sob a perspectiva material e substantiva" (p. 140).

[265] Flávia Piovesan, Luciana Piovesan e Priscila Kei Sato, esclarecem que: "Esse processo implicou ainda a especificação do sujeito de direito, tendo em vista que, ao lado do sujeito genérico e abstrato, delineia-se o sujeito de direito concreto, visto em sua especificidade e na

Assim, consolida-se, gradativamente, um aparato normativo para a proteção às pessoas ou grupo de pessoas particularmente vulneráveis, que merecem uma proteção especial, reconhecendo-se as diferenças sociais e a necessidade de atuação do Estado para reduzir tais diferenças.

A igualdade, buscada pelo Estado, passa a ser a igualdade material ou substancial (e não mais a meramente formal), ou seja, a busca de uma vida digna e humana para todos, através de educação, saúde, moradia, lazer, cultura, etc., e que pode-se resumir no combate à discriminação e na promoção da igualdade,[266] através de ações afirmativas do Estado, no sentido de políticas compensatórias adotadas para aliviar e remediar as desigualdades sociais.[267]

No caso brasileiro, que nos interessa sobremaneira, a Constituição Federal de 1988 estabeleceu importantes dispositivos que demarcam a busca da igualdade material, que transcende a igualdade formal, ao determinar que, entre outros, os fundamentos do Estado são a cidadania, a dignidade da pessoa humana e os valores sociais do trabalho, consoante o artigo 1º, incisos II, III e IV, sendo que constituem objetivos fundamentais da República construir uma sociedade livre, justa e solidária, além de erradicar a pobreza e a marginalização, com redução das desigualdades sociais, e promover o bem de todos, sem preconceitos de origem, raça, sexo, cor, idade e quaisquer outras formas de discriminação, nos termos do art. 3º, incisos I, III e IV.[268]

---

concreticidade de suas diversas relações. Isto é, de ente abstrato, genérico, destituído de cor, sexo, idade, classe social, dentre outros critérios, emerge o sujeito de direito concreto, historicamente situado, com especificidades e particularidades. Daí apontar-se não mais ao indivíduo genérica e abstratamente considerado, mas ao indivíduo 'especificado', considerando-se categorizações relativas ao gênero, idade, etnia, raça etc." (op. cit., s.d., p. 140).

[266] Para José Joaquim Gomes Canotilho: "Em fórmula sintética, dir-se-á que o princípio da igualdade é, simultaneamente, um princípio de igualdade de Estado de direito (*rechtsstaatliche Chancengleichheit*) e um princípio de igualdade de democracia econômica e social (*sozialstaatliche Chancengleichheit*)" (op. cit., 1999, p. 338). Para o autor: "Esta igualdade conexiona-se, por um lado, com uma política de 'justiça social' e com a concretização das imposições constitucionais tendentes à efectivação dos direitos econômicos, sociais e culturais. Por outro lado, ela é inerente à própria ideia de *igual dignidade social* (e de igual dignidade da pessoa humana) consagrada no art. 13º/2 que, deste modo, funciona não apenas com fundamento antropológico-axiológico contra *discriminações*, objetivas ou subjectivas, mas também como princípio jurídico-constitucional impositivo de compensação de desigualdade de oportunidades e como princípio sancionador da violação da igualdade por comportamentos omissivos (inconstitucionalidade por omissão" (op. cit., 1999, p. 403).

[267] Neste sentido, PIOVESAN, Flávia; PIOVESAN, Luciana; SATO, Priscila Kei, op. cit., s.d., p. 143-145.

[268] José Afonso da Silva, aduz que: "A previsão, ainda que programática, de que a República Federativa do Brasil tem como um de seus objetivos fundamentais reduzir as desigualdades sociais e regionais (art. 3º, III), a veemente repulsa a qualquer forma de discriminação (art. 3º, IV), a universalidade da seguridade social, a garantia ao direito à saúde, à educação baseada

Mas como efetivar esta igualdade material? Como preservar a democracia? Como garantir e efetivar os direitos fundamentais, especialmente os de caráter coletivo ou difuso?

São tarefas que cabem ao Estado, em especial ao Poder Judiciário, como "guardião supremo da efetividade das normas constitucionais",[269] pois "todos os direitos assegurados constitucionalmente são suscetíveis de tutela jurisdicional",[270] tanto os clássicos direitos subjetivos, que são aqueles referíveis a titular determinado, como os interesses difusos, que são aqueles desfrutados por número indeterminado de pessoas.[271]

Logo, o acesso à Justiça ganha grande relevância no Estado Democrático de Direito, ainda mais que os direitos sociais precisam da tutela judicial.

A dificuldade está, porém, na maioria das vezes, em como buscar a tutela judicial frente aos novos direitos coletivos e difusos, eis que,

> por um lado, envolvem esforços para apoiar os cidadãos contra os governos, os consumidores contra os comerciantes, o povo contra os poluidores, os locatários contra os locadores, os operários contra os patrões (e os sindicatos); por outro lado, o interesse econômico de qualquer indivíduo – como ator ou réu – será provavelmente pequeno. É evidente uma tarefa difícil transformar esses direitos novos e muito importantes – para todas as sociedades modernas – em vantagens concretas para as pessoas comuns. Supondo que haja vontade política de mobilizar os indivíduos para fazerem valer seus direitos – ou seja, supondo que esses direitos sejam para valer – coloca-se a questão fundamental de como fazê-lo.[272]

Por tudo isto, parece fundamental analisar a natureza constitucional e a importância do Ministério Público brasileiro frente a todas estas questões, eis que, como função essencial à Justiça, recebeu a tarefa constitucional de, justamente, defender a ordem jurídica e o regime democrático e, especialmente, os direitos sociais e indivi-

---

em princípios democráticos e de igualdade de condições para o acesso e permanência na escola, enfim a preocupação com a justiça social como objetivo das ordens econômica e social (arts. 170, 193, 196 e 205) constituem reais promessas de busca da igualdade material)" (op. cit., 1992, p. 194).

[269] BARROSO, Luís Roberto. Proteção do meio ambiente na Constituição brasileira. *Revista Trimestral de Direito Público*, São Paulo, v. 2, s.d., p. 81.

[270] Id., ib., p. 81.

[271] Para CAPPELLETTI, Mauro; GARTH, Bryant. *Acesso à Justiça*. Trad. de Ellen Gracie Northfleet. Porto Alegre: Sergio Antonio Fabris Editor, 1998: "Interesses 'difusos' são interesses fragmentados ou coletivos, tais como o direito ao meio ambiente saudável, ou à proteção do consumidor. O problema básico que eles apresentam – a razão de sua natureza difusa – é que, ou ninguém tem direito a corrigir a lesão a um interesse coletivo, ou o prêmio para qualquer indivíduo buscar essa correção é pequeno demais para induzi-lo a tentar uma ação" (p. 26).

[272] Id., ib., p. 28-29.

duais indisponíveis, consoante o artigo 127, *caput*, da Carta Magna de 1988, participando, assim, da efetivação da igualdade substancial, da democracia e dos direitos fundamentais, de tão grande importância para nossa sociedade, levando a Justiça à sociedade como um todo e aos menos favorecidos socialmente.[273]

Mas o que é exatamente o Ministério Público?[274] Qual sua natureza constitucional? Qual a sua real importância para o Estado Democrático de Direito brasileiro?

Em princípio, não há consenso na conceituação e natureza jurídico-constitucional do Ministério Público,[275] eis que:

---

[273] Neste sentido, Celso Ribeiro Bastos, explica que: "O Ministério Público tem a sua razão de ser na necessidade de ativar o Poder Judiciário em pontos em que este remanesceria inerte, porque o interesse agredido não diz respeito a pessoas determinadas, mas a toda a coletividade. Mesmo com relação aos indivíduos, é notório o fato de que a ordem jurídica por vezes lhe confere direitos dos quais não podem dispor. Surge daí a clara necessidade de um órgão que zele tanto pelos interesses da coletividade quanto pelos dos indivíduos, estes enquanto indisponíveis. Trata-se, portanto, de instituição voltada ao patrocínio desinteressado de interesses públicos, assim como de privados, quando merecerem um especial tratamento do ordenamento jurídico" (op. cit., 1994, p. 355).

[274] A origem da expressão "Ministério Público" é bem explicada MAZZILLI, Hugo Nigro. *Manual do promotor de justiça*. 2 ed. São Paulo: Saraiva, 1991a: "Num sentido genérico, referindo-se a todos os que, de qualquer forma, exercitam uma função pública, a expressão 'ministério público' já se encontrava em textos romanos clássicos. No sentido, porém, de referir-se à instituição de que ora nos ocupamos, segundo levantamento feito por Mario Vellani, a expressão 'ministère public' passou a ser usada com freqüência nos provimentos legislativos do século XVIII, ora designando as funções próprias daquele ofício público, ora referindo-se a um magistrado específico, incumbido do poder-dever de exercitá-lo, ora, enfim, dizendo respeito ao ofício. Em algumas cartas de 1730 e 1736, do chanceler francês, recolheu o jurista peninsular algumas frases em que a expressão é usada, sem que se possa supor sua novidade: '... lorsque le besoin de ministère public...'; '... ceux qui excercent le ministère public... en honorant le ministère des gens du roi...'. A expressão passou, posteriormente, a freqüentar assiduamente ordenanças e éditos (1765, 1777, 1788 etc.). Parece-nos correta a suposição de Vellani no sentido de que a expressão nasceu 'quase inadvertidamente, na prática', quando os procuradores e advogados do rei falavam de seu próprio mister ou ministério, e a este vocábulo se uniu, 'quase por força natural', o adjetivo 'público', para designar os interesses públicos que os procuradores e advogados do rei deveriam defender. Daí, a expressão passou, traduzida, para os outros Estados, sendo que, no Brasil, o primeiro texto levantado por Abdon de Mello e ratificado por José Henrique Pierangelli, no qual se identifica o uso da expressão 'Ministério Público', consiste no art. 18 do Regimento das Relações do Império, baixado em 2 de maio de 1847. Não deixa de ser interessante anotar que, na sua etimologia, a palavra 'ministério' se prende ao vocábulo latino *manus* e aos derivados *ministrar, ministro, administrar* – daí a ligação inicial aos agentes do rei (*les gens du roi*), pois seriam a *mão do rei* (hoje, certamente, para manter a metáfora, a *mão da lei*)" (p. 3-4).

[275] Para BASTOS, Celso Ribeiro. Das funções essenciais à Justiça – do Ministério Público. In: BASTOS, Celso Ribeiro, MARTINS, Ives Gandra da Silva. *Comentários à Constituição do Brasil:* promulgada em 5 de Outubro de 1998, São Paulo: Saraiva, 1988, v. 4, t. 4: "Sua função é de natureza administrativa. Já no que toca à sua inserção orgânica, a questão não é tão simples. Tem, na verdade, variado nas nossas Constituições, ora parecendo como integrado aos Poder Judiciário, ora ao Poder Executivo, não sendo poucos os que nele vêem um quarto poder, o que é, sem dúvida, uma demasia. O que parece, contudo, infalível é que o grau da sua autonomia e prerrogativas tem características de um autêntico Poder" (p. 2).

Determinados autores pensam que o Ministério Público é um órgão de defesa da sociedade, como Esmein, Duguit e Hauriou. É uma magistratura de pé. Assim também pensa entre nós Carlos Maximiliano, quando declara: "O Ministério Público adquiriu, com a evolução social, considerável importância: em vez de ser um simples prolongamento do Executivo no seio dos tribunais, tornou-se a chamada – magistratura de pé. Não acusa sistematicamente; é órgão do Estado; mas também da sociedade e da lei. Em casos de evidente, incontrastável justiça da causa do litigante particular ou de acusado, o representante do Ministério Público, em vez de o hostilizar, acorre em seu apoio". Outros autores, como Philips, Goodnow e Ranelleti, pretendem que o Ministério Público é simples agente do Poder Executivo; autores italianos aludem ao mesmo como uma mera *avocatura dello stato*, presumindo que o interesse do Estado é sempre o da sociedade.[276]

Há autores que, por nítida aversão à Instituição em comento, chegam a classificá-la como um mero órgão auxiliar do Poder Judiciário,[277] não se dando conta, ao que parece, da relevância constitucional nela depositada e das transformações do Estado e do Direito já tão analisadas em capítulos anteriores.

Assim, tais questões, até hoje não bem-respondidas, mas de importância vital para nossa sociedade, em face da concepção de Estado Democrático de Direito, devem ser esclarecidas. É preciso, pois, ser a instituição do Ministério Público analisada a partir da teoria constitucional e das novas concepções surgidas com o Estado Democrático de Direito, em especial no caso brasileiro, eis a relevância que a Constituição Federal de 1988 deu ao órgão.

Parece claro, porém, que a instituição do Ministério Público brasileiro recebeu tratamento especial e específico na Carta Constitucional de 1988, distinguindo-se, de forma absolutamente diversa, dos chamados Três Poderes e dos Ministérios Públicos alienígenas.

Antes, porém, de analisar o Ministério Público brasileiro, é necessária uma breve digressão no estudo da instituição na história da civilização humana, o que agora se fará.

Embora seja controvertida a sua origem, assinala-se que os primeiros vestígios da instituição foram encontrados na figura do *magiaí*, funcionário real do Egito, há quatro mil anos, que era a língua e os olhos do rei, com a função de castigar os rebeldes, reprimir os violentos e proteger os cidadãos pacíficos, além de acolher os pedidos dos homens justos e verdadeiros, perseguindo os malvados e mentirosos, bem como, ainda, ser o marido da viúva e o pai do órfão,

---

[276] Ferreira, Pinto. *Curso de direito constitucional*. 8 ed. São Paulo: Saraiva, 1996, p. 446-447.

[277] Neste sentido, MARTINS, Ives Gandra da Silva, O princípio da separação dos poderes – a autonomia dos legislativos municipais – limites da competência do Ministério Público – preservação ambiental – exercício do poder de polícia e concessões. *Revista dos Tribunais*, São Paulo, v. 751, maio 1998, p. 109.

fazendo ouvir as palavras da acusação e indicando as disposições legais aplicáveis ao caso, e tomando parte nas instruções para descobrir a verdade.[278]

Também se buscam na Antiguidade clássica[279] os traços iniciais da instituição, "ora nos *éforos* de Esparta, ora nos *thesmotetis* ou *tesmótetas* gregos, ora nas figuras romanas do *advocatus fisci*, do *defensor civitatis*, do *irenarcha*, dos *curiosi*, *stationarii* e *frumentarii*, dos *procuratores caesaris*".[280]

Na Idade Média, também encontramos alguns traços históricos do Ministério Público,

> ... nos *saions germânicos*, ou nos *bailios* e *senescais*, encarregados de defender os senhores feudais em juízo, ou nos *missi dominici*, ou nos *gastaldi* do direito longobardo, ou, ainda, nos *Gemeiner Anklager* (literalmente "comum acusador") da Alemanha, encarregado de exercer a acusação, quando o particular permanecia inerte.[281]

Refere-se, ainda, o direito canônico, no *vindex religionis*, como elo de ligação com as raízes do Ministério Público.[282]

Em Portugal, sob o reinado de Afonso III, em 1289, existiu a figura do procurador da Coroa. Da mesma forma, em 1387, o Rei Don Juan I criou "El Ministerio Fiscal", que guardava certa semelhança com o Ministério Público atual.[283] É importante observar, ainda, que estas figuras faziam parte da magistratura portuguesa, consoante o primeiro procurador-geral da Coroa e Fazenda de Portugal, Dr. João Baptista Ferrão de Carvalho Mártens, em relatório encaminhado ao governo lusitano, publicado no Diário do Governo, 175, de 07 de agosto de 1871, republicado pelo Boletim do Ministério

---

[278] Cf. LYRA, Roberto. *Teoria e prática da promotoria pública*. Porto Alegre: Sergio Antonio Fabris Editor, 1989, p. 17; e Mazzilli, Hugo Nigro. *O Ministério Público na Constituição de 1988*. São Paulo: Saraiva, 1989, p. 2.

[279] Neste sentido, Roberto Lyra, esclarece que: "Os gregos e os romanos não conheceram, propriamente, a instituição do Ministério Público. Os procuradores de Cesar, mordomos qualificados, defendiam o patrimônio do príncipe, perante juízes afeiçoados. Os procuradores de Augusto, distintos, embora, dos advogados do fisco, zelavam, também, pela pecúnia imperial. Ao povo, quando não ao ofendido – *cuilibet ex populo* – competia a iniciativa do procedimento penal e os acusadores eram um Cesar, um Cícero, um Hortência, um Catão, que, movidos pelas paixões ou pelos interesses, abriam caminho à sagração popular em torneios de eloqüência facciosa. A técnica da função confundia-se com a arte de conquistas prosélitos pela palavra. Por sua vez, os oradores atenienses, constituídos em 'magistratura voluntária', conferiam ao debate judiciário o mesmo caráter de pugilato intelectual, com o trágico poder de arrastar os acusados à proscrição e ao extermínio. O juramento de acusar de 'boa fé e no interesse público' não infundia reservas reais até na prerrogativa de formar a culpa" (op. cit., 1989, p. 17-18).

[280] MAZZILLI, Hugo Nigro, op. cit., 1989, p. 2.

[281] Id., ib.

[282] Cf. MAZZILLI, Hugo Nigro, id., ib.

[283] Cf. MORAES, Alexandre de, op. cit., 1999, p. 451.

da Justiça de Portugal, 233, p. 5-34, de fevereiro de 1974, sob a denominação "O Ministério Público e a Procuradoria-Geral da Coroa e Fazenda. História, natureza e fins",[284] base do ordenamento jurídico brasileiro.

Mas é na França que se encontra a origem mais aceita do Ministério Público, mais especificamente na "Ordenança de 25 de março de 1302, de Felipe IV, o Belo, rei da França, que impôs aos seus procuradores, antes de tudo, prestassem o mesmo juramento dos juízes, vedando-lhes patrocinarem outros que não o rei",[285] incumbindo-lhes, pois, a defesa judicial dos interesses do soberano (por isso chamados *les gens du roi*).[286]

É claro que houve um lento e nem sempre progressivo processo de institucionalização do Ministério Público, fruto, com certeza, das transformações da sociedade, do Estado e do Direito, já analisadas, que lhe deram o atual perfil.[287]

Assim, a Ordenança de 1670, na França, ampliou o campo de atuação do Ministério Público, lançando as bases do processo público acusatório. As leis de 1791, a lei de 7 Pluvioso ano IX, e, finalmente o Código de Instrução Criminal, consagraram as novas tendências, que repercutiram na Áustria, na Alemanha, em Portugal, etc.[288]

E com a projeção individualista da Revolução Francesa é que o Ministério Público assume o papel de defensor da sociedade.[289]

Em realidade, e o que não foi bem-entendido por muitos, sendo de importância vital para a feição da instituição, é que, na história da civilização humana, o Ministério Público "só passa a ganhar uma feição algo parecida com a de hoje a partir das transformações ocorridas no fim do século XVIII, com a implantação da democracia e a adoção do Estado de Direito",[290] ou seja, é a partir da derrubada do absolutismo e da implantação dos primeiros modelos de Estado de Direito liberal, com as primeiras experiências práticas das idéias iluministas, da igualdade dos homens em direitos e deveres, dos direitos e garantias individuais do cidadão, da proteção jurisdicional

---

[284] Cf. PIERANGELI, José Henrique. *Escritos jurídico-penais*. 2 ed. São Paulo: Revista dos Tribunais, 1999, p. 319.

[285] MAZZILLI, Hugo Nigro, op. cit., 1989, p. 3.

[286] Cf. GOMES, Maurício Augusto. Ministério Público na Constituição de 1988 – breves anotações. *Justitia*, São Paulo, v. 51, n. 145, jan./mar. 1989, p. 64.

[287] Neste sentido, Alexandre de Moraes, explica que, com o desenvolvimento do processo acusatório, os procuradores dos reis passaram a ser verdadeiros representantes dos interesses sociais, e não mais representantes dos interesses privados dos monarcas ante os Tribunais (op. cit., 1999, p. 451).

[288] Cf. LYRA, Roberto, op. cit., 1989, p. 20.

[289] Id., ib.

[290] BASTOS, Celso Ribeiro, op. cit., 1988, p. 2.

dos direitos e da separação dos poderes, que o Ministério Público tem sua atuação dirigida à defesa dos interesses da sociedade, razão pela qual diz-se que o "Ministério Público é filho da Democracia clássica e do Estado de Direito".[291]

O Estado, que era até então, totalitário e arbitrário, viu-se forçado a submeter-se à lei, principalmente a mais graduada delas, a Constituição:

> Foi nesse momento, também, que os cidadãos, escarmentados da prepotência do estado absolutista, sujeitando-se todos os súditos aos caprichos do monarca ("L'Etat c'est moi...") impuseram o princípio da separação dos poderes, inspirado na célebre fórmula de Montesquieu. Instituía-se o sistema de freios e contrapesos: quem legisla, não administra, nem julga; quem administra, não legisla, nem julga; quem julga, não administra, nem legisla; e como quem julga manifesta-se por último, não pode julgar de ofício; há que ser provocado pelo interessado. Aqui estão as raízes do Ministério Público![292]

Assim, é com a República e as instituições políticas modernas, surgidas com o ideal liberal, que o Ministério Público encontra sua vocação histórica. Com a república, a soberania desloca-se da figura real para, pelo menos formalmente, o povo, ser em nome desse exercido.[293] Portanto, a instituição do Ministério Público surge com o ideal de liberdade, caminhando, aos poucos, com a transformação da sociedade, principalmente no século XX, na direção da titularidade dos interesses sociais, gerais e difusos, no Estado Democrático de Direito.

A instituição do Ministério Público, portanto, repete-se, é filha da democracia e do Estado de Direito,[294] o que não pode ser esque-

---

[291] FRONTINI, Paulo Salvador *apud* GOMES, Maurício Augusto, op. cit., 1989, p. 65.
[292] FRONTINI, Paulo Salvador *apud* BALTAZAR, José Paulo; VASCONCELOS, Sara Schütz de. O Ministério Público na Constituição Federal de 1988. *Revista do Ministério Público*, Porto Alegre, v. 1, n. 22, 1989, p. 12.
[293] Neste sentido, explica Carlos Alberto de Salles. Entre a razão e a utopia: a formação histórica do Ministério Público. In: VIGLIAR, José Marcelo Menezes, MACEDO JÚNIOR, Ronaldo Porto (Org.). *Ministério Público II*: democracia. São Paulo: Atlas, 1999, que: "... verificar-se-á que o surgimento do Ministério Público está ligado ao processo de diferenciação de funções estatais, característico da formação do Estado moderno. Os poderes, antes concentrados na pessoa do soberano, passam a ser exercidos por vários órgãos do aparato estatal. Desenvolve-se uma diferenciação de funções estatais e a formação de uma burocracia direcionada ao exercício de parcelas daquelas atribuições agora exercidas pelos vários órgãos do Estado. Nesse processo, as atividades relativas à aplicação do direito passam a ser exercidas por profissionais especialmente treinados para essas funções (advogados, juízes, promotores de justiça etc.). Essa crescente profissionalização das funções jurídicas seguia um imperativo lógico, a partir do qual, a bem da calculabilidade e da certeza jurídica, a aplicação do direito se dava nos termos de um modelo formal racional, no qual o operador do direito realiza uma operação objetiva, estabelecendo a relação entre fato e norma" (p. 37-38).
[294] Para Pinto Ferreira: "Vê-se destarte a diferença entre a ação do Poder Público na idade presente através do chamado Ministério Público, contrastando com a ação dos delatores na

cido, de importância primordial para a conceituação desta instituição.

As transformações ocorridas no Estado, porém, trarão uma nova concepção da instituição, eis que, além de ser objeto de salvaguarda dos direitos de liberdade, será, principalmente no Brasil, instrumento de proteção dos direitos coletivos e difusos, um verdadeiro guardião da sociedade.[295]

Importante, agora, para um melhor panorama da instituição, o estudo das origens do Ministério Público brasileiro e seu desenvolvimento constitucional em nosso país.

---

antigüidade clássica. A democracia assim amparou a sua própria existência, agindo com o Ministério Público em benefício do Estado e da sociedade" (op. cit., 1996, p. 446).

[295] Para Carlos Alberto de Salles: "O Ministério Público vai conhecer problemas com seu papel e identidade a partir de mudanças sofridas pelo próprio direito na sociedade contemporânea e significativas de um crescente afastamento do modelo legal racional que lhe servia de base. São essas mudanças que impõem à instituição o desafio de se conhecer e de se reconstruir a partir de uma nova realidade jurídica e social" (op. cit., 1999, p. 39-40).

8. O Ministério Público brasileiro: suas origens e seu desenvolvimento constitucional

Após analisadas as origens do Ministério Público na história da civilização humana, é preciso, agora, analisar as origens e o desenvolvimento constitucional do *Parquet*[296] brasileiro, eis que este, e nem poderia ser diferente, possui características próprias, diversas dos Ministérios Públicos alienígenas, típicas de nossa história e de nossa sociedade, embora sem perder o traço comum que une todas as instituições, ou seja, a origem democrática e a correlação com o Estado de Direito.

As origens do Ministério Público brasileiro estão no velho direito lusitano, em especial nas Ordenações Afonsinas, de 1447, que, no Título VIII, cuidava "Do procurador dos nossos feitos", e no Título XIII, "Dos procuradores, e dos que nom podem fazer procuradores"; nas Ordenações Manuelinas, de 1514, que cuidava, no Livro I, Título XI, "Do procurador dos nossos feitos" e, no Livro I, Título XII, do "Prometor de justiça da Casa da Sopricaçam"; e, ainda, nas Ordenações Filipinas, de 1603, onde, no Livro I, há títulos que cuidam do "procurador dos feitos da Coroa" (XII), do "procurador dos feitos da Fazenda" (XIII), do "promotor de justiça da Casa da Suplicação" (XV), e do "promotor de justiça da Casa do Porto" (XLIII).[297]

Há autores que buscam mais longe as origens lusitanas do Ministério Público brasileiro, ou seja, no reinado de Afonso III, ocasião em que, em 14 de janeiro de 1289, o cargo de procurador do rei assume o caráter de permanência, justamente na época em que, na

---

[296] A expressão *Parquet*, consoante explica Mazzilli, Hugo Nigro: "muito usada com referência ao Ministério Público, provém da tradição francesa, assim como 'magistratura de pé' e *les gens du roi*. Os procuradores do rei (daí *les gens du roi*), antes de adquirirem a condição de magistrados e de terem assento ao lado dos juízes, tiveram inicialmente assento sobre o assoalho (*parquet*) da sala de audiências, em vez de terem assento sobre o estrado, lado a lado à 'magistratura sentada" (op. cit., 1989, p. 52).

[297] Cf. MAZZILLI, Hugo Nigro, op. cit., 1989, p. 5-6.

Europa, se constituíam os tribunais regulares. O Ministério Público era, assim, parte da magistratura da época.[298]

Na fase do Brasil-Colônia, a justiça portuguesa foi implantada em nosso país pelo Alvará do Rei Felipe III, em 7 de março de 1609, que criou um tribunal na cidade de Salvador, com a denominação de "Relação do Brasil", junto à qual o procurador da Coroa e da Fazenda tinha função de promotor de justiça.[299]

Com a vinda da Família Real para o Brasil, D. João VI, então príncipe regente, por Alvará de 22 de abril de 1808, criou o Tribunal da Mesa do Desembargo do Paço e de Chancelaria e Ordens, bem como um cargo de promotor, exercido por um magistrado, nomeado pelo regente.[300]

---

[298] José Henrique Pierangeli, como já foi referido no capítulo anterior, traz importante relato sobre o Ministério Público no direito lusitano: "O primeiro procurador geral da Coroa e Fazenda de Portugal, Dr. João Baptista Ferrão de Carvalho Mártens, encaminhou ao governo lusitano um relatório que foi publicado no *Diário do Governo*, 175, de 07 de agosto 1871. Esse relatório, considerado importante pelos juristas portugueses, foi republicado pelo *Boletim do Ministério da Justiça de Portugal*, 233, p. 5-34, de fevereiro de 1974, sob a denominação *O Ministério Público e a Procuradoria Geral da Coroa e Fazenda. História, natureza e fins*. Nesse relatório, pouco conhecido no Brasil, senão totalmente ignorado, o seu autor traça, de maneira extraordinariamente clara, o perfil do desenvolvimento histórico do Ministério Público de Portugal, afirmando, logo no início, que o Direito visigótico, que vigorou por muitos anos no seu país, fixou ser a Coroa o centro do poder, pois o rei e o Estado 'confundiam-se em relação ao domínio e o patrimônio real passava, assim, integralmente, de rei a rei', razão pela qual, ao contrário do particular, não dispunha o soberano, livremente, dos bens que lhe eram entregues, na condição de supremo administrador. Para a salvaguarda deste sentido, criou-se na legislação lusitana *as magistraturas de procurador da coroa e de procurador da fazenda*, incumbindo-lhes as funções de, em nome, no interesse e na defesa da sociedade representada na Coroa, 'promoverem em prol dos interesses e dos direitos do Estado, e consultarem nos muitos e variados *assumptos* da administração que lhes era submetidos' (os grifos são nossos). Esse relatório oficial lembra, ainda, que mais tarde foram criados os juízos privativos da Coroa e da Fazenda e que 'aos fiscaes privativos, que faziam parte dessa magistratura, cumpria em todos intender, aconselhar e promover conforme as leis'. Refere, ainda, esse relatório que, em 14 de janeiro de 1289, sob o reinado de Afonso III, o cargo de procurador do rei assume um caráter de permanência, justamente na época em que os tribunais regulares começaram a ser organizados na Europa. 'Conjuntamente com esses tribunais é que se formou a instituição do Ministério Público'. A Magistratura portuguesa pouca, ou quase nenhuma, influência sofreu dos tribunais romanos, pois se criada com vista a uma nova ordem de relações e de necessidades. Isto deixou bem claro Pascoal de Melo Freire, induvidosamente um dos maiores juristas que a mãe-pátria produziu. A Corte da Suplicação e as Relações são candentes exemplos dessa assertiva. Em seu relatório, o Dr. João Baptista Ferrão de Carvalho Mártens esclarece ainda que com a criação da Magistratura do Ministério Público definiu-se, num lance posterior, as obrigações do procurador dos feitos do rei e do procurador de justiça. Por tais razões, prossegue ele, estes eram magistrados, razão pela qual 'eram chamados a suprir as faltas de alguns magistrados no tribunal, visto serem membros', quando, então, 'ordenava-se-lhes que vissem o fato como terceiro, salvo se for *em feito que elle ajudar ou vogar por nossa parte, ou da justiça*, ficando assim bem distinctas as duas ordens de funções de promover pelo rei e de promover pela justiça, da de julgar'. Portanto, ao assumir funções judicantes, o Magistrado do Ministério Público despia-se das prerrogativas de promover os interesses reais, que abrangiam os da justiça" (op. cit., 1999, p. 319-320).

[299] Cf. PIERANGELI, José Henrique, op. cit., 1999, p. 321.

[300] Id., ib.

Com a Proclamação da Independência, sobreveio a Constituição outorgada de 1824, que atribuiu ao procurador da Coroa e Soberania Nacional a acusação no juízo de crimes, ressalvando as hipóteses de iniciativa acusatória da Câmara dos Deputados.[301]

O Código de Processo Criminal do Império, de 1832, por sua vez, continha uma seção reservada aos promotores (arts. 36 a 38), com os primeiros requisitos para sua nomeação e o elenco das principais atribuições. Com a reforma de 1841 e com os respectivos regulamentos, a qualidade de "bacharel idôneo" passou a ser requisito da nomeação dos promotores públicos.[302]

O que se observa é que, tanto no Brasil-Colônia como no Brasil-Império, não se podia falar propriamente de uma instituição do Ministério Público, eis que não se previa uma organização, muito menos em qualquer garantia ou independência dos promotores públicos, sempre nomeados pelo Executivo.[303] A legislação ignorava a Instituição, como tal, pois só mencionava os seus agentes, isto é, os promotores públicos.

Mas, mais importante ainda, é a observação de que todo o seu evolver na história luso-brasileira, "o promotor de justiça nunca pôde ser identificado como procurador do rei, *les gens du roi*, como na França",[304] pois, ainda que fosse nomeado pelo Executivo, desempenhava funções de justiça.

Somente com a República, diante da vontade de Campos Salles, que era o Ministro da Justiça no Governo Provisório, o Ministério Público passou a ser tratado como instituição, pela primeira vez, no Decreto nº 848, de 11 de outubro de 1890,[305] o mesmo acontecendo no Decreto nº 1.030, de 14 de novembro de 1890.[306] Por este, funcionava o Ministério Público perante as justiças constituídas, de forma expressa, como

> o advogado da lei, o fiscal de sua execução, o procurador dos interesse gerais, o promotor da ação pública contra todas as violações do direito, o assistente dos sentenciados, dos alienados, dos asilados e dos mendigos, requerendo o que for a bem da justiça e dos deveres de humanidade.[307]

---

[301] Cf. MAZZILLI, Hugo Nigro, op. cit., 1989, p. 7.
[302] Idem, p. 7-8.
[303] Idem, p. 6.
[304] Cf. PIERANGELI, José Henrique, op. cit., 1999, p. 322.
[305] Na exposição de motivos do Decreto nº 848, de 11 de outubro de 1890, afirma-se: "O Ministério Público, instituição necessária em toda organização democrática e imposta pelas boas normas da justiça, à qual compete velar pela execução das leis, decretos e regulamentos que devam ser aplicados pela Justiça Federal e promover a ação pública onde ela convier".
[306] Cf. MAZZILLI, Hugo Nigro, op. cit., 1989, p. 8.
[307] LYRA, Roberto, op. cit., 1989, p. 23.

A primeira Constituição da República, de 24 de fevereiro de 1891, todavia, ainda não aludiu ao Ministério Público enquanto instituição, fazendo, somente, referência à escolha do Procurador-Geral da República pelo Presidente da República, dentre os ministros do Supremo Tribunal Federal (art. 58, § 2º), cuja disposição estava inserta na Seção "Do Poder Judiciário", e da iniciativa do Procurador-Geral da República de propor a revisão criminal em favor do réu (art. 81, § 1º).

Foi a Constituição de 1934, de natureza democrática, sob o modelo da Constituição de Weimar, a primeira a institucionalizar o Ministério Público, colocando-o no Capítulo VI (arts. 95 a 98), "Dos órgãos de cooperação nas atividades governamentais". Previu-se que lei federal organizaria o Ministério Público na União, no Distrito Federal e nos Territórios, e que leis locais organizariam o Ministério Público nos Estados (art. 95); cuidou-se da escolha do Procurador-geral da República, com aprovação pelo Senado e garantia de vencimentos iguais aos dos Ministros da Corte Suprema (art. 95, § 1º); fixaram-se as garantias dos membros da instituição (art. 95, § 3º); entre outras disposições.

Embora não de toda suficiente, a Constituição Federal de 1934 deu, pela primeira vez, devida importância ao Ministério Público, inclusive distinguindo a instituição do Poder Judiciário e, ao mesmo tempo, equiparando ambas as instituições "como dignidades fundamentalmente protegidas".[308] Assim, continuava a identidade de tratamento entre as duas instituições, e "a doutrina continuava a referir-se ao Ministério Público como *Magistratura* (Themístocles Brandão Cavalcanti); *alta magistratura*, a quem competia todos os feitos onde servisse, *dizer do direito; poder de justiça* (Alfredo Valadão)".[309]

Com a ditadura de Vargas, de inspiração fascista, a Carta Constitucional outorgada, de 10 de novembro de 1937, impôs severo retrocesso à instituição ministerial, pois apenas artigos esparsos se referiram à livre escolha e demissão do Procurador-Geral da República (art. 99), inserido dentro das disposições atinentes ao STF.

Todavia, a Constituição democrática de 18 de setembro de 1946 voltou a dar relevo à instituição do Ministério Público, conferindo-lhe título próprio, fora dos demais Poderes. Previu-se a organização do Ministério Público da União (art. 125) e dos Estados (art. 128), bem como a escolha do Procurador-Geral da República; entre tantas outras disposições.

---

[308] LYRA, Roberto, op. cit., 1989, p 28.

[309] PIERANGELI, José Henrique, op. cit., 1999, p. 322.

Neste período democrático, ocorreu o "I Congresso Interamericano do Ministério Público", em São Paulo, de 21 a 27 de novembro de 1954, e, dentre as conclusões aprovadas, a mais importante é a que recomendava a inserção do Ministério Público em títulos constitucionais como "órgão do Estado", rejeitando-se os velhos conceitos do promotor subordinado ao Executivo e ao Judiciário, eis que com função primordial de defensor da Constituição e baluarte das garantias dos indivíduos.[310]

Nova ruptura do ordenamento jurídico ocorreu a partir do golpe militar de 1964, sendo que em 24 de janeiro de 1967 promulgou-se nova Constituição, colocando o Ministério Público dentro do capítulo do Poder Judiciário, embora fossem mantidas, em linhas gerais, as regras anteriormente vigentes.

Após o novo golpe, a junta militar, sob a forma de "Emenda Constitucional nº 1", de 17 de outubro de 1969, decretou a Carta Constitucional de 1969, que colocou o Ministério Público dentro do capítulo do Poder Executivo. O chefe do Ministério Público da União recebeu amplas atribuições, eis que nomeado e demitido livremente pelo Presidente da República.

Mais tarde, a Emenda Constitucional nº 7, de 13 de abril de 1977, determinou, em seu art. 96, parágrafo único, a elaboração de Lei Complementar do Ministério Público.

Com a abertura democrática que se iniciava, sobreveio, finalmente, a Lei Orgânica Nacional do Ministério Público, com a Lei Complementar federal nº 40/81, que definiu um estatuto para o Ministério Público nacional, com suas principais atribuições, garantias e vedações. A Lei Complementar nº 40/81 deve ser comemorada como uma autêntica carta de alforria, que possibilitou o processo de libertação da Instituição e de seus agentes da conformação ideológica e da submissão funcional aos Poderes do Estado, que redundou na Constituição Federal de 1988.

Antes, ainda, em 1985, a Lei da Ação Civil Pública conferiu importante iniciativa ao *Parquet* na promoção de ações para a proteção de interesses difusos (meio ambiente, consumidor, bens e direitos de valor artístico, estético, histórico, turístico e paisagístico), consolidando a importância da instituição.

A Constituição de 1988, aproveitando os princípios e as regras assentadas pela Lei Complementar nº 40/81 e pela Lei da Ação Civil Pública, criou um novo e evoluído Ministério Público, fruto da democracia e de uma dupla face, a de resguardar direitos de liberdade

---

[310] Cf. In ACARATO, Márcio Antônio. O Ministério Público na ordem jurídica constitucional. *Justitia*, São Paulo, v. 66, jul./ago./set. 1969, p. 88-89.

(direitos fundamentais de primeira dimensão), tão agredidos pela ditadura militar, e, ao mesmo tempo, de projetar um futuro mais justo para uma sociedade tão carente, na promoção dos direitos sociais, coletivos e difusos, de segunda e terceiras dimensões.[311]

A Constituição Federal de 1988 previu a instituição do Ministério Público no Capítulo IV – Das Funções Essenciais à Justiça, dentro do Título IV – Da Organização dos Poderes, mais precisamente nos artigos 127 e seguintes, asseverando que "O Ministério Público é instituição permanente, essencial à função jurisdicional do Estado, incumbindo-lhe a defesa da ordem jurídica, do regime democrático e dos interesses sociais e individuais indisponíveis".

Trata-se de uma das legislações institucionais mais avançadas do mundo, que colocou o *Parquet* fora da subordinação a quaisquer dos Poderes, mantendo, porém, uma similitude com o Poder Judiciário, eis que estabeleceu princípios e garantias comuns àquelas aplicáveis ao referido Poder e aos seus juízes. Previu a autonomia administrativa, funcional e financeira da instituição, tornando-a efetivamente auto-suficiente (art. 127, §§ 2º e 3º); e estabeleceu as garantias da independência funcional, vitaliciedade, inamovibilidade e a irredutibilidade de vencimentos aos seus agentes (arts. 127, § 1º, e 128, § 5º, inciso I), fazendo-os totalmente independentes em suas atuações.

Suas atribuições são de defender o regime democrático, a ordem jurídica, os direitos sociais e individuais indisponíveis, o que traduz o perfil de um verdadeiro órgão de defesa do Estado Democrático de Direito, vale dizer, da democracia, da Constituição e dos direitos fundamentais.

Portanto, o Ministério Público brasileiro passa pelo seu momento histórico mais importante, demonstrando que a evolução da instituição

> ... afasta-o do ponto inicial, que era a defesa dos interesses do rei, na Idade Média, na França, voltando-se para a defesa da ordem jurídica e social, quer contra o desvio ou abuso de autoridade, atentando para o equilíbrio da sociedade por vezes a favor do estado, outras em maior número em favor do interesse social; quer no campo ético, econômico e legal, prestando contas primordialmente ao povo.[312]

---

[311] Neste sentido, Hugo Nigro Mazzilli, esclarece que: "Reconheceu o constituinte de 1988 que a incipiente abertura democrática que vivemos não poderia dispensar um Ministério Público forte e independente, que efetivamente possa defender as liberdades públicas, os interesses difusos, o meio ambiente, as vítimas não só da violência como as da chamada criminalidade do colarinho branco – ainda que o agressor seja muito poderoso ou até mesmo se o agressor for o governo ou o governante. Reconheceu, aliás, que o Ministério Público é um dos guardiães do próprio regime democrático" (op. cit., 1989, p. 20).

[312] BALTAZAR, José Paulo; VASCONCELOS, Sara Schütz de, op. cit., 1989, p. 13.

Na realidade,

A evolução social, política, econômica, científica e tecnológica atingiu e transformou o Estado contemporâneo – que deixou o absenteísmo do Século XVIII e chegou aos mais intenso intervencionismo no Século XX –, até porque a sociedade moderna alcançou níveis de complexidade, em todos os aspectos ou ângulos de relação que se queira focalizar, jamais vistos ou imaginados. Das conseqüências de tal evolução não escapou o Ministério Público no Brasil, mesmo porque a sociedade brasileira, contexto no qual a instituição está inserida, também sofreu rápida transformação por fatores políticos, econômicos e sociais, dos quais são exemplos a proclamação da república, a industrialização, as migrações, a concentração populacional urbana e o desenvolvimento econômico nas últimas décadas. Por conseguinte, o Ministério Público dos nossos dias deixou de ser apenas o órgão incumbido da persecução penal, deduzindo em Juízo a pretensão punitiva do Estado contra os criminosos, ou, no Juízo Cível, incumbido da defesa de certas instituições (como a família, as fundações) ou de certas pessoas (como os ausentes, os incapazes, os acidentados do trabalho), passando a ser, principalmente, fiscalizador e defensor da correta aplicação das leis e da Constituição, personificando-se, pois, como o órgão de defesa dos interesses sociais em Juízo, até mesmo contra o Estado. No Brasil, passados os momentos em que a democracia esteve colocada sob as sombras, mediante eleições diretas e com liberdade partidária, a Nação se fez representar numa Assembléia Nacional Constituinte que, após 19 (dezenove) meses de trabalho, promulgou em 5 de outubro de 1988 uma nova Constituição da República Federativa do Brasil. Para comprovar, mais uma vez, que o Ministério Público é filho e companheiro da democracia, somente se apresentando fortalecido nos momentos de plenitude democrática, a Constituição brasileira de 1988 moldou um Ministério Público forte, pujante e independente, sem similar em qualquer outra parte do mundo ou nas anteriores Constituições brasileiras...[313]

Assim, se é certo que o Ministério Público ocidental é filho da democracia e do Estado de Direito, o Ministério Público brasileiro, especificamente, é fruto e necessidade do Estado Democrático de Direito.

Ainda assim, porém, não resta suficientemente esclarecida qual a natureza constitucional do Ministério Público brasileiro,[314] nem mesmo sua exata importância para o Estado Democrático de Direito, o que deve ser aclarado, ainda mais que não são poucas as tentativas de reformar a Instituição e de modificar matérias correlatas, sempre para pior, havendo vários projetos no Congresso Nacional neste sentido, como a criação de um Conselho Externo, de nítida fiscalização funcional (suprimindo a independência funcional dos membros ministeriais), passando pela retirada da autonomia da Instituição e de garantias dos seus membros, modificando a competên-

---

[313] GOMES, Maurício Augusto, op. cit., 1989, p. 65.

[314] É um Quarto Poder? Um órgão do Estado? Pertence ao Poder Executivo? Pertence ao Poder Judiciário? As questões são muitas e ainda mal respondidas na doutrina.

cia das ações de improbidade administrativa (retirando dos órgãos de 1º Grau a iniciativa da ação, e, assim, evitando a maior fiscalização ministerial e judicial), modificando a ação civil pública, burocratizando o procedimento do inquérito civil (criando recurso administrativo com efeito suspensivo e impondo prazo de conclusão para o inquérito), entre outras matérias relevantes.

Tal demonstra, indubitavelmente, que há um movimento organizado e forte, que busca manter privilégios numa sociedade carente de transformação social, atuando sempre no sentido de engessar a atuação do órgão ministerial. E, neste sentido, a tentativa do Governo Federal e setores do Legislativo na aprovação da Lei da Mordaça, bem como a estipulação de dispositivos legais de punição dos agentes do Ministério Público, é sintomático, eis que visam a estabelecer sanções penais e civis, inclusive de perda do cargo, para os membros do Ministério Público que intentarem ações improcedentes e/ou divulgarem informações sobre andamento de inquéritos civis públicos e de ações civis ou penais, restringindo, assim, o direito de informação da população e a própria atuação ministerial, em benefício claro dos mais aquinhoados, dos administradores públicos ímprobos e dos criminosos de colarinho branco.[315]

E isto tudo ocorre, justamente agora, quando se inicia um novo processo de busca de superação da crise social que afeta nosso país, sendo que alguns setores da sociedade tentam, nitidamente por interesses sub-reptícios, intimidar e dificultar a atuação ministerial, mantendo, assim, o *status quo*, com o que não se pode concordar.

Logo, necessário se faz o estudo das disposições constitucionais da Carta de 1988. Antes, porém, de bom alvitre é o estudo de Direito Comparado, a fim de melhor analisar as diferenças entre o Ministério Público brasileiro e os alienígenas, para demarcar corretamente as distinções, e, dessa forma, demonstrar como o Ministério Público brasileiro ganhou *status* jurídico distinto dos demais.

---

[315] Por isso, afirmou o Procurador-Geral de Justiça gaúcho, Dr. Cláudio Barros Silva, no *Réplica* – Informativo da Associação do Ministério Público do Rio Grande do Sul, n. 63, jan. 2000: "o Brasil não é um País com excesso de investigação ou de punição para os desmandos dos agentes públicos, mas, sim, muito ao contrário, é um País com excesso de impunidade, de corrupção, de incompetência administrativa, de improbidade e de desrespeito às coisas públicas" (p. 4), demonstrando, com lucidez, a quem interessa a criação da Lei da Mordaça e outros institutos para engessar a atuação ministerial.

9. O Ministério Público no Direito Comparado

Antes de adentrarmos na análise do Ministério Público brasileiro na Constituição Federal de 1988, torna-se imprescindível o estudo de direito comparado, a fim de melhor compreender quais as principais distinções entre o Ministério Público pátrio e o alienígena.

Por óbvio, existem diferenças significativas entre as instituições, fruto, com certeza, das diferenças sociais entre os países, suas tradições e desenvolvimento.

Assim, tal estudo, que não se pretende exaustivo e nem detalhista,[316] mas apenas uma referência para o nosso trabalho, servirá para melhor compreender o Ministério Público brasileiro e sua significação no ordenamento jurídico nacional.

Iniciar-se-á pelo modelo francês, até porque o Ministério Público encontra sua origem mais aceita no direito francês, ainda que, no caso brasileiro, como visto, a influência mais direta foi do direito lusitano. De qualquer forma, o Ministério Público francês é órgão do Estado e propulsor da ação penal e está na estreita e direta dependência do Ministro da Justiça, ainda que ele não faça parte dos quadros deste último.[317]

O Ministério Público francês não tem tratamento constitucional, sendo regulado através de leis ordinárias. A organização do Minis-

---

[316] Serão analisados apenas alguns modelos mais significativos de Ministério Público, suficientes para nosso objetivo, que é o de demonstrar o quão especial e relevante é o papel do *Parquet* brasileiro. Para um estudo mais aprofundado da matéria, ver COGAN, José Damião Pinheiro. *Mandado de segurança na justiça criminal e Ministério Público*. São Paulo: Saraiva, 1990, 254 p., que traz disposições constitucionais sobre o Ministério Público de vários países (p. 193-222), bem como o estudo de Vigliar, José Marcelo Menezes. A participação do Ministério Público no processo civil. In: FERRAZ, Antonio Augusto de Camargo (Org.). *Ministério Público*: instituição e processo: perfil constitucional, independência, garantias, atuação processual civil e criminal, legitimidade, ação civil pública, questões agrárias. 2. ed. São Paulo: Atlas, 1999, p. 162-210, que analisa as atividades do Ministério Público nos processos civis, da Europa até os sistemas latino-americanos.

[317] Cf. CARVALHO, Paulo Pinto de. Uma incursão do Ministério Público à luz do direito comparado: França, Itália, Alemanha, América do Norte e União Soviética. In: MORAES, Voltaire de Lima (Org.). *Ministério Público, direito e sociedade*. Porto Alegre: Sergio Antonio Fabris Editor, 1986, p. 82-89.

tério Público dá-se em três planos: o Procurador-Geral junto à Suprema Corte (Corte de Cassação); os Procuradores-Gerais junto aos Tribunais de Apelação e os Procuradores da República junto aos Tribunais de primeiro grau.[318]

Os membros do *Parquet* francês são agentes do Poder Executivo e possuem a mesma formação técnica dos magistrados,[319] como algumas exceções,[320] podendo ser nomeados juízes ou vice-versa (pelo princípio conhecido com o nome de fungibilidade), sendo que a expressão *magistrature* abrange os juízes e os membros do Ministério Público. Reservam-se, todavia, as expressões *magistrature debout* ou *parquet* ao Ministério Público especificamente, e as expressões *magistrature assise* ou *magistrature de siège* aos membros do Poder Judiciário.[321]

Ao revés dos juízes (que, por disposição constitucional, possuem as garantias da independência e da inamovibilidade), os membros do Ministério Público francês são removíveis, sujeitos à demissão e passíveis de serem rebaixados de categoria funcional, por decisão do Ministro da Justiça, o que demonstra não possuírem garantias:

> É, em verdade, chocante, para os que integram o Ministério Público brasileiro ou o conhecem na sua tradição, na sua luta, na sua contribuição a uma efetiva justiça material, essa posição subalterna do Ministério Público francês em reação ao Ministro da Justiça. E, tão longe se estende essa dependência que ela se traduz na emissão de circulares, sob o plano das diretivas gerais e, em relação aos casos particulares, aos processos, chegam ao titular do Ministério da Justiça, além dos pedidos de informações, as queixas enviadas pelos parlamentares, pelos prefeitos, pelos expoentes da política comunal e dos representantes da ordem dos advogados.[322]

Assim, somente não há, apenas, subordinação entre os membros do *Parquet* e os magistrados.

No campo do Direito Processual Civil, o *Parquet* francês atua como parte ou como *custos legis*, exercendo, por vezes, funções atí-

---

[318] Cf. CARNEIRO, Paulo Cezar Pinheiro. *O Ministério Público no processo civil e penal:* promotor natural: atribuição e conflito. 3 ed. Rio de Janeiro: Forense, 1990, p. 159.

[319] Neste sentido, Paulo Cezar Pinheiro Carneiro, explica que: "São selecionados conjuntamente com os magistrados através da Escola Nacional de Magistratura, que está vinculada ao Ministério da Justiça" (op. cit., 1990, p. 162).

[320] Paulo Cezar Pinheiro Carneiro, informa que: "Existem os chamados 'Tribunais de Polícia', com competência para o julgamento das contravenções penais, desde que a pena estabelecida para o infrator não exceda de dez dias de prisão ou multa, sendo que, nestas hipóteses, as funções do MP são exercidas pelo Comissário de Polícia" (op. cit., 1990, p. 159).

[321] Paulo Pinto de Carvalho, esclarece, como já visto, que: "A palavra *parquet* retrata a origem modesta do Ministério Público, uma vez que os seus agentes, nos primeiros tempos, permaneciam em lugar separado, na sala das audiências e, não no estrado, lugar reservado privativamente aos juízes" (op. cit., 1986, p. 83).

[322] CARVALHO, Paulo Pinto de, op. cit., 1986, p. 84.

picas, com a representação de determinadas pessoas indicadas pela lei, como o ausente.[323]

Já o Ministério Público na União Soviética (*Prokuratura*)[324] possuía grande força e imensos poderes, e encontrava tratamento constitucional no Capítulo 21 da Lei Fundamental da União das Repúblicas Socialistas Soviéticas, sendo atribuição desta instituição a fiscalização do cumprimento das leis por todos os ministérios, comitês e departamentos do Estado, empresas, instituições e organizações, órgãos administrativos dos *soviets* locais. Nesse passo, as instruções do Procurador, desde que baseadas em lei, tinham força obrigatória para cumprimento por parte de todos.[325]

A Constituição Federal da URSS garantia expressamente o princípio da independência dos membros do Ministério Público no exercício de suas funções, colocando-os, porém, na dependência do Procurador-Geral, este escolhido pelo Soviete Supremo, para um mandato de cinco anos,[326] e que escolhia, por designação, os demais Procuradores, também para mandato de cinco anos.[327]

Na ação penal, o Procurador-Geral da URSS tinha o poder de encaminhar aos demais membros do MP instruções de caráter geral que deveriam ser observadas. Todavia, era conferida aos membros do *Parquet*, ao sustentar ou não a acusação, plena liberdade de atuação. A ação penal era pública, adotando-se o princípio da obrigatoriedade.[328]

O Ministério Público soviético tinha como dever principal a defesa da propriedade socialista e os fundamentos econômicos do sistema soviético.[329]

O Ministério Público alemão,[330] por sua vez, situa-se no âmbito da família jurídica romano-germânica, tendo como modelo o congênere francês. Todavia, por uma questão histórica, eis que utilizado

---

[323] Cf. CARNEIRO, Paulo Cezar Pinheiro, op. cit., 1990, p. 164.

[324] A análise do Ministério Público soviético, a despeito das significativas mudanças que ocorreram após a extinção da União das Repúblicas Socialistas Soviéticas, far-se-á na esteira da necessidade de demonstrar as várias diferenças significativas entre as instituições do Ministério Público pelo mundo, em especial porque a União Soviética representava um sistema de grande intervenção estatal, numa ideologia própria e diversa da do sistema capitalista.

[325] Cf. CARNEIRO, Paulo Cezar Pinheiro, op. cit., 1990, p. 169-170.

[326] O Procurador-Geral responde e presta contas ao Soviete Supremo.

[327] Cf. CARNEIRO, Paulo Cezar Pinheiro, op. cit., 1990, p. 169.

[328] Idem, p. 172.

[329] Cf. CARVALHO, Paulo Pinto de, op. cit., 1986, p. 109.

[330] As regras que aqui serão explicitadas referem-se à antiga República Federal da Alemanha. Também aqui pode ser feita a advertência de eventuais mudanças na lei com respeito à unificação da Alemanha, após a queda do muro de Berlim. Todavia, em princípio, para nossa pesquisa, são válidas as diferenças e importantes para o esclarecimento da situação brasileira.

para evitar as arbitrariedades policiais e judiciais, o Ministério Público alemão surge como instituição que fiscaliza o trabalho policial (Poder Executivo) e o trabalho judicial (Poder Judiciário). É considerado "vigia da lei" e tem a responsabilidade de combater o problema da massificação da criminalidade.[331]

Na realidade, faz o controle externo da atividade policial e do próprio Judiciário, sendo o elo de ligação entre tais instituições.

Possui a mesma qualificação dos magistrados, mas com eles não se confunde, eis que possui estatuto próprio. A estrutura institucional da instituição está prevista na Lei Orgânica da Magistratura alemã e na Lei de Organização Judiciária.[332]

É no processo penal, como visto, que se concentram as atividades do Ministério Público, sendo que na área cível, o Ministério Público não desempenha importantes papéis.[333]

Já o Ministério Público italiano, outrossim, faz parte do Poder Judiciário, que encontra previsão constitucional no Título IV – "A Magistratura", possuindo independência e garantia da inamovibilidade, ainda que haja certa interferência do Ministro da Justiça,[334] eis que é ele que escolhe os 23 Procuradores-Gerais de segundo grau, que, por seu turno, controlam os 159 escritórios onde as funções do Ministério Público são exercidas em primeiro grau.[335]

O ingresso na carreira, como o dos juízes, dá-se através de concurso público, sendo que os membros do *Parquet* compõem a chamada magistratura requerente, em contrapartida da magistratura judicante, composta pelos juízes, sendo que as carreiras são fungíveis, de tal sorte possa um vir a exercer a função do outro.[336]

Quanto às atribuições do Ministério Público no processo penal, podem ser numeradas, entre outras, a direção da polícia judiciária, titularidade da ação penal, pedido de revisão criminal a favor dos condenados, petições de "graça" e a fiscalização da fase prisional.

---

[331] Cf. CARVALHO, Paulo Pinto de, op. cit., 1986, p. 96-101.

[332] Cf. NERY, Rosa Maria Barreto Borrielo de Andrade. Notas sobre a Justiça e o Ministério Público no direito da Alemanha Ocidental. *Revista do Ministério Público*, Porto Alegre, v. 1, n. 21, p. 11-51, 1987.

[333] Rosa Maria Barreto Borrielo de Andrade Nery, explica que o pequeno papel do Ministério Público, hoje, na Alemanha, decorre, talvez, da atuação destacada e hostil que desempenhou no Estado nazista, que se valeu da instituição para fortalecer o exercício e a eficiência de seu poder. Por isso, sua atuação é primordialmente no processo penal e, apenas excepcionalmente, no processo cível e em outras áreas (op. cit., 1987, p. 32 e 46).

[334] Paulo Pinto de Carvalho, explica que eventual influência do Ministro da Justiça sobre a magistratura e, em especial, sobre o Ministério Público, ainda existente, é herança do sistema fascista italiano, que, aos poucos, vai desaparecendo (op. cit., 1986, p. 91).

[335] Cf. CARNEIRO, Paulo Cezar Pinheiro, op. cit., 1990, p. 164-166.

[336] Idem, p. 167.

No processo civil, o Ministério Público exerce, à semelhança do Brasil, a ação civil nos casos estabelecidos em lei, bem como intervém como *custos legis*, sob pena de nulidade, dentre outras, nas causas em que ele seria legitimado a propor, nas ações de separação de cônjuges, nas causas referentes ao estado e capacidade das pessoas, nas causas coletivas, nas causas em que existe interesse público e em todas aquelas que a lei exige a sua presença.[337]

Nos Estados Unidos da América,[338] o Ministério Público é chamado de *Attorney General's Office* e compreende quatro níveis: o Federal, o Estadual, o do Condado e o do Município.[339]

O Ministério Público Federal é chefiado pelo Procurador-Geral da República, ou *The United States Attorney General*, indicado pelo Presidente da República ao Senado, que o aprova, e demissível *ad nutum* pelo Presidente. Envolve o Departamento de Justiça, que desenvolve a filosofia jurídica e a política da atual Administração, inclusive promovendo ações civis contra os órgãos governamentais dos Estados, dos Condados, dos Distritos e dos Municípios, por exemplo, nos casos de discriminação na educação ou emprego por causa de cor, religião ou sexo. O Procurador-Geral da República pode nomear e demitir livremente seus assistentes (*Assistant United States Attorneys*), que funcionarão na punição dos crimes federais, crime organizado, manipulação ilegal dos mercados financeiros, etc. Outra função básica é a de defender os órgãos do Governo Federal em juízo, inclusive de autoridades ou funcionários federais que estejam sendo processados.[340]

O Ministério Público Estadual é chefiado pelo Procurador-Geral do Estado, ou *The State Attorney General*, eleito pelo voto facultativo e direto de todos os eleitores do Estado para um mandato de quatro anos. Tem a dupla função de promover o interesse público e, ao mesmo tempo, o interesse do Estado. O Procurador-Geral contrata os seus assistentes, que se chamam *Assistant Attorneys General*.[341]

O Ministério Público do Condado, que é uma divisão territorial do Estado, similar à comarca, no Brasil, é chefiado pelo Procurador-

---

[337] Cf. CARNEIRO, Paulo Cezar Pinheiro, op. cit., 1990, p. 168.

[338] Para uma análise mais aprofundada das atividades cíveis do Ministério Público dos Estados Unidos, ver PROENÇA, Luis Roberto. Participação do Ministério Público no processo civil nos Estados Unidos da América. In: FERRAZ, Antonio Augusto de Camargo (Org.). *Ministério Público*: instituição e processo: perfil constitucional, independência, garantias, atuação processual civil e criminal, legitimidade, ação civil pública, questões agrárias. 2. ed. São Paulo: Atlas, 1999, p. 211-227.

[339] Cf. SIMON, John Anthony. Considerações sobre o Ministério Público Norte-Americano. *Revista dos Tribunais*, São Paulo, v. 640, p. 7-18, fev. 1989.

[340] Idem, p. 7-8.

[341] Idem, p. 8.

Geral do Condado, eleito pelo voto direto dos eleitores para um mandato de quatro anos. Também nomeia seus assistentes. Sua tarefa é propor ações criminais e defender os órgãos governamentais do Condado em juízo, aos quais ainda prestam consultoria e assessoria extrajudicial.[342]

Por fim, o Ministério Público do Município, que pode ser reconhecido na figura do chefe do Departamento Jurídico do Município – *The Corporation Counsel*, que é de livre nomeação pelo Prefeito, não tendo mandato fixo, que, junto com seus assistentes, prestam consultoria e defendem os vários órgãos do Governo municipal.[343]

Embora sejam encontradas, entre suas atribuições, a defesa do meio ambiente e do consumidor, bem como a proteção aos deficientes, o Ministério Público norte-americano possui grande distinção do seu similar brasileiro:

> Em primeiro lugar, os órgãos do Ministério Público, em todos os níveis, exercem dupla função: de um lado, a de dar consultoria e assessoria jurídica, além de defender os respectivos órgãos governamentais; de outro, a de denunciar crimes e outras violações das leis respectivas. Ao contrário do que agora acontece no Brasil, onde a Constituição de 1988 vedou ao Ministério Público qualquer representação dos órgãos governamentais, por considerá-la incompatível com suas outras funções, essa atribuição é fundamental para o Ministério Público norte-americano. Outra observação que se pode fazer é a de que o Ministério Público, em todos seus níveis, não é uma carreira, nem mesmo para os Procuradores-Gerais ou para seus Assistentes. Finalmente, note-se que, para se fazer um paralelo entre o Ministério Público brasileiro e o norte-americano, não é despropositado dizer que o Ministério Público Estadual do Brasil pode ser considerado uma combinação de nosso Ministério Público do Estado com os Ministérios Públicos dos diversos Condados em que o Estado se divide.[344]

Por fim, o Ministério Público americano tem papel destacado na área penal, comandando a atividade policial e, nesta tarefa ele pode, inclusive, desautorizar ou interromper o trabalho da polícia quando os casos criminais não consultarem os interesses da comunidade,[345] com ampla discricionariedade para promover ou não a ação penal, bem como efetivar a barganha com o acusado (*plea bergaining*).[346]

Na Inglaterra, o Ministério Público somente em parte encontra-se estruturado, não existindo um sistema unificado de acusação pública. A ação penal, em princípio, é deixada para os cidadãos e para

---

[342] Cf. SIMON, John Anthony, op. cit., p. 8.
[343] Id., ib.
[344] Idem, p. 8-9.
[345] Cf. CARVALHO, Paulo Pinto de, op. cit., 1986, p. 104.
[346] Cf. CARNEIRO, Paulo Cezar Pinheiro, op. cit., 1990, p. 153-154.

a polícia, cabendo, na prática, a esta última, 90% da iniciativa dos processos penais.[347]

No topo da pirâmide desta pequena organização do *Parquet* inglês, temos o *Attorney General*, espécie de Procurador-Geral em nível nacional, que é membro do Parlamento (Ministro) e responde perante este órgão relativamente ao desenvolvimento da acusação pública, em geral. Ele é escolhido pelo Primeiro Ministro entre os *barristers*, a classe de advogados ingleses de alto nível, e chefia a instituição que congrega esta classe de advogados, conhecida como *Bar*.[348]

As atribuições do Procurador-Geral não estão, em regra, compreendidas em estatuto próprio, eis que os fundamentos da função que exerce provêm de prerrogativas reais e da *commom law*. Ele funciona como conselheiro legal do Governo e, às vezes, o representa nas cortes civil e criminal.[349]

Na hierarquia do Ministério Público inglês, além do *Solictor General*, que é um coadjuvante da atividade do *Attorney General*, temos quem, efetivamente, na prática, tem um maior controle sobre a acusação pública: o *Director of Public Prosecutions*, que é escolhido pelo Ministro do Interior dentre os componentes da classe dos *barristers* com mais de dez anos de prática, depois de ouvir o *Attorney General*.[350]

O *Director of Public Prosecutions* não tem mandato e é nomeado por tempo indefinido e só atua nos crimes mais importantes, podendo, inclusive, avocar ou determinar o arquivamento de qualquer processo na fase em que estiver.[351]

Em Portugal,[352] o Ministério Público é concebido constitucionalmente como órgão de ligação entre o poder judicial e o poder político. Seus membros são magistrados, com garantias de autonomia e independência constitucionais, embora hierarquicamente subordinados ao Procurador-Geral da República.[353]

É considerado um órgão do poder judicial[354] (eis que não possui natureza administrativa), possuindo amplas funções, que:

---

[347] Cf. CARNEIRO, Paulo Cezar Pinheiro, op. cit., 1990, p. 154-158.
[348] Id., ib.
[349] Id., ib.
[350] Id., ib.
[351] Id., ib.
[352] Ver análise do Ministério Público português no estudo de COSTA, Eduardo Maia. Ministério Público em Portugal. In: VIGLIAR, José Marcelo Menezes, MACEDO JÚNIOR, Ronaldo Porto (Org.). *Ministério Público II*: democracia. São Paulo: Atlas, 1999, p. 44-54.
[353] Cf. CANOTILHO, José Joaquim Gomes, op. cit., 1999, p. 634.
[354] Id., ib.

vai desde o exercício da acção penal até à defesa e representação de pessoas carecidas de protecção (órfãos, menores trabalhadores), passando pela defesa de interesses difusos (ambiente, patrimônio) e pela defesa da constitucionalidade e legalidade (cfr. L 60/98, art. 3º). A quarta revisão da constituição (LC 1/97) acrescentou uma outra competência de relevante significado político e jurídico-constitucional – a da participação do Ministério Público na *execução da política criminal* definida pelos órgãos de soberania (art. 219º/1).[355]

Difere, pois, do Ministério Público brasileiro não só pelo *status* de magistrado de seus membros, mas, ainda, porque possui função consultiva, "traduzida na emissão de pareceres por parte da Procuradoria-Geral da República".[356]

Por fim, o Ministério Público português continua a ser o representante do Estado, o chamado "advogado do Estado",[357] tarefa que noutros países é desempenhada por outros operadores jurídicos, como no Brasil, por exemplo, onde tal tarefa é desempenhada pela Advocacia-Geral.

Dessa forma, há uma grande diferença entre o Ministério Público brasileiro e os demais Ministérios Públicos, fruto, com certeza, da sociedade e da história de cada país.

No Brasil, a instituição ganhou *status* constitucional de instituição autônoma e independente, à parte de qualquer dos Poderes do Estado, possuindo seus membros as mesmas garantias dos magistrados, com características, pois, em geral, totalmente diversas de seus congêneres alienígenas, que ora situam o *Parquet* dentro do Poder Judiciário, ora dentro do Poder Executivo, em geral sem a autonomia e independência que aqui foi determinado constitucionalmente.

Com certeza, e considerando que o Ministério Público foi erigido a defensor da ordem jurídica e do regime democrático, bem como dos direitos sociais e individuais indisponíveis, isto se deve à necessidade de proteger a democracia, a Constituição e os direitos fundamentais, tão importantes para o Estado Democrático de Direito brasileiro, após 20 anos de ditadura militar, cuja sociedade ainda é tão carente e miserável, clamando por justiça social.

Não se pode olvidar, assim, que o Ministério Público brasileiro recebeu da Carta Constitucional de 1988 características singulares e modernas, próprias para nossa sociedade ainda em desenvolvimento, que fazem desta instituição uma das mais importantes de nosso ordenamento jurídico, denotando um avanço social e jurídico dos mais importantes.

---

[355] CANOTILHO, José Joaquim Gomes, op. cit., 1999, p. 635.
[356] Id., ib.
[357] Id., ib.

É preciso, portanto, considerar tais diferenças para construir a noção constitucional deste novo Ministério Público brasileiro, utilizando, para tanto, as concepções surgidas com o Estado Democrático de Direito, a democracia e os direitos fundamentais.

Tal objetivo, pois, é a próxima tarefa do presente estudo.

10. O Ministério Público e sua inserção na arquitetura constitucional brasileira

Nos capítulos anteriores deste estudo, demonstrou-se a importância da Constituição, como espaço de mediação ético-política da sociedade, a própria explicitação do contrato social, que embasa a democracia e os direitos fundamentais, bem como a necessidade de a Constituição balizar toda as atividades dos operadores jurídicos, em especial as dos membros do Ministério Público, que têm uma missão especial prevista na Carta Magna, através de uma nova hermenêutica constitucional, específica e própria do Estado Democrático de Direito.

Demonstrou-se, ainda, a especial colocação do Ministério Público brasileiro na ordem constitucional, erigido que foi à condição de instituição permanente, não subordinada ou dependente de qualquer dos Poderes de Estado, cuja atribuição é a de defesa da ordem jurídica, do regime democrático e dos interesses sociais e individuais indisponíveis.

Demonstrou-se, mais, que o Ministério Público brasileiro é único e próprio, adquirindo uma natureza constitucional sem similar no mundo, com atribuições específicas para uma sociedade ainda carente de democracia e de justiça social, como é a brasileira.

Por isso, e pela própria falta de visão dos operadores jurídicos, ainda envoltos em velhas teorias e concepções de mundo, não mais aplicáveis ao novo Estado Democrático de Direito e à nova colocação constitucional do *Parquet*, é discutidíssima a posição institucional do Ministério Público brasileiro e a natureza de suas funções:

> Para alguns, o Ministério Público é considerado um verdadeiro "poder", pretendendo-se com isso alterar a divisão tripartida de Montesquieu. Para outros, é componente do Poder Legislativo, pois a este cabe a elaboração da lei e ao Ministério Público fiscalizar o seu cumprimento, via jurisdicional, circunstância que tornaria visível a maior afinidade lógica entre a vontade do legislador e a atividade do órgão, mais do que qualquer outro do Estado. Há os que o incluem no Poder Judiciário, embora órgão não jurisdicional, mas sempre independente do Poder Executivo. A maioria, porém, tem o Ministério Público como órgão do Poder Executivo, que faz executar as leis

através do Judiciário, embora reconhecendo ter ele funções autônomas, independentes, próprias e constitucionais, com parcela da soberania do Estado.[358]

Eis nossa tarefa, senão esclarecer qual é a posição constitucional do Ministério Público no Brasil, pelo menos demarcar novas fronteiras para que isto seja possível, ultrapassando as velhas concepções não mais condizentes com a atual situação constitucional brasileira.

Neste sentido, é preciso estabelecer, inicialmente, qual é a posição do Ministério Público perante a teoria da separação de poderes,[359] eis que é a partir desta doutrina que o Estado de Direito se moldou, recebendo a sua atual configuração. Afinal, o Estado é o próprio *locus* para o exercício do poder, um produtor de decisões, um sujeito ativo que age através de indivíduos e órgãos, e que, assim, produz e aplica o Direito. Portanto, é no Estado que "se apoiam todas as teorias que sustentam a limitação jurídica do poder do Estado, bem como o reconhecimento do Estado como sujeito de direitos e de obrigações jurídicas".[360]

Logo, antes de adentrar na questão jurídica propriamente dita, precisamos estabelecer qual é a posição estatal do Ministério Público no Estado Democrático brasileiro. E, assim, é necessária uma pequena digressão para entender o que é exatamente esta teoria da separação de Poderes e sua relevância no Estado de Direito.

A teoria da separação de Poderes, que através da obra de Montesquieu – Do Espírito das Leis[361] - se incorporou ao constitucionalismo,[362] foi concebida para assegurar a liberdade dos indivíduos, como uma técnica de resistência ao poder absoluto, numa época dominada pela Monarquia Absolutista "em que se buscavam meios para enfraquecer o Estado, uma vez que não se admitia sua interferência na vida social, a não ser como vigilante e conservador das situações estabelecidas pelos indivíduos".[363]

---

[358] BASTOS, Celso Ribeiro, op. cit., 1988, p. 10.

[359] Num estudo a partir da Ciência Política e da Teoria do Estado.

[360] DALLARI, Dalmo de Abreu, op. cit., 1998, p. 6.

[361] Ver MONTESQUIEU, Charles Louis de Secondat. *Do espírito das leis*. Trad. de Gabriela de Andrada Dias Barbosa. Rio de Janeiro: Tecnoprint. 523 p. (Coleção Universidade de Bolso, 10711).

[362] O princípio da separação de Poderes, para Paulo Bonavides: "Emergia ele de uma visão histórica e sociológica lançada pelo eminente pensador. Partindo a realidade constitucional inglesa, Montesquieu fora buscar ali apoio e inspiração para as garantias da liberdade, mediante aquele princípio desde logo convertido em axioma dos governos livres. A proposição teve maior voga no século XIX. Floresceu durante a época do Estado liberal, de cujas instituições entrou a fazer parte como um de seus dogmas intangíveis. Graças ao princípio, se tornou possível estruturar uma forma de organização de poder, em que o Estado se limitava pela Constituição. O poder executivo, igualmente contido no círculo de competências restritas, já não era o poder absoluto e sem limites do começo da Idade Moderna" (op. cit., 1995, p. 203).

[363] DALLARI, Dalmo de Abreu, op. cit., 1998, p. 215.

Ela consiste em distinguir três funções estatais – legislação, administração e jurisdição – e atribuí-las a três órgãos, reciprocamente autônomos, que as exercerão com exclusividade. Pressupõe, assim, a "tripartição das funções do Estado, ou seja, a distinção das funções legislativa, administrativa (ou executiva) e jurisdicional",[364] evitando a ilimitação do poder.

O princípio da separação de Poderes, tal como a concepção de soberania, serviu para embasar a vitória da burguesia contra a Monarquia Absolutista, na implantação do novo Estado liberal:

> A empresa capitalista, com a burguesia economicamente vitoriosa, dispensava os reis, nomeadamente os monarcas da versão autocrática. O rei era o Estado. O Estado, intervencionista. O intervencionismo fora um bem e uma necessidade, mas de súbito aparecerá transfeito num fantasma que o príncipe em delírio de absolutismo poderia improvisamente soltar, enfreando o desenvolvimento de uma economia já consolidada, de um sistema, como o da economia capitalista, que, àquela altura, antes de mais nada demandava o máximo de liberdade para alcançar o máximo de expansão; demandava portanto menos o paternalismo de um poder obsequente mas cioso de suas prerrogativas da mando, do que a garantia impessoal da lei, em cuja formação participasse ativa e criadoramente. Todos os pressupostos estavam formados pois na ordem social, política e econômica a fim de mudar o eixo do Estado moderno, da concepção dravante retrógrada de um rei que se confundia com o Estado no exercício do poder absoluto, para a postulação de um ordenamento político impessoal, concebido segundo as doutrinas de limitação do poder, mediante as formas liberais de contenção da autoridade e as garantias jurídicas da iniciativa econômica.[365]

Montesquieu concebeu sua teoria da separação dos Poderes como técnica posta a serviço da contenção do poder pelo próprio poder, onde nenhum órgão poderia desmandar-se a ponto de instaurar a perseguição e o arbítrio, porque nenhum desfrutaria de poderes para tanto, sendo que

> O poder estatal, assim dividido, seria o oposto daquele outro fruído pelo monarca de então, desvinculado de qualquer ordem jurídica preestabelecida. Como um racionalizador do poder, Montesquieu colocou-se em frontal antagonismo com a ordem existente e tornou-se um dos autores que mais contribuíram para o advento do Estado Constitucional ou de Direito. Sua inspiração filosófica era sem dúvida o racionalismo, iniciado com Descartes, que se opôs energicamente ao irracionalismo dominante na Idade Média e influente ainda, na sua época, sobretudo no que dizia respeito à legitimação do poder, que era procurada na tradição e na sua origem divina. Montesquieu é, pois, um precursor do Estado liberal burguês. A Revolução Francesa iria levar ao apogeu a afirmação de sua doutrina, ao estipular, na Declaração de Direitos

---

[364] FERREIRA Filho, Manoel Gonçalves. *Curso de direito constitucional*. 18 ed. São Paulo: Saraiva, 1990, p. 117.

[365] BONAVIDES, Paulo. *Ciência política*. 10 ed. São Paulo: Malheiros, 1999, p. 136.

do Homem e do Cidadão, que um Estado cuja Constituição não consagrasse a teoria da separação de poderes era um Estado sem Constituição.[366]

O princípio da separação de Poderes auferiu inigualável prestígio na doutrina constitucional liberal, transformando-se num dogma constitucional, e isto ocorreu pela crença de seu emprego como garantia das liberdades individuais "ou mais precisamente como penhor dos recém-adquiridos direitos políticos da burguesia frente ao antigo poder das realezas absolutas".[367] E, sobre o princípio da separação dos Poderes, convertido em dogma do Estado liberal,

> assentavam os constituintes liberais a esperança de tolher ou imobilizar a progressiva democratização do poder, sua inevitável e total transferência para o braço popular. A adoção mais célebre da separação porquanto mais eficaz ocorreu na Constituição federal americana de 1787. O texto constitucional não menciona o princípio uma única vez e no entanto a Constituição seria ininteligível se omitíssemos a presença da separação de poderes que é a técnica de repartição da competência soberana naquele documento público.[368]

Assim, o princípio da separação de Poderes surgiu atrelado aos interesses liberais e serviu, num momento histórico, para limitar o poder do Estado, e, logo após, para manter a dominação burguesa, sendo, portanto, convertido num dogma do Estado de Direito, que perdura até hoje, mesmo com a transformação que ocorreu no Estado.

O sistema de separação de Poderes, consagrado nas Constituições de quase todo o mundo, foi associado à idéia de Estado de Direito e deu origem a uma engenhosa construção doutrinária, conhecida como sistema de freios e contrapesos.

Poderia o Ministério Público, pois, ser um Poder de Estado? Não, com certeza, se ainda nos mantivermos apegados à concepção dogmática da tripartição de Poderes que fundou o Estado de Direito liberal.

Todavia, podemos pensar diferentemente. E as razões são muitas.

É ponto pacífico, inicialmente, que o poder do Estado é uno e indivisível, sendo normal e necessário que haja muitos órgãos exercendo o poder soberano do Estado, o que, porém, não quebra a unidade do poder.[369] Por isso, existe uma relação muita estreita entre poder e função do Estado,

---

[366] BASTOS, Celso Ribeiro, op. cit., 1994, p. 300.

[367] BONAVIDES, Paulo, op. cit., 1999, p. 142.

[368] Id., ib.

[369] Neste sentido, Celso Ribeiro Bastos, bem explica as diferenças entre poder, função e órgão, esclarecendo que o poder é sempre um só, qualquer que seja a forma por ele assumida, sendo que todas as manifestações de vontades são emanadas em nome do Estado. Já as funções constituem um modo particular e caracterizado de o Estado manifestar a sua vontade. E os órgãos do Estado, por sua vez, são os instrumentos de que se vale o Estado para exercitar suas funções, descritas na Constituição (op. cit., 1994, p. 297-298).

havendo mesmo quem sustente que é totalmente inadequado falar-se numa separação de poderes, quando o que existe de fato é apenas uma *distribuição de funções*. Assim, por exemplo, Leroy-Beaulieu adota esta última posição, indo até mais longe, procurando demonstrar que as diferentes funções do Estado, atribuídas a diferentes órgãos, resultaram do princípio da divisão do trabalho. Diz ele que foi esse princípio, inconscientemente aplicado, que fez passarem ao Estado certas funções que a sociedade exercia instintivamente e que o Estado organiza como reflexão.[370]

Tais questões são de vital importância, eis que a diferenciação entre poder e função está intimamente relacionada com a concepção do papel do Estado na vida social, ou seja,

quando se pretende desconcentrar o poder, atribuindo o seu exercício a vários órgãos, a preocupação maior é a defesa da liberdade dos indivíduos, pois, quanto maior for a concentração do poder, maior será o risco de um governo ditatorial. Diferentemente, quando se ignora o aspecto do poder para se cuidar das funções, o que se procura é aumentar a eficiência do Estado, organizando-o da maneira mais adequada para o desempenho de suas atribuições.[371]

A separação de Poderes, pois, nada mais é do que a divisão de funções num Estado de Direito, criada unicamente para manter um Estado mínimo, há muito ultrapassado, e que

foi concebida num momento histórico em que se pretendia limitar o poder do Estado e reduzir ao mínimo sua atuação. Mas a evolução da sociedade criou exigências novas, que atingiram profundamente o Estado. Este passou a ser cada vez mais solicitado a agir, ampliando sua esfera de ação e intensificando sua participação nas áreas tradicionais.[372]

Observa-se, ainda, que o princípio da separação dos Poderes tornou-se mais um mero formalismo do que uma realidade concreta, eis que

a análise do comportamento dos órgãos do Estado, mesmo onde a Constituição consagra enfaticamente a separação dos poderes, demonstra que sempre houve uma intensa interpenetração. Ou o órgão de um dos poderes pratica atos que, a rigor, seriam de outro, ou se verifica a influência de fatores extralegais, fazendo com que algum dos poderes predomine sobre os demais, guardando-se apenas a aparência de separação.[373]

Também deve ser dito que a teoria da separação de Poderes sempre serviu para manter o poder político nas mãos da burguesia, e que jamais conseguiu assegurar a liberdade dos indivíduos ou o caráter democrático do Estado, pois

---

[370] DALLARI, Dalmo de Abreu, op. cit., 1998, p. 216.
[371] Id., ib.
[372] Idem, p. 220-221.
[373] Idem, p. 220.

a sociedade plena de injustiças criadas pelo liberalismo, com acentuadas desigualdades e a efetiva garantia de liberdade apenas para um pequeno número de privilegiados, foi construída à sombra da separação de poderes. Apesar desta, houve e tem havido executivos antidemocráticos e que transacionam *de fato* com o poder legislativo, sem quebra das normas constitucionais. Não raro, também o legislativo, dentro do sistema de separação de poderes, não tem a mínima representatividade, não sendo, portanto, democrático. E seu comportamento, muitas vezes, tem revelado que a emissão de atos gerais obedece às determinações ou conveniências do executivo. Assim, a separação dos poderes não assegurou a liberdade individual nem o caráter democrático do Estado.[374]

Hoje, o Estado Democrático de Direito e as novas concepções de mundo demonstram a total inadequação desta teoria no mundo contemporâneo, pois

Desde porém que se desfez a ameaça de volver o Estado ao absolutismo da realeza e a valoração política passou do plano individualista ao plano social, cessaram as razões de sustentar, em termos absolutos, um princípio que logicamente paralisava a ação do poder estatal e criara consideráveis contra-sensos na vida da instituição que se renovam e não podem conter-se, senão contrafeitas, nos estreitíssimos lindes de uma técnica já obsoleta e ultrapassada. O princípio perdeu pois autoridade, decaiu de vigor e prestígio, Vêmo-lo presente na doutrina e nas Constituições, mas amparado com raro proselitismo, constituindo um desses pontos mortos do pensamento político, incompatíveis com as formas mais adiantadas do progresso democrático contemporâneo, quando, erroneamente interpretado, conduz a uma separação extrema, rigorosa e absurda.[375]

O princípio deve ser visto, então e apenas, como uma técnica distributiva de funções distintas entre órgãos relativamente separados, em íntima cooperação, harmonia e equilíbrio, sem nenhuma linha que marque uma separação absoluta ou intransponível.[376]

Uma divisão de funções, e não separação de Poderes, é, todavia, importante para possibilitar a eficiência do Estado na busca da democracia substancial e da garantia e efetividade dos direitos fundamentais.

Outrossim, não só o princípio da separação de Poderes é anacrônico, como a própria tripartição de Poderes, vale dizer, a forma das funções do Estado, é uma mera construção ideológica, não cien-

---

[374] DALLARI, Dalmo de Abreu, op. cit., 1998, p. 220.

[375] BONAVIDES, Paulo, op. cit., 1999, p. 146.

[376] Esclarece Paulo Bonavides, que: "Não temos dúvida por conseguinte em afirmar que a separação de poderes expirou desde muito como dogma da ciência. Foi dos mais valiosos instrumentos de que se serviu o liberalismo para conservar na sociedade seu esquema de organização do poder. Como arma dos conservadores, teve larga aplicação na salvaguarda de interesses individuais privilegiados pela ordem social" (op. cit., 1999, p. 147).

tífica, meramente relativa e, pois, passível de séria crítica.³⁷⁷ Tal distinção não possui caráter de exclusividade, apenas indicando determinados tipos básicos do modo de cumprimento das tarefas estatais, não contendo, assim,

> circunscrição definitiva das funções constitucionais, senão deixa espaço para outras, como, por exemplo, a de controle, a de cooperação dos partidos políticos na formação da vontade política ou a de formação e a de atividade da opinião pública. Ela deve, também com vista às funções individuais, somente em um sentido que tipifica ser entendida, porque o cumprimento apropriado das tarefas não admite traçamento de limites rígido.³⁷⁸

De fato,

> é fácil mostrar que as funções administrativas e jurisdicional têm no fundo a mesma essência, que é a aplicação da lei a casos particulares. A distinção entre ambas pode estar no modo, no acidental, portanto, já que substancialmente não existe. Por outro lado, a função legislativa não esgota a edição de regras gerais e impessoais. Tradicionalmente inclui-se na função administrativa o estabelecimento de regulamentos, cujo conteúdo são também regras gerais e impessoais.³⁷⁹

Para autores como Loewenstein,³⁸⁰ sugere-se, hoje, uma nova tripartição das funções do Estado, que apelida-se de "policy determination", "policy execution" e "policy control", afastando-se da teoria tradicional de separação de Poderes.

A própria teoria de Montesquieu apresenta um ponto obscuro, ao indicar as atribuições de cada um dos Poderes, eis que

> ao lado do poder legislativo coloca um poder executivo "das coisas que dependem do direito das gentes" e outro poder executivo "das que dependem do direito civil". Entretanto, ao explicar com mais minúcias as atribuições deste último, diz que por ele o Estado "pune os crimes ou julga as querelas dos indivíduos". E acrescenta: "chamaremos a este último o poder de julgar e, o outro, simplesmente, o poder executivo do Estado". O que se verifica é que Montesquieu, já adotando a orientação que seria consagrada pelo liberalismo, não dá ao Estado qualquer atribuição interna, a não ser o poder de julgar e punir. Assim, as leis, elaboradas pelo legislativo, deve-

---

³⁷⁷ Neste sentido, Dalmo de Abreu Dallari, esclarece que muitos outros pensadores, antes de Montesquieu, já anotavam a separação de Poderes, cada qual a seu modo. Neste sentido, baseado no Estado inglês de seu tempo, John Locke, no século XVII, apontou "a existência de quatro funções fundamentais, exercidas por dois órgãos do poder. A função legislativa caberia ao Parlamento. A função executiva, exercida pelo rei, comportava um desdobramento, chamando-se função federativa quando se tratasse do poder de guerra e de paz, de ligas e alianças, e de todos as questões que devessem ser tratadas fora do Estado. A quarta função, também exercida pelo rei, era a prerrogativa, conceituada como 'o poder de fazer o bem público sem se subordinar a regras" (op. cit., 1998, p. 217).

³⁷⁸ HESSE, Konrad, op. cit., 1998, p. 371.

³⁷⁹ FERREIRA FILHO, Manoel Gonçalves, op. cit., 1990, p. 118.

³⁸⁰ Id. ib., p. 119.

riam ser cumpridas pelos indivíduos, e só haveria interferência do executivo para punir quem não as cumprisse.[381]

Dessa forma, o que há são funções distintas do poder estatal,[382] e não-separação de Poderes, sendo que estas funções são cada vez maiores e mais complexas quanto o é a própria sociedade.[383] A fórmula da separação de Poderes, pois, tornou-se inadequada "para um Estado que assumiu a missão de fornecer a todo o seu povo o bem-estar, devendo, pois, separar as funções estatais, dentro de um mecanismo de controles recíprocos, denominado 'freios e contrapesos' (*checks and balances*)".[384]

O Estado Democrático de Direito, como vimos anteriormente, é um Estado interventor, preocupado com a democracia e os direitos fundamentais. Por isso,

> as próprias exigências de efetiva garantia de liberdade para todos e de atuação democrática do Estado requerem deste maior dinamismo e a presença constante na vida social, o que é incompatível com a tradicional separação de poderes. É necessário que se reconheça que o dogma da rígida separação formal está superado, reorganizando-se completamente o Estado, de modo a conciliar a necessidade de eficiência com os princípios democráticos.[385]

A Constituição portuguesa de 1976, por exemplo, já não utiliza a palavra "poderes" para designar os órgãos de Estado. Alude, somente, a "órgãos de soberania", eis que "os poderes são sistemas ou complexos de órgãos aos quais a Constituição atribui certas competências para o exercício de certas funções",[386] enquanto, na Alemanha, se fala em órgãos especiais.[387]

---

[381] DALLARI, Dalmo de Abreu, op. cit., 1998, p. 218.

[382] Neste sentido, José Joaquim Gomes Canotilho, explica que: "O *Estado* concebe-se como ordenação de várias funções constitucionalmente atribuídas aos vários órgãos constitucionais. 'Repartida' ou 'separada' aparecer-nos-á a *actividade* do Estado e não o *poder* do Estado e a resultante desta divisão não é a existência de vários poderes mas una diferenciação de funções do Estado" (op. cit., 1999, p. 510).

[383] Em princípio, as Constituições contemporâneas ainda identificam, em regra, as funções legislativas, administrativas e jurisdicionais. Mas, consoante refere José Joaquim Gomes Canotilho: "Estas funções surgem como *funções fundamentais*, sem qualquer 'carácter de exclusividade' (K. Hesse), pois aos órgãos de soberania vêm a caber outras funções constitucionais (funções de governo, funções militares, funções de planificação). Estas outras funções a que se acabou se aludir são muitas vezes remetidas para enigmáticos e a-constitucionais poderes ('quarto poder', 'quinto poder', 'instituições autónomas') mas estes poderes, 'ao lado' ou 'fora' de um enquadramento normativo-constitucional, são hoje reconhecidamente incompatíveis com o Estado democrático-constitucional" (op. cit., 1999, p. 515).

[384] MORAES, Alexandre de, op. cit., 1999, p. 352.

[385] DALLARI, Dalmo de Abreu, op. cit., 1998, p. 222.

[386] CANOTILHO, José Joaquim Gomes, op. cit., 1999, p. 503.

[387] HESSE, Konrad, op. cit., 1998, p. 371.

E se o sistema de separação de Poderes foi, na sua época, uma forma de contenção do poder do Estado, contra o arbítrio e o abuso de poder, hoje tal tarefa cabe primordialmente aos direitos fundamentais, devidamente constitucionalizados, e a um Judiciário realmente independente, e, porque não dizer, ao Ministério Público, pela suas especiais atribuições.[388]

Ora, cabe ao Ministério Público brasileiro propiciar o acesso à justiça, como se verá, a proteção dos direitos fundamentais e da própria democracia, bem como "zelar pelo efetivo respeito dos Poderes Públicos e dos serviços de relevância pública aos direitos assegurados nesta Constituição, promovendo as medidas necessárias a sua garantia", consoante determina o artigo 129, inciso II, da Carta Magna de 1988.

Trata-se de uma instituição que exerce a fiscalização dos demais órgãos públicos quanto ao respeito pela Constituição e aos princípios nela positivados, eis aí a relevância do *Parquet* nacional.[389]

Poderia ser, então, o Ministério Público um Poder de Estado, considerando que a tripartição dos Poderes não é científica e, sim, ideológica? Poderia ser um Poder de Estado considerando, ainda mais, que possui tarefa constitucional de controle sobre os demais Poderes?

A resposta até poderia ser sim, eis que

> Não existe mais, em realidade, o Estado descrito por Montesquieu, em seu festejado estudo intitulado "O Espírito das Leis". Esta concepção – hoje – se encontra absolu-

---

[388] Para BASTOS, Celso Ribeiro, o Ministério Público só se torna a instituição por nós conhecida a partir do Estado de Direito, e só "A partir de então, fixada a sua posição de órgão defensor da sociedade e não do Rei, o Ministério Público começa a sofrer as conseqüências das vicissitudes por que passa o próprio Estado, liberal no século XIX, parcialmente intervencionista no século XX, até o momento atual, marcado pelo recuo do *Welfare State* em benefício de políticas mais liberais no campo econômico e social. De qualquer sorte o Estado remanesce uma entidade tão complexa que, mesmo dele se abstraindo a atividade econômica – que melhor cabe nas mãos dos particulares -, a ele incumbem funções extremamente acrescidas em razão, inclusive, do próprio crescimento da interferência recíproca dos problemas de um Estado em outro. O crime demanda um combate internacionalmente organizado. O terrorismo *idem*. O mesmo acontece com a defesa da ecologia. Nesses, e em muitos outros pontos, o Estado não pode olhar somente para o limite do seu território, mas é obrigado a perscrutar o caminho por que segue o próprio mundo, não perdendo oportunidade de insinuar-se nas grandes correntes do comércio internacional, assim como fazer escolhas corretas no que diz respeito à sua integração em blocos econômicos. Não se quer com isso dizer que o Ministério Público tenha por função interferir em todos esses assuntos, mas sim deixar certo que a própria sociedade se tornou mais complexa, fato ao qual a ordem jurídica não se pode manter indiferente, daí o surgimento dos direitos difusos, dos direitos coletivos, esferas nas quais o Ministério Público ganha, sem dúvida, dimensões que não tinha no passado" (op. cit., 1988, p. 3).

[389] E sendo um controle dos demais "poderes", facilmente poderíamos chegar à concepção de ser o Ministério Público um verdadeiro "poder" moderador, ou seja, um "poder" garantidor das regras democráticas. Neste sentido, Paulo Bonavides, refere que isto já ocorreu no Brasil, na época da monarquia, através do Imperador, e, muitas vezes, pelo papel do Exército brasileiro, antes, é claro, de 1964 (op. cit., 1999, p. 144-146).

tamente esclerosada e não mais atende as funções que a sociedade hodierna reclama do Estado Moderno. Agora, no limiar do século XXI, a idéia de Estado é diversa daquela do Século XVII e que inspirou os estudos de Montesquieu. Em realidade, às funções clássicas do Estado outras foram acrescidas e traduzidas, se não pela criação formal de novos poderes, sim pela concepção de instituições permanentes, as quais também desempenham funções da essência do Estado atual. A sociedade continua a reclamar a elaboração de leis: tarefa da função legislativa do Estado. Reclama também a aplicação da lei: tarefa da função judiciária deste mesmo Estado. Reclama, por igual, que o administrador aja consoante determina a lei, mas além disto tudo, o Estado contemporâneo também reclama que, em pé de igualdade, se promova a defesa da ordem jurídica, do regime democrático, das liberdades públicas constitucionais e outras; tarefas atribuídas ao Ministério Público que *não é e não quer ser o quarto poder* pretendido por Alfredo Valladão. Em verdade é ele, e isto precisa ser bem compreendido, uma instituição, sem a qual, neste momento histórico, a sociedade não saberia conviver, prova maior de que, assim como os poderes formalmente constituídos, também esta instituição, hoje, integra a essência do Estado, pouco importando se tenha a designação formal de poder ou não, pois é certo que, tais como os poderes, sob o ponto de vista material, desempenha função essencial à existência do Estado moderno, com independência e harmonia com estes e com as instituições permanentes que compõem o Estado. Exerce, portanto, parcela da soberania do Estado e guindando seus órgãos à condição de agentes políticos, tais como os membros dos poderes formalmente constituídos.[390]

Tais questões, porém, não são importantes, eis que, como se viu, a separação de Poderes é um dogma a ser superado, eis que não mais condizente com a nossa realidade, com o novo Estado Democrático de Direito, salvo para, assim como os demais "Poderes", ser o Ministério Público definitivamente perpetuado no sistema constitucional brasileiro (impedindo, de maneira categórica, eventuais desejos sub-reptícios de extinguir ou, mesmo, enfraquecer a instituição), o que, sem dúvida, já ocorreu ao momento em que a Carta Constitucional determina, no *caput* do seu artigo 127, que a instituição do Ministério Público é permanente e essencial à função jurisdicional do Estado, sendo, inclusive, crime de responsabilidade os atos do Presidente da República contra o livre exercício do *Parquet*, consoante o artigo 85, inciso II, da Carta Magna de 1988.[391]

---

[390] PORTO, Sérgio Gilberto. O Ministério Público no estado moderno. *Revista do Ministério Público*, Porto Alegre, v. 40, jan./jun. 1998, p. 108.

[391] MAZZILLI, Hugo Nigro. *A defesa dos interesses difusos em juízo:* meio ambiente, consumidor e patrimônio cultural. 3 ed. São Paulo: Revista dos Tribunais, 1991b, esclarece o assunto com exatidão: "Se tecnicamente, porém, não há despropósito em falar do Ministério Público como órgão que exerce funções administrativas, nem por isso deixou o constituinte de 1988 de sentir a conveniência de dar *status* constitucional próprio à instituição, ainda que sem se ater à rígida divisão atribuída a Montesquieu. Sabe-se que a divisão tripartite do Poder é antes política e pragmática do que científica. Ora, na verdade, pouca ou nenhuma importância teria colocar-se o Ministério Público dentro de qualquer Poder do Estado, ou até utopicamente erigi-lo a um quarto poder (como aventou Valladão), a fim de que, só por isso, se pretendesse conferir-lhe

Sendo sua função constitucional a defesa da ordem jurídica e o regime democrático, consoante o artigo 127, *caput*, a instituição faz parte do sistema político brasileiro, razão pela qual, sem o Ministério Público, desnaturadas estariam a democracia e a ordem jurídica.

Logo, não é de graça que os membros[392] do Ministério Público brasileiro tenham as mesmas garantias constitucionais dos magistrados (independência funcional, vitaliciedade, inamovibilidade e irredutibilidade de subsídio – artigos 127, § 1º, e 128, § 5º, inciso I), e nem que a instituição tenha autonomia funcional, administrativa e financeira (artigo 127, §§ 2º e 3º).[393]

independência. Esta não decorrerá basicamente da colocação do Ministério Público neste ou naquele título ou capítulo da Constituição, mas primordialmente dependerá das garantias e instrumentos de atuação conferidos à Instituição e a seus membros, bem como e principalmente será conseqüência direta da maneira pela qual os membros da instituição exercem seu misteres, a qual será mais ou menos comprometedora para o verdadeiro interesse público, mais ou menos próxima dos interesses do governo, dos políticos e dos governantes, conforme seja a independência nominal da instituição, mas a independência moral dos agentes do Ministério Público. De qualquer forma, porém, a solução que nos parece a melhor, justamente para contribuir de forma pragmática com esse desiderato de autonomia e independência da Instituição, não é erigir o Ministério Público a um suposto 'quarto poder', nem colocá-lo dentro dos rígidos esquemas da divisão tripartite. Consiste, antes, em inseri-lo em título ou capítulo próprio, ou seja, como o fez a Constituição de 1988..." (p. 113).

[392] Os membros do Ministério Público, inclusive, são considerados, pelo saudoso mestre MEIRELLES, Hely Lopes. *Direito administrativo brasileiro*. 16 ed. São Paulo: Revista dos Tribunais, 1991, como *agentes políticos do Estado*, assim como os Chefes de Executivo, os membros das Corporações Legislativas (Senadores, Deputados e Vereadores) e os membros do Poder Judiciário (magistrados em geral), entre outros, eis que "são componentes do Governo nos seus primeiros escalões, investidos em cargos, funções, mandatos ou comissões, por nomeação, eleição, designação ou delegação para o exercício de atribuições constitucionais. Esses agentes atuam com plena liberdade funcional, desempenhando suas atribuições com prerrogativas e responsabilidades próprias, estabelecidas na Constituição e em leis especiais. Não são servidores públicos, nem se sujeitam ao *regime jurídico* único estabelecido pela Constituição de 1988. Têm normas específicas para sua escolha, investidura, conduta e processo por crimes funcionais e de responsabilidade, que lhes são privativos. Os *agentes políticos* exercem funções governamentais, judiciais e quase judiciais, elaborando normas legais, conduzindo os negócios públicos, decidindo e atuando com independência nos assuntos de sua competência. São as *autoridades públicas supremas*, do Governo e da Administração, sujeitando-se apenas aos graus e limites constitucionais e legais de jurisdição. Em doutrina, os agentes políticos têm plena liberdade funcional, equiparável à independência dos juízes nos seus julgamentos e, para tanto, ficam a salvo de responsabilização civil por seus eventuais erros de atuação, a menos que tenham agido com culpa grosseira, má fé ou abuso de poder" (p. 67-69).

[393] Assim como o Poder Judiciário, a instituição do Ministério Público elabora sua proposta orçamentária dentro dos limites estabelecidos na Lei de Diretrizes Orçamentárias, recebendo em duodécimos, os recursos correspondentes às dotações orçamentárias, inclusive créditos suplementares e especiais, até o dia vinte de cada mês, sem vinculação a qualquer tipo de despesa (art. 127, § 3º, da Constituição Federal, c/c art. 4º da Lei nº 8.625/93). Também detém a iniciativa do processo legislativo destinado não só a criação e extinção de seus cargos e de seus serviços auxiliares, como ainda à organização da própria instituição (art. 128, § 5º, da Constituição Federal). Cabe, assim, ao Ministério Público: praticar os atos próprios de gestão; praticar atos e decidir sobre a situação funcional e administrativa de seu pessoal ativo e inativo, tanto da carreira como dos serviços auxiliares, organizados em quadros próprios; elaborar suas folhas de pagamento e expedir os competentes demonstrativos; adquirir bens e contratar serviços, efetuando a respectiva contabilização; prover os cargos iniciais de carreira

Por tudo isto, o Ministério Público recebeu do constituinte de 1988 igual importância jurídica que os chamados "poderes de Estado",³⁹⁴ ainda que assim não tenha sido nominado (art. 2º), o que nos leva a acreditar, e o que ainda será objeto de estudo, que não pode o *Parquet* ser abolido da Carta Constitucional por emenda constitucional, consoante a disposição do artigo 60, § 4º, da Lei Maior brasileira, bem como pelo princípio constitucional da vedação do retrocesso histórico.

Hoje, no Estado contemporâneo e consoante o perfil constitucional da instituição brasileira, única no mundo, pode-se dizer que as funções do Ministério Público, ainda que mais de natureza administrativa, não se enquadram em qualquer das funções tradicionais do Estado, sendo, pois, de natureza *sui generis*.

Não tem função legislativa, pois não legisla. Não possui função judicial, eis que não julga e ainda possui várias atividades extrajudiciais.³⁹⁵ E não têm função administrativa, eis que não administra (em sua atividade-fim, é claro, já que todos os Poderes possuem atividades administrativas, como meio para atingir seus objetivos primordiais), ainda que tenha função de aplicação da lei (como o próprio Judiciário também). Possui, sim, função fiscalizadora³⁹⁶ e

e dos serviços auxiliares, bem como nos casos de remoção, promoção e demais formas de provimento derivado; editar atos de aposentadoria, exoneração e outros que importem em vacância de cargos de carreira e dos serviços auxiliares, bem como os de disponibilidade de membros do Ministério Público e de seus servidores; organizar suas secretarias e os serviços auxiliares das procuradorias e promotorias de justiça; compor os seus órgãos de administração; elaborar seus regimentos internos; e, por fim, exercer outras competências decorrentes de sua autonomia (Lei nº 8.625/93).

³⁹⁴ Neste sentido, Celso Ribeiro Bastos, referindo-se ao Ministério Público declara: "O que parece contudo induvidoso é que o grau da sua autonomia e prerrogativas tem características das de um autêntico Poder" (op. cit., 1994, p. 356).

³⁹⁵ Neste sentido, Sérgio Gilberto Porto, demonstra que, apesar de ter sido apontado constitucionalmente como função essencial à Justiça, o Ministério Público desempenha muitas outras atividades extrajudiciais, fora da própria Justiça: "Oportuno, outrossim, destacar que o Ministério Público não é órgão de atuação exclusivamente processual, pois, dentre suas missões institucionais, encontra-se um gama infindável de atribuições extra-processuais, muitas das quais desconhecidas pelos demais profissionais do direito e da própria sociedade. Assim, por exemplo, quando instala e desenvolve inquérito civil, fiscaliza fundações, prisões e delegacia de polícia. Por igual, quando procede ao exame das habilitações de casamento ou homologa acordos ou ainda quando estabelece os compromissos de ajustamento. Nesta medida, nota-se que o teatro de operações do Ministério Público se alarga e extrapola a órbita judicial, daí ter dito o legislador constituinte menos que devia, na medida em que a instituição também é essencial em tarefas não jurisdicionais a si incumbidas" (op. cit., 1998, p. 111).

³⁹⁶ Márcio Antônio Inacarato, em seu texto publicado em 1969, já previa: "Como se trata de uma das mais recentes instituições integrantes do Estado moderno (se não a mais recente), não obstante venha sofrendo modificações e transformações sempre no sentido de lhe garantir maior estabilidade, e ao mesmo tempo maior maleabilidade para agir, ainda não se pode afirmar com segurança que o seu destino seja o alinhar-se numa das três formas acima citadas, ou que, conforme pensamos, atinja seu *status* definitivo de uma forma mais coerente e mais adequada, impondo-se finalmente como um órgão da soberania do Estado, como um quarto poder, - o Poder Fiscalizador, com poder de ação na esfera dos três outros" (op. cit., 1969, p. 98).

de controle,³⁹⁷ em defesa da sociedade (e não do governo),³⁹⁸ utilizando-se, para tanto, de meios próprios³⁹⁹ e judiciais.

A conclusão de que o *Parquet* brasileiro é órgão independente é incontrastável, diante do regime jurídico que desfruta, distinto dos demais chamados "Poderes" do Estado, porém, qualitativamente equivalente ao regime jurídico-constitucional de tais órgãos, eis que, embora não esteja o Ministério Público incluído expressamente entre aqueles, encontra-se estruturado, em tudo e por tudo, de modo idêntico, no que diz respeito a autonomias, garantias e prerrogativas. Assim, o Ministério Público, com seu posicionamento constitucional peculiar e especial, só encontra assemelhação com o Executivo, o Judiciário e o Legislativo.⁴⁰⁰

Não integra qualquer dos "Poderes", eis que está previsto em capítulo próprio, contando com autonomia funcional, administrativa e financeira.⁴⁰¹ Por isso, há a previsão dos crimes de responsabilidade do Presidente da República, ou seja, a previsão, contida no artigo 85, inciso II, da Carta Magna, que estabelece ser crime de responsabilidade do Presidente da República atentar contra a Constituição Federal e, em especial, contra o livre exercício do Poder Legislativo, do Poder Judiciário, *do Ministério Público* e dos Poderes constitucionais das unidades da Federação. Aí, a Constituição, sem qualquer

---

³⁹⁷ Neste sentido, ALVARENGA, Aristides Junqueira. As limitações constitucionais dos três Poderes e o papel do Ministério Público. *Parquet*: Relatório Anual. Porto Alegre: Escola Superior do Ministério Público, n. 1, 1990, explica que o Ministério Público participa do sistema de freios e contrapesos, em defesa da democracia e da cidadania, no sentido de evitar o abuso de poder e a quebra de harmonia entre os "poderes". Para tanto, utiliza-se da ação direta de inconstitucionalidade e da representação de inconstitucionalidade (p. 73-78). No mesmo sentido, MORAES, Alexandre de, op. cit., 1999, p. 352-353.

³⁹⁸ Por isso, é vedada ao Ministério Público a representação judicial e a consultoria jurídica de entidades públicas, consoante o artigo 129, inciso IX, da Carta Magna de 1988, até porque cabe tais funções à Advocacia Pública da União e à Procuradoria do Estado, consoante o artigo 131 e seguintes da Lei Maior. Portanto, o *Parquet* nacional, ao contrário da maioria das instituições similares alienígenas, como já visto, possui a função de defesa da sociedade, e não do governo, o que demonstra a importância da instituição nacional para a democracia e os direitos fundamentais.

³⁹⁹ E o faz através de expedientes administrativos e do inquérito civil público, possuindo, inclusive, poder de requisição e notificação.

⁴⁰⁰ Ainda que, no Capítulo IV do Título IV da Carta Constitucional de 1988, o Ministério Público esteja acompanhado da Advocacia Pública e da Defensoria Pública como demais instituições essenciais à Justiça, claro está que estas integram o Poder Executivo, pois hierarquicamente subordinadas e com funções de caráter administrativo. Logo, não é apenas a posição constitucional que determina a natureza jurídica do Ministério Público, mas suas tarefas constitucionais, sua importância no Estado Democrático de Direito, na defesa da democracia, da ordem jurídica e dos direitos fundamentais, e suas garantias e prerrogativas. Neste sentido, é a lição de CLÈVE, Clèmerson Merlin. O Ministério Público e a reforma constitucional. *Revista dos Tribunais*, São Paulo, v. 692, jun. 1993, p. 22.

⁴⁰¹ E o Ministério Público precisa ter autonomia para ser livre e, assim, exercer a fiscalização e o controle sobre os demais "Poderes".

dúvida, afirma que o Ministério Público não é órgão do Executivo, do Legislativo ou do Judiciário, eis que

> se fosse ele órgão destes dois últimos Poderes, não precisaria ser mencionado à parte, uma vez que bastaria a referência aos Poderes. E se integrasse o Poder Executivo, dada a hierarquia inerente a este Poder, prevista no art. 84, inc. I da Constituição Federal, também seria inconcebível a Carta Magna dizer que caracteriza crime de responsabilidade, por parte do Chefe do Executivo, atentar contra o "livre exercício do Ministério Público", pois, como é notório, quem está hierarquizado e vinculado a determinado Poder não tem 'livre exercício.[402]

Em realidade, Legislativo, Executivo e Judiciário, bem como o Ministério Público, no sistema brasileiro, podem ser considerados, todos, como órgãos de soberania do Estado, como bem expõe a Carta Constitucional portuguesa de 1976, mais exatamente como *órgãos constitucionais de soberania*,[403] que são aqueles:

> (1) cujo *status* e competências são imediata e fundamentalmente "constituídos" pela constituição; (2) que dispõem de um poder de auto-organização interna; (3) que não estão subordinados a quaisquer outros; (4) que estabelecem relações de interdependência e de controlo em relação a outros órgãos igualmente ordenados na e pela constituição. O facto de o seu *status* e competência derivar directamente da constituição leva os autores a considerá-los como *órgãos imediatos*. Não basta, pois, que eles sejam "mencionados" na constituição; as suas competências e funções devem resultar, no essencial, da lei fundamental.[404]

A idéia de órgãos constitucionais de soberania, muito bem-trazida pelo eminente mestre português José Joaquim Gomes Canotilho, significa, em especial,

> que a eles pertence o exercício do poder (*autoritas*, *majestas*) superior do Estado, quer na sua dimensão externa (relativamente a outros Estados e poderes soberanos) quer na sua dimensão interna (frente a outros 'centros de poder' internos). Daqui se deduz também que os órgãos constitucionais de soberania além de *derivarem imediatamente* da constituição são *coessenciais* à caracterização da forma de governo, constitucionalmente instituída. Ao contrário de outros órgãos constitucionais, previstos na lei fundamental mas que não concorrem para a configuração da forma de governo, a alteração ou supressão dos órgãos constitucionais da soberania implica

---

[402] BURLE FILHO, José Emmanuel; GOMES, Maurício Augusto. Ministério Público, as funções do estado e seu posicionamento constitucional. *Parquet*: Relatório Anual. Porto Alegre: Escola Superior do Ministério Público, n. 1, 1990, p. 106-107.

[403] Também Celso Ribeiro Bastos, define o Ministério Público brasileiro como um órgão constitucional, "porque previsto e imposto na Constituição..." (op. cit., 1988, p. 11). Todavia, para José Joaquim Gomes Canotilho, todos os órgãos previstos na Carta Magna são órgãos constitucionais. Todavia, para ele, há os órgãos constitucionais de soberania, que são, em síntese, muito mais restritos e importantes do que os demais órgãos constitucionais, eis que os primeiros são, não só formalmente constitucionais como os últimos, mas também materialmente constitucionais, moldando a própria forma do Estado (op. cit., 1999, p. 522).

[404] CANOTILHO, José Joaquim Gomes, op. cit., 1999, p. 522.

a própria transformação da forma de governo. Por isso se afirma que "são órgãos definidores da forma política em concreto: forma de Estado, regime político, sistema de governo" (J. Miranda).[405]

E o Ministério Público brasileiro possui, não só competências fundamentalmente constituídas pela Constituição, de natureza eminentemente constitucionais, além de independência e autonomia, mas, também, uma parcela da soberania do Estado, pois é dele, por exemplo, a titularidade exclusiva da ação penal pública, consoante o artigo 129, inciso I, da Carta Magna, sendo dele, portanto, a última palavra em matéria de ação penal, ou seja, é a Instituição que, por derradeiro, efetuará, ou não, a denúncia, nos termos do artigo 28 do Código de Processo Penal, sem ingerência do Poder Judiciário ou de quem quer que seja.

É claro que os órgãos constitucionais de soberania não são totalmente independentes – e nenhum o é.[406] Eles possuem uma posição equiordenada,[407] ou seja, "considera-se a todos como órgãos constitucionais de soberania e, por isso, as relações intercorrentes entre órgãos que exercem funções de soberania são relações de paridade e não relações de 'infra-ordenação' ou de 'subordinação'".[408]

Tal conceituação, não se pode olvidar, está muito mais próxima da atualidade constitucional do mundo contemporâneo do que a velha teoria da separação de Poderes, mesmo ainda dogmatizada – pelo menos nominalmente –, na Constituição de 1988.

Sendo, assim, o Ministério Público brasileiro alcança, pelo próprio conteúdo da Lei Maior, uma equiparação jurídico-constitucional com os demais "Poderes", fazendo parte do sistema de freios e

---

[405] CANOTILHO, José Joaquim Gomes, op. cit., 1999, p. 522.

[406] No Brasil, especificamente, o Poder Judiciário sofre o controle fiscal do Legislativo, através do Tribunal de Contas, bem como a interferência do Executivo, que nomeia os integrantes dos Tribunais Superiores e do quinto constitucional. O Executivo, por sua vez, é fiscalizado pelo Legislativo e sofre os julgamentos de seus atos pelo Judiciário. O Legislativo, ainda, sofre as influências do Executivo, nos vetos e em outras questões. E o Ministério Público, que fiscaliza os demais, sofre a fiscalização do Tribunal de Contas, o julgamento de seus atos pelo Judiciário e a influência do Executivo na nomeação da sua chefia administrativa. Tudo isto ocorre sem que haja hierarquia ou subordinação, mas sim uma relação de paridade e de mútuo controle.

[407] Para José Joaquim Gomes Canotilho: "Todos os órgãos constitucionais de soberania são 'poderes constituídos' igualmente ordenados pela Constituição. Não se quer dizer com isto que a lei fundamental não estabeleça relações de controlo e interdependência. Assim, por ex., os órgãos do 'poder judicial' estão submetidos às leis da AR e decretos-leis do Governo (art. 203º); o Governo depende da AR no que respeita ao exercício da função legislativa relativamente a certas matérias (cfr. arts. 164º e 165º); os órgãos com competência legislativa (AR, Governo, Assembleias Regionais) estão sujeitos à declaração de inconstitucionalidade das leis pelo Tribunal Constitucional (arts. 223º, 277º e ss)" (op. cit., 1999, p. 522-523).

[408] CANOTILHO, José Joaquim Gomes, op. cit., 1999, p. 523.

contrapesos do Estado Democrático brasileiro, com uma das funções mais altas da soberania nacional.

Faz-se necessário, agora, explicitar, de maneira mais profunda, a importância da instituição para a democracia e para os direitos fundamentais, eis que, em face destes, o Ministério Público alcançou toda a sua razão de ser, especialmente na Constituição Federal brasileira de 1988. Somente após, então, será possível auferir mais exatamente a posição jurídico-constitucional da Instituição no Estado Democrático de Direito brasileiro.

11. O Ministério Público brasileiro e a defesa da Constituição, da democracia e dos direitos fundamentais

No capítulo anterior, concluímos que o Ministério Público brasileiro, pela sua importância no Estado Democrático de Direito nacional, instalado pela Carta Constitucional de 1988, foi erigido a um órgão constitucional de soberania do Estado, possuindo funções específicas de controle e fiscalização, bem como de proteção aos direitos fundamentais.

Agora, é importante que se faça uma análise dos motivos pelos quais a Constituição Federal de 1988 deu tanta importância ao *Parquet*, quais sejam, suas funções de defensor da ordem jurídica e do regime democrático e, ainda, dos direitos fundamentais, assim previstas no artigo 127, *caput* da Lei Maior: "O Ministério Público é instituição permanente, essencial à função jurisdicional do Estado, incumbindo-lhe a defesa da ordem jurídica, do regime democrático e dos interesses sociais e individuais indisponíveis".

Isto é necessário para que se possa fixar, com mais nitidez, a colocação jurídico-constitucional do *Parquet* a partir da Carta Magna de 1988, pois só é possível averiguar a questão jurídica se soubermos, com exatidão, quais as funções e qual a importância do Ministério Público na sociedade brasileira.

Primeiramente, é necessário ser ressalvado que a análise das funções primordiais do *Parquet* deve ser pautada, não por velhos dogmas positivistas, mas sim por uma concepção moderna do Estado Democrático de Direito, como foi visto anteriormente. Portanto, e considerando que o Ministério Público não é órgão judicial, ainda que dele se utilize para, muitas vezes, buscar a concretização de suas funções, precisamos abandonar uma primeira concepção de que o *Parquet* nacional foi direcionado para ser meramente uma função judicial. Ao contrário do que muito se escreveu, o Ministério Público possui várias formas para efetivar suas atribuições, ora através do

Judiciário, ora por meios próprios.[409] Assim, pode (e nem sempre o faz) utilizar o Poder Judiciário como meio para efetivar sua destinação constitucional. Como foi visto, o Ministério Público é instituição "sui generis", não tendo funções (fins) precípuas administrativas, legislativas ou judiciais.

Em segundo lugar, é necessário compreender que há uma imbricação incontornável entre ordem jurídica, regime democrático e direitos fundamentais no Estado Democrático de Direito, eis que é a ordem jurídica constitucional que embasa um Estado de Direito e que determina e garante a democracia. A democracia (ou regime democrático) é aquela que faz uma ordem jurídica ser justa e democrática, caracterizada pelo respeito às regras do jogo democrático e apreço aos direitos fundamentais. E os direitos fundamentais, positivados na ordem jurídica, são o conteúdo material da democracia e de uma ordem materialmente justa. Sem um ou outro não haveria, em realidade, um Estado Democrático de Direito.[410] Por isso, na

---

[409] O Ministério Público, como já visto anteriormente, pode solucionar conflitos e concretizar suas funções constitucionais sem qualquer interferência judicial. Isto pode acontecer quando, através de expedientes administrativos ou de inquéritos civis públicos, resolve problemas ambientais, de consumo, do patrimônio público, etc., que nem sequer chegam ao conhecimento judicial. Da mesma forma, quando, na forma de defensor do povo, o que ainda será analisado neste estudo, soluciona, às vezes por simples contato telefônico, problemas de caráter individual. Para tanto, os membros do Ministério Público possuem poder notificatório e requisitório, consoante o artigo 129, inciso VI, da Lei Maior. Por fim, entre tantas outras funções não-judiciais, é o órgão do Ministério Público fiscalizador de fundações, de casas de menores, de abrigos de idosos e deficientes, da polícia, etc. Logo, a colocação do Ministério Público como essencial à função jurisdicional do Estado é tecnicamente incorreta e ocorreu, provavelmente, pelo medo da quebra do dogma da separação de Poderes. Por isso, a advertência de MAZZILLI, Hugo Nigro. *Regime jurídico do Ministério Público:* análise da Lei Orgânica Nacional do Ministério Público, aprovada pela Lei nº 8.625, de 12 de fevereiro de 1993. 3 ed. São Paulo: Saraiva, 1996: "A referência a ser 'essencial à função jurisdicional do Estado', que já se achava presente no art. 1º da Lei Complementar nº 40/81, bem como constava do art. 308 do Anteprojeto Afonso Arinos, não deixa de ser incorreta: diz menos do que deveria (o Ministério Público tem inúmeras funções exercidas independentemente da prestação jurisdicional, como na fiscalização de fundações e prisões, nas habilitações de casamento, na homologação de acordos extrajudiciais, no inquérito civil, no atendimento ao público, nas funções de *ombudsman*), como, paradoxalmente, diz mais do que deveria (pois o Ministério Público não oficia em todos os feitos submetidos à prestação jurisdicional, e sim, normalmente, naqueles em que haja algum interesse indisponível, difuso ou coletivo, ligado à qualidade de uma das partes ou à natureza da própria lide" (p. 73-74).

[410] Tal questão é bem demonstrada pela concepção garantista de Sérgio Cademartori, que alerta que o Estado Democrático de Direito "tem como característica a constitucionalização de Direitos naturais estampados nas diversas Declarações de Direitos e Garantias, cuja posse e exercício por parte dos cidadãos devem ser assegurados como forma de evitar o abuso do poder por parte dos governantes. Esses Direitos naturais positivados, ora e diante denominados 'direitos fundamentais' passam a ser então o alicerce das democracias modernas. A legitimação democrática dos governantes contemporâneos passa assim a ser medida pelo respeito e implementação desses Direitos através de mecanismos de legalidade, erigida esta em instrumento privilegiado de concretização dos valores fundamentais que são plasmados através daqueles" (op. cit., 1999, p. 32).

análise do que seja ordem jurídica, regime democrático e direitos fundamentais, é impossível fazer-se uma dissociação, razão pela qual, ainda que seja possível dar um enfoque diferenciado, não se pode fazer uma análise estanque, como muito já foi feito, das funções estatais do Ministério Público.[411]

Ultrapassadas tais questões iniciais, verifica-se que o Ministério Público tem função de defesa da ordem jurídica, que, desde logo, não se confunde com direito positivo,[412] mas como uma *"ordem jurídico-normativa fundamental* vinculativa de todos os poderes públicos",[413] que pressupõe a supremacia da Constituição, que "confere à ordem estadual e aos actos dos poderes públicos medida e forma".[414] Por isso,

> a lei constitucional não é apenas – como sugeria a teoria tradicional do estado de direito – uma simples lei incluída no sistema ou no complexo normativo-estadual. Trata-se de uma verdadeira ordenação normativa fundamental dotada de supremacia.[415]

Portanto, competindo ao Ministério Público a defesa da ordem jurídica,

> pode se afirmar, longe de dúvidas, que compete a este a *defesa da ordem constitucional* onde quer que esta se encontre ameaçada. Assim, pois, sempre que a ordem

---

[411] Cabe aqui lembrar o extenso rol de funções e princípios institucionais do Ministério Público, previstos no artigo 5º da Lei Complementar nº 75/93 (Lei Orgânica do Ministério Público da União), aplicáveis também, de forma subsidiária, aos Ministérios Públicos dos Estados, para demonstrar o quão ampla é a destinação e importância do *Parquet* nacional e a imbricação entre constituição, democracia e direitos fundamentais. Neste sentido, devem ser consideradas, na atuação ministerial, a soberania e a representatividade popular, os direitos políticos, os objetivos fundamentais da República Federativa do Brasil, a indissolubilidade da União, a independência e harmonia dos poderes de Estado, a autonomia dos Estados-membros da União, do Distrito Federal e dos Municípios, as competências vedadas à União, Estados, Distrito Federal e Municípios, e os princípios da legalidade, impessoalidade, moralidade e a publicidade (art. 5º, inciso I). A instituição deve zelar, de maneira expressa, pela observância aos princípios constitucionais referentes ao sistema tributário, às finanças públicas, à atividade econômica, política urbana, agrícola, fundiária e de reforma agrária, e, ainda, ao sistema financeiro nacional, bem como à seguridade social, à educação, à cultura e ao desporto, à ciência e à tecnologia, à comunicação social e ao meio ambiente, e, por fim, à segurança pública (art. 5º, inciso II), entre outras atividades.

[412] Para José Joaquim Gomes Canotilho, o Direito não é só forma, mas conteúdo, com idéia de justiça, de proteção dos direitos: "O Direito compreende-se como um *meio de ordenação* racional e vinculativa de uma comunidade organizada e, para cumprir esta função ordenadora, o direito estabelece *regras* e *medidas*, prescreve *formas* e *procedimentos* e cria *instituições*. Articulando medidas ou regras materiais com formas e procedimentos, o direito é, simultaneamente, medida material e forma da vida colectiva (K. Hesse). Forma e conteúdo pressupõem-se reciprocamente: como meio de ordenação racional, o direito é indissociável da realização da *justiça*, da efectivação de *valores* políticos, económicos, sociais e culturais; como *forma*, ele aponta para a necessidade de garantias jurídico-formais de modo a evitar acções e comportamentos arbitrários e irregulares de poderes públicos" (op. cit., 1999, p. 239-240).

[413] José Joaquim Gomes Canotilho, op. cit., 1999, p. 241.
[414] Id., ib.
[415] Id., ib.

jurídica constitucional estiver ameaçada, sem a incidência de qualquer limitador de atuação, compete ao Ministério Público a tomada da medida necessária, seja ela jurisdicional ou não, para garantia do império desta mesma ordem.[416]

O Ministério Público, pois, é guardião da Lei Maior, e, por óbvio, dos princípios democráticos que nela estão positivados, bem como dos direitos fundamentais nela garantidos, inclusive na fiscalização do sistema de freios e contrapesos das funções estatais,[417] nas suas duas dimensões, ou seja, a negativa, no sentido de evitar os abusos de poder contra os direitos fundamentais e os princípios democráticos (e contra a própria Lei Fundamental), e a positiva, para possibilitar que o Estado, através de suas várias funções, concretize a democracia e os mesmos direitos fundamentais.[418]

---

[416] PORTO, Sérgio Gilberto, op. cit., 1998, p. 112.

[417] Neste sentido, José Paulo Baltazar e Sara Schütz de Vasconcelos, afirmam que: "A noção dos três poderes independentes e harmônicos, embora reforçado pela teoria dos freios e contrapesos, jamais poderia ser entendida sem que se levasse em conta a instituição do MINISTÉRIO PÚBLICO, pois este não é apenas essencial e necessário à administração da justiça, mas também à viabilização da República, ao inter-relacionamento dos poderes e ao funcionamento do Estado democrático. O Poder legislativo, como representante formal do povo, parteja as leis, mas perde o controle de sua execução e aplicação futuras. Necessita, pois, de um órgão forte que as faça valer realmente. O Poder judiciário interpreta e aplica as leis, mas, por sua própria natureza, só age quando acionado pelas partes interessadas. Ocorre que há interesses tão gerais e difusos que não podem ser atribuídos a um indivíduo ou grupo de indivíduos, até porque são indisponíveis. Daí a necessidade de existir a participação da magistratura judicial, que é inerte por natureza, uma magistratura ativa – magistratura em pé, como dizia Clamandrei... que faça valer tais interesses, utilizando todas as ações e recursos postos a sua disposição pelo ordenamento jurídico. Também o Poder Executivo necessita de um controle externo efetivo. Portador de instituições de força, timbradas por relação hierárquica e, em algumas esferas, fortemente influenciadas pela política partidária, esse poder poderia tornar-se uma monstruosidade onipotente, se não contasse com a fiscalização de um órgão não subordinado a sua hierarquia. O esboço dessas funções, que pressupõem uma relação de lateralidade e até mesmo de enfrentamento com os poderes formais do Estado, leva a concepção de uma instituição que tenha independência, autonomia funcional e administrativa e que possua as mesmas garantias e prerrogativas conferidas ao Poder Judiciário. Tal concepção levou alguns estudiosos a ver no Ministério Público o quarto poder do Estado. Tal entendimento é errôneo. A natureza das funções do Ministério Público colocam-no ao lado e entre os poderes do Estado. Fruto da separação dos poderes, o *parquet* é a correia de comunicação entre os poderes, promovendo e viabilizando o funcionamento harmônico das engrenagens do poder como um todo. Diz-se, em biologia, que a necessidade faz o órgão e, assim, a história engendrou uma instituição estatal que, assemelhada ou equiparada aos poderes do Estado, não constitui um novo poder, mas tem sua razão de ser na dinâmica interpoderes" (op. cit., 1989, p. 22-23).

[418] José Joaquim Gomes Canotilho, explica que: "A constitucionalística mais recente salienta que o *princípio da separação de poderes* transporta duas dimensões complementares: (1) a separação como 'divisão', 'controlo' e 'limite' do poder – dimensão negativa; (2) a separação como constitucionalização, ordenação e organização do poder do Estado tendente a decisões funcionalmente eficaz e materialmente justas. O princípio da separação como forma e meio de *limite do poder* (separação de poderes e balanço de poderes) assegura uma *medida jurídica* ao poder do estado e, consequentemente, serve para garantir e proteger a esfera jurídico-subjectiva dos indivíduos. O princípio da separação como *princípio positivo* assegura uma justa e adequada ordenação das funções do estado e, consequentemente, intervém como esquema relacional de

Destaca-se, ainda,

que quando o legislador constituinte outorgou ao Ministério Público a defesa da ordem jurídica, incluiu no rol de suas atribuições a defesa da Constituição, em qualquer nível e perante qualquer órgão, sem limitação de órbita de atuação, pois aparece a instituição como verdadeiro garante da ordem jurídica e a ordem jurídica fundamental é a constitucional.[419]

A atuação do Ministério Público brasileiro, portanto, é orientada para a supremacia constitucional e para que o ordenamento jurídico como um todo não seja agredido, ou por abusos de poder e por atos ilícitos de autoridades públicas (inclusive por atos de improbidade administrativa), ou por atos ilícitos dos próprios cidadãos. Para tanto, utiliza-se da ação penal, da ação civil pública, da ação direta de inconstitucionalidade e, até mesmo, da representação para fins de intervenção da União e dos Estados, entre outras medidas para manter a legalidade (por exemplo, na defesa do patrimônio público contra os desmandos do administrador público), nos termos do artigo 129 da Carta Constitucional de 1988.

Também o Ministério Público foi incumbido da defesa do regime democrático, vale dizer, da democracia substancial – a democracia participativa, base do Estado Democrático de Direito, não só mantendo as chamadas regras do jogo (barrando o arbítrio e os atos ilícitos), mas, ainda, atuando na efetivação dos direitos coletivos e difusos.

Como já se demonstrou anteriormente, a Carta Constitucional brasileira de 1988 consagrou o princípio democrático de forma expressa. Ao prescrever que nosso Estado Democrático de Direito tem como fundamento o sistema de separação de Poderes[420] (art. 2º), a soberania popular (todo poder emana do povo, que o exerce por meio de representantes eleitos ou diretamente), a cidadania, a dignidade da pessoa humana, os valores sociais do trabalho e da livre iniciativa e, ainda, o pluralismo político (art. 1º e seu parágrafo único), bem como ao estabelecer que este mesmo Estado tem como objetivos fundamentais construir uma sociedade livre, justa e solidária, garantir o desenvolvimento nacional, erradicar a pobreza e a marginalização, com redução das desigualdades sociais e regionais, e, ainda, promover o bem de todos (art. 3º), fixou, de maneira absoluta, a democracia participativa como norma jurídica constitucionalmente positivada.

---

competências, tarefas, funções e responsabilidades dos órgãos constitucionais de soberania. Nesta perspectiva, separação ou divisão de poderes significa *responsabilidade* pelo exercício de um poder" (op. cit., 1999, p. 246).

[419] PORTO, Sérgio Gilberto, op. cit., 1998, p. 113.

[420] A separação de Poderes aqui, como já se referiu anteriormente, deve ser entendida como a divisão de funções, num sistema de freios e contrapesos.

Assim, indubitavelmente, a Carta Magna de 1988 condicionou, da mesma forma que a Carta Constitucional portuguesa de 1976,[421] a legitimidade do domínio político à prossecução de determinados fins e à realização de determinados valores e princípios (soberania popular, garantia da dignidade humana, pluralismo político e organização política democrática), tudo consubstanciado no princípio democrático que carrega a Constituição.[422]

Tal princípio implica tanto a teoria democrática representativa como a democracia participativa, ou seja, ao mesmo tempo em que estrutura a democracia através de órgãos representativos, eleições periódicas, pluralismo político e divisão de funções, também estrutura processos que ofereçam aos cidadãos efetivas possibilidades de aprender a democracia, participar nos processos de decisão, exercer controle crítico na divergência de opiniões e produzir *inputs* políticos democráticos.[423]

Tal princípio implica, ainda, um processo de continuidade transpessoal, ou seja, não vinculado a pessoas determinadas (é impessoal), e num processo dinâmico, inerente a uma sociedade aberta e ativa, oferecendo aos cidadãos a possibilidade de desenvolvimento integral, liberdade de participação crítica no processo político, condições de igualdade econômica, política e social.[424] É neste sentido que devem ser interpretados os princípios fundamentais apontados no Título I da Constituição Federal de 1988.

Outrossim, o princípio democrático não elimina a existência das estruturas de dominação, mas expõe uma forma de organização legítima desta dominação. Logo, caracteriza-se o princípio democrático como um princípio de organização da titularidade e exercício do poder.[425] E o princípio da soberania popular é que legitimará tal dominação política estatal, que deve ser conforme os princípios e valores referidos constitucionalmente. Este princípio transporta várias dimensões:

> (1) *o domínio político* – o domínio de homens sobre homens – não é um domínio pressuposto e aceite, carece de uma justificação quanto à sua origem, isto é, precisa de *legitimação*; (2) a *legitimação* do domínio político só pode derivar do próprio povo e não de qualquer outra instância 'fora' do povo real (ordem divina, ordem natural, ordem hereditária, ordem democrática); (3) *o povo* é, ele mesmo, o titular da soberania ou do poder, o que significa: (i) de forma *negativa*, o poder do povo distingue-se

---
[421] Cf. CANOTILHO, José Joaquim Gomes, op. cit., 1999, p. 281.
[422] Idem, p. 281.
[423] Idem, p. 282.
[424] Idem, p. 283.
[425] Idem, p. 284.

de outras formas de domínio 'não populares' (monarca, classe, casta); (ii) de forma *positiva*, a necessidade de uma legitimação democrática efectiva para o exercício do poder (o poder e exercício do poder derivam concretamente do povo), pois o povo é o titular e o ponto de referência dessa mesma legitimação – ela vem do povo e a este se deve reconduzir; (4) *a soberania popular* – o povo, a vontade do povo e a formação da vontade política do povo – existe, é eficaz e vinculativa no âmbito de uma ordem constitucional *materialmente* informada pelos princípios da liberdade política, da igualdade dos cidadãos, de organização plural de interesses politicamente relevantes, e *procedimentalmente* dotada de instrumentos garantidores de operacionalidade prática deste princípio (cfr. CRP, arts. 2º e 10º); (5) a *constituição* material, formal e procedimentalmente legitimada, fornece o plano da construção organizatória da democracia, pois é ela que determina os pressupostos e os procedimentos segundo os quais as 'decisões' e as 'manifestações de vontade do povo' são jurídica e politicamente relevantes.[426]

Por fim, o princípio democrático tem função dialética com os direitos fundamentais, eis que estes são elementos básicos para a realização daquele. Ao pressupor a participação igual dos cidadãos,

> o princípio democrático entrelaça-se com os direitos subjectivos de *participação* e *associação*, que se tornam, assim, fundamentos funcionais da democracia. Por sua vez, os direitos fundamentais como *direitos subjectivos de liberdade*, criam um espaço pessoal contra o exercício de poder antidemocrático, e, como direitos legitimadores de um domínio democrático, asseguram o exercício da democracia mediante a exigência de *garantias de organização* e de *processos* com transparência democrática (princípio maioritário, publicidade crítica, direito eleitoral). Por fim, como direitos subjectivos a *prestações sociais, económicas e culturais*, os direitos fundamentais constituem dimensões impositivas para o *preenchimento intrínseco*, através do legislador democrático, desses direitos.[427]

É que os direitos fundamentais configuram-se como vínculos substanciais impostos à democracia política: "vínculos negativos, os gerados pelos direitos de liberdade, que nenhuma maioria pode violar; vínculos positivos, gerados pelos direitos sociais, que nenhuma maioria pode deixar de satisfazer".[428]

Assim, a defesa do regime democrático importa em salvaguardar desde os dispositivos formais da democracia representativa (as ditas regras do jogo)[429] até o conteúdo material da própria Consti-

---

[426] CANOTILHO, José Joaquim Gomes, op. cit., 1999, p. 286.

[427] Idem, p. 284-285.

[428] FERRAJOLI, Luigi, op. cit., 1997a, p. 98.

[429] No campo eleitoral, por exemplo, a atuação do Ministério Público pode ocorrer através dos amplos instrumentos jurídicos postos à sua disposição, como a ação penal, a ação civil pública, a ação de impugnação de mandato eletivo, a ação de impugnação de registro de candidato, etc., para proteger, justamente, a normalidade e legitimidade das eleições, contra a influência do poder econômico ou o abuso do poder político ou administrativo.

tuição (direitos fundamentais, especialmente), inclusive contrariando o interesse da maioria, se for o caso.[430]

E isto fez, sem dúvida, por acreditar na força desta instituição – o Ministério Público, que sempre, na história mundial e especialmente na história brasileira, esteve ao lado do Estado de Direito e da própria democracia.

Não há dúvida que para garantir os direitos fundamentais, fim último da democracia e da ordem constitucional, obriga-se o Estado a criar garantias jurídicas e institucionais, instituídas contra os poderes e contra as maiorias, justamente o papel do *Parquet* nacional. Trata-se de órgão de fiscalização e controle, em benefício da ordem jurídica, da democracia e dos direitos fundamentais.[431] É, pois, garantia constitucional do cidadão.[432]

E, para que o Ministério Público possa bem realizar estas tarefas, ele deverá zelar para que

> a) *existam* mecanismos pelos quais a grande maioria do povo possa tomar decisões concretas, não apenas para escolha de um governante ou de um legislador a cada meia dúzia de anos e, a partir daí, faça este o que bem entender, mesmo contrariamente ao que prometeu antes de ser eleito, mas sim para que o povo possa *decidir* as grandes questões que digam respeito ao destino do País e possa controlar o exercício do mandato dos que forem eleitos, o que inclui necessariamente a cassação do eleito, em caso de violação dos compromissos partidários; b) *funcionem efetivamente* esses canais de manifestação (como criação, fusão, extinção de partidos; sufrágios freqüentes não só para investidura dos governantes, como também para as grandes questões nacionais etc.); *haja total liberdade* no funcionamento desses

---

[430] Neste sentido, MAZZILLI, Hugo Nigro. O Ministério Público e a defesa do regime democrático. *Revista dos Tribunais*, São Paulo, v. 751, maio 1998, alerta para a ditadura da maioria: "Para que o Ministério Público possa promover a defesa do regime democrático com a maior objetividade possível, deve considerar, inicialmente, que a democracia não é apenas o governo da maioria, e sim da maioria *do povo*. Isto significa que a democracia não é o governo da maioria das elites, nem da maioria das corporações, nem da maioria dos grupos econômicos, e nem mesmo da maioria de alguns grupos políticos, que muitas vezes são aqueles que *efetivamente* fazem a lei mas nem sempre defendem os interesses da população; democracia quer significar o governo da maioria *do povo*. Depois, deve considerar que uma democracia legítima não é despótica, pois mesmo a maioria não pode escravizar a minoria" (p. 74).

[431] Hugo Nigro Mazzilli, explica a importância da instituição do Ministério Público no Brasil de hoje: "É verdade que em muitos modernos Estados democráticos não existe um Ministério Público forte, nem independente; também é verdade que em Estados totalitários o Ministério Público foi forte, tendo sido usado como instrumento de opressão – mesmo entre nós, esse recente exemplo não pode ser esquecido. A nosso ver, porém, no primeiro caso, um Ministério Público forte e verdadeiramente independente em nada empeceria as liberdades e as garantias democráticas; ao contrário, contribuiria seriamente para assegurá-las. No segundo caso, um Ministério Público forte, mas não independente – nada mais seria do que uma volta ao passado, aos agentes do rei, aos agentes do governo ou dos governantes, passado que hoje se distancia, com certeza, do novo Ministério Público definido pela Constituição democrática de 1988" (op. cit., 1989, p. 51).

[432] Esta concepção vem do garantismo, o que ainda será objeto de análise.

canais de controle; d) *sejam validamente apurados* os resultados dessas manifestações (eleições). Plebiscitos, referendos); e) *sejam efetivamente cumpridas* as decisões ali tomadas (dever positivo); f) *seja combatido qualquer desvio* de cumprimento das decisões ali tomadas (dever negativo); g) *sejam prioritariamente defendidos* 'aqueles que se encontram excluídos, os empobrecidos, os explorados, os oprimidos, aqueles que se encontram à margem dos benefícios produzidos pela sociedade.[433]

E, ainda, no desempenho de sua função de garantia no Estado Democrático de Direito brasileiro, o *Parquet* tem os seguintes meios ou instrumentos, que pode (e deve) utilizar:

> a) a ação penal, para responsabilizar todos aqueles que ao violarem as regras democráticas, também cometerem ações penalmente típicas; b) a ação de inconstitucionalidade e a representação interventiva, para assegurar a prevalência dos princípios democráticos; c) o inquérito civil e a correspondente ação civil pública, especialmente para cobrar o zelo pelo efetivo respeito dos Poderes Públicos e dos serviços de relevância pública aos direitos assegurados na Constituição, *promovendo as medidas necessárias a sua garantia*; d) o controle externo da atividade policial, para assegurar não só o cumprimento dos seus deveres de zelo pela ordem jurídica, como ainda e principalmente para evitar abusos contra as liberdades individuais e sociais e, sobretudo, para evitar que o Ministério Público só trabalhe nos casos que a polícia queira; d) a visita aos presos, que hoje se amontoam em cadeias e presídios em condições subumanas, para as quais fecham os olhos a sociedade e o Estado; e) o zelo pelos direitos constitucionais do cidadão, podendo ouvir representantes da sociedade civil e promover audiências públicas; f) a defesa de minorias (como vítimas de preconceitos, as pessoas portadoras de deficiência, os idosos, os índios, as crianças e adolescentes); g) o combate à inércia governamental em questões como mortalidade infantil, falta de ensino básico, falta de atendimento de saúde, defesa do meio ambiente e do consumidor, entre outras prioridades.[434]

O caminho da democracia é longo e difícil, eis que é muito diferente prevê-la formalmente do que aplicá-la de fato.[435] E é esta a

---

[433] MAZZILLI, Hugo Nigro, op. cit., 1998, p. 78-79.

[434] Id. ib.

[435] Neste sentido, Hugo Nigro Mazzilli, bem resume a necessidade de colocar em prática a democracia: "Assim, a existência de uma democracia legítima pressupõe longo caminho a ser trilhado, um caminho de efetivo *exercício* da própria democracia. Isso não dispensa a necessidade de sistema constitucional legítimo, que a assegure: a) a divisão do poder (quem faz a lei não é quem julga nem a aplica; quem a aplica não a faz nem julga; quem julga, não é quem a faz nem a aplica); b) o controle da separação do poder (não basta a Constituição *dizer* que o poder é repartido; é necessário que existam mecanismos de freios e contrapesos, e que estes mecanismos *funcionem efetivamente*); c) o reconhecimento de direitos e garantias individuais e coletivos; d) o respeito à liberdade e à igualdade das pessoas, bem como à dignidade da pessoa humana; e) a existência de decisões tomadas direta ou indiretamente pela maioria, respeitados sempre os direitos da minoria; f) a total liberdade na tomada de decisões pelo povo (decisões tomadas em 'seu entender livre', como dizia Ataliba Nogueira, e não decisões conduzidas pelos governantes, nem fruto de manifestação de uma opinião pública forjada pelos meios de comunicação); g) um sistema eleitoral livre e apto para recolher a vontade expressa pelos cidadãos; h) o efetivo acesso à alimentação, saúde, educação, trabalho, Justiça e demais condições básicas de vida por parte de todos" (op. cit., 1998, p. 76).

tarefa do Ministério Público, vale dizer, atuar para colocar em prática a democracia, num país miserável e carente de justiça social, fazendo com que a democracia saia do texto constitucional para adentrar no seio social.

Também o Ministério Público tem a função de tutelar os direitos fundamentais, pela relevância destes no Estado Democrático de Direito, eis que, na Constituição Federal de 1988, em seu artigo 129, inciso II, determinou-se ao *Parquet* o zelo pelo efetivo respeito dos Poderes Públicos e dos serviços de relevância pública aos direitos assegurados pela Constituição, promovendo as medidas necessárias a sua garantia. Portanto, dentre as várias funções atuais do Ministério Público,

> encontra-se a proteção ao *status* (Jellinek) constitucional do indivíduo, em suas diversas posições. Uma das posições do *status* constitucional corresponde à esfera de liberdade dos direitos individuais, permitindo a liberdade de ações, não ordenadas e também não proibidas, garantindo-se um espectro total de escolha, ou pela ação ou omissão. São os chamados *status negativos*. Outra posição coloca o indivíduo em situação oposta à de liberdade, em sujeição ao Estado, na chamada esfera de obrigações, é o *status passivo*. O *status positivo*, por sua vez, permite que o indivíduo exija do Estado a prestação de condutas positivas, ou seja, reclame para si algo que o Estado estará obrigado a realizar. Por fim, temos o *status ativo*, pelo qual o cidadão recebe competências para participar do Estado, com a finalidade de formação da vontade estatal, como é o caso do direito de sufrágio. Conclui-se, portanto, que a teoria do *status* evidencia serem os direitos fundamentais um conjunto de normas jurídicas que atribuem ao indivíduo diferentes posições frente ao Estado.[436]

O *Parquet*, portanto, como instituição destinada à preservação dos valores fundamentais do Estado enquanto comunidade, recebeu da Carta Constitucional de 1988 a função de dar efetividade aos direitos fundamentais. É, assim, um dos instrumentos de efetivação da cidadania.[437]

O Estado Democrático de Direito, como já visto, se caracteriza fundamentalmente pela proteção ao fraco e aos direitos e situações de abrangência comunitária e, portanto, transindividual, de difícil preservação por iniciativa dos particulares. Ele tem, assim, por missão

> garantir ao homem, como categoria universal e eterna, a preservação de sua condição humana, mediante o acesso aos bens necessários a uma existência digna – e um dos organismos de que dispõe para realizar essa função é o Ministério Público,

---

[436] MORAES, Alexandre de, op. cit., 1998, p. 53-54.

[437] Cf. FILOMENO, José Geraldo Brito. Ministério Público como guardião da cidadania. In: FERRAZ, Antonio Augusto de Camargo (Org.). *Ministério Público:* instituição e processo: perfil constitucional, independência, garantias, atuação processual civil e criminal, legitimidade, ação civil pública, questões agrárias. 2 ed. São Paulo: Atlas, 1999, p. 136.

tradicionalmente apontado como instituição de proteção aos fracos e que hoje desponta como agente estatal predisposto à tutela de bens e interesses coletivos ou difusos.[438]

Os interesses coletivos e difusos, direitos fundamentais de segunda, terceira e quarta gerações, são característicos do Estado Democrático de Direito, assim como os direitos de liberdade foram no Estado de Direito liberal, e necessitam, para sua concretização, da atuação positiva do Estado,[439] através de mecanismos jurídicos específicos, como, por exemplo, a ação civil pública, instrumentos, por excelência, de proteção da sociedade, garantindo o meio ambiente, os direitos do consumidor, a proteção ao patrimônio público, cultural e artístico, entre outros interesses difusos.[440] Neste sentido,

> Com a Constituição Federal Brasileira/88, o âmbito da incidência da ação civil pública sofreu profundo alargamento, como se observa do disposto em seu art. 129, III, que dispõe caber ao Ministério Público a sua promoção – tem o *parquet* legitimidade ativa – para a defesa de interesses transindividuais, coletivos ou difusos, não circunscritos apenas à proteção do meio ambiente. Com esta reformulação, o Ministério Público assume relevância fundamental para a salvaguarda dos interesses difusos e coletivos, uma vez que a legitimação atribuída pela Constituição Federal lhe é própria, ficando os demais legitimados circunscritos ao disposto na Lei 7.347/85 e, assim, a defesa do *patrimônio público e social e de outros interesses difusos e coletivos* resta com exclusividade ao *parquet*.[441]

---

[438] CINTRA, Antonio Carlos de Araújo; GRINOVER, Ada Pellegrini; DINAMARCO, Cândido Rangel. *Teoria geral do processo*. 12. ed. São Paulo: Malheiros, 1996, p. 210.

[439] Neste sentido, Ingo Wolfgang Sarlet, explica que: "Justamente em virtude de sua vinculação com a concepção de um Estado social e democrático de Direito, como garante da justiça material, os direitos fundamentais sociais reclamam uma postura ativa do Estado, visto que a igualdade material e a liberdade real não se estabelecem por si só, carecendo de uma realização. Para além disso, cumpre observar – arrimados na expressiva lição de J. Miranda – que por meio dos direitos sociais se objetiva atingir uma liberdade tendencialmente igual para todos, que apenas pode ser alcançada com a supressão das desigualdades, e não por meio de uma igualdade sem liberdade" (op. cit., 1999, p. 147).

[440] José Joaquim Gomes Canotilho, citando o Acórdão nº 39/84, do Tribunal Constitucional de Portugal, informa os traços juridicamente constitutivos das normas constitucionais consagradoras de direitos sociais, cuja tarefa de fiscalização cabe, no Brasil, ao *Parquet*: "(i) os direitos fundamentais sociais consagrados em normas da Constituição dispõem de *vinculatividade normativo-constitucional* (não são meros 'programas' ou 'linhas de direcção política'); (ii) as normas garantidoras de direitos sociais devem servir de *parâmetro de controlo* judicial quando estejam em causa a apreciação da constitucionalidade de medidas legais ou regulamentares restritivas destes direitos; (iii) as *normas de legislar* acopladas à consagração de direitos sociais são autênticas imposições legiferantes, cujo não cumprimento poderá justificar, como já se referiu, a *inconstitucionalidade por omissão*; (iiii) as *tarefas* constitucionalmente impostas ao Estado para a concretização destes direitos devem traduzir-se na edição de *medidas concretas e determinadas* e não em promessas vagas e abstractas; (iiiii) a produção de medidas concretizadoras dos direitos sociais não é deixada à livre *disponibilidade do legislador*, embora este beneficie de uma ampla *liberdade de conformação* quer quanto às soluções normativas concretas quer quanto ao modo organizatório e ritmo de concretização" (op. cit., 1999, p. 452).

[441] MORAIS, José Luis Bolzan de, op. cit., 1996a, p. 197.

Mas a proteção do Ministério Público não ocorre apenas quanto aos direitos sociais, coletivos ou difusos, mas, também, quanto aos direitos de liberdade, eis que por mais paradoxal que possa parecer,

> mesmo na esfera penal a tarefa acusatória do Ministério Público já constitui o primeiro fator de proteção das liberdades individuais, por assegurar o contraditório na acusação e possibilitar a presença de um juiz imparcial porque desvinculado do ônus de acusar.[442]

E nesta relevante função, pode e deve o membro do *Parquet*, conforme o caso, fazer efetiva justiça, postulando pela absolvição do cidadão acusado.

Atua o Ministério Público, pois, na defesa da liberdade e da vida de qualquer cidadão, impedindo-o de ser processado sem garantias e intervindo para que, justamente, o indivíduo não seja processado por tribunais de exceção e sem o devido processo legal; zelando pela integridade física e moral dos apenados; fiscalizando procedimentos (judiciais ou não) onde existam interesses indisponíveis (de incapazes, de família etc.), entre tantas outras tarefas importantes.

Observa-se, ainda, que o Ministério Público atua na proteção dos direitos individuais (liberdade, vida, propriedade etc.) quando estes estão em perigo ou ameaçados por terceiros. Age assim para preservar bens jurídicos pessoais protegidos pelo Estado, contra violações e ameaças antijurídicas praticadas por outros indivíduos, como, por exemplo, quando denuncia um criminoso por crime de lesão a direitos individuais como a integridade física, a vida, etc. É o que se chamou de direito à proteção,[443] eis que cabe ao Estado, em decorrência do dever geral de efetivação dos direitos fundamentais,

> zelar, inclusive em caráter preventivo – pela proteção dos direitos fundamentais dos indivíduos, não só contra ingerências indevidas por parte dos poderes públicos, mas também contra agressões provindas de particulares e até mesmo de outros Estados, dever este que, por sua vez, desemboca na obrigação de adotar medidas positivas com vista a garantir e proteger de forma efetiva a fruição dos direitos fundamentais.[444]

Dessa forma, é função especial do Ministério Público garantir ao indivíduo a fruição de todo o seu *status* constitucional. Tal idéia foi consagrada pelo legislador constituinte de 1988,

> que entendeu por fortalecer a Instituição, dando-lhe independência e autonomia, bem como a causa social para defender e proteger. Um órgão, no dizer de Manoel Gon-

---

[442] MAZZILLI, Hugo Nigro. *O acesso à Justiça e o Ministério Público*. 2 ed. Porto Alegre: AMP/Escola Superior do Ministério Público, 1993a, p. 18 (Estudos MP, 2).

[443] Cf. HESSE, Konrad, op. cit., 1998, p. 278; e CANOTILHO, José Joaquim Gomes, op. cit., 1999, p. 1181.

[444] SARLET, Ingo Wolfgang, op. cit., 1998, p. 192.

çalves Ferreira Filho, "de promoção da defesa social desses direitos" (*Direitos humanos fundamentais*. São Paulo: Saraiva, 1995. p. 126). Essa idéia de Ministério Público como defensor dos direitos e garantias fundamentais é defendida também por Salvador Alemany Verdaguer, que afirma: "El Ministério Fiscal es una institución que tiene por misión promover la acción de la justicia en defesa de la legalidad, de los derechos de los cuidadanos y del interés público tutelado por la Ley" (*Curso de derechos humanos*. Barcelona: Bosch, 1984. p. 93). Corroborando a idéia da importância da atuação do Ministério Público na efetividade dos direitos humanos fundamentais, Smanio afirma que "rompeu o constituinte de 1988 com o imobilismo da tradicional teoria da separação de poderes, atribuindo função de atuação a determinado órgão do Estado, que é o Ministério Público, para assegurar a eficácia dos direitos indisponíveis previstos pela própria Constituição" (*Criminologia e juizado especial criminal*. São Paulo: Atlas, 1997. p. 71).[445]

A dificuldade maior, todavia, é a de efetivar os direitos sociais (e não os direitos negativos de primeira dimensão) — e aí reside a importância maior do Ministério Público, especialmente no Brasil — o que desemboca no chamado acesso ao direito e à Justiça, eis que o Estado Democrático de Direito caracteriza-se pela criação de novos direitos, os direitos sociais dos pobres, os direitos sociais dos trabalhadores, os direitos sociais das crianças e dos velhos, das mulheres, dos consumidores, do meio ambiente, etc., que são

direitos muitos diferentes dos direitos tradicionais, pois exigem uma intervenção ativa, não somente uma negação, um impedimento de violação, mas exigem uma atividade para se realizarem. Esta é a dificuldade dos direitos sociais: necessitam de uma atividade. O que o grande filósofo italiano do direito contemporâneo, Norberto Bobbio, chama de "o Estado Promocional". Exigem uma atividade, uma promoção do Estado, para serem realizados. É muito fácil declarar direitos sociais, que são típicos e caracterizam o Estado Social. É fácil declará-los, mas é extremamente difícil fazê-los atuar, incrementá-los, torná-los efetivos. Freqüentemente, a declaração dos direitos sociais não tem sido feita com seriedade. O movimento para acesso à Justiça é um movimento para a efetividade dos direitos sociais, ou seja, para a efetividade da igualdade.[446]

A sociedade moderna é uma sociedade de massa, ou seja, vivemos marcadamente numa economia cuja preocupação, trabalho, comércio e consumo caracterizam-se pelo aspecto massivo, que ocasionam problemas de massa, que atingem toda a sociedade. A poluição é, pois, uma típica conseqüência, negativa, desta sociedade, assim como os problemas de consumo (que abrangem inúmeros consumidores), os problemas urbanos (pela explosão das cidades, em especial nos países em desenvolvimento), etc. E estes problemas

---

[445] MORAES, Alexandre de, op. cit., 1998, p. 54.

[446] CAPPELLETTI, Mauro. Acesso à Justiça. Trad. de Tupinambá Pinto de Azevedo. *Revista do Ministério Público*, Porto Alegre, v. 1, n. 18, 1985, p. 9.

não alcançam apenas um único indivíduo, mas toda a coletividade, sendo, portanto, interesses fragmentados, que atingem direitos difusos.[447]

Por isso, não basta existir uma legislação que proteja tais interesses. É necessário uma correta proteção judicial, ágil e rápida, que consiga solucionar os conflitos de natureza transindividual.

Assim é que o acesso à Justiça deve ser encarado como requisito fundamental – o mais básico dos direitos fundamentais – de um sistema jurídico moderno e igualitário que pretende garantir, e não somente proclamar, os direitos de todos.

Como já foi visto, os direitos sociais, em especial os difusos, são direitos de difícil concretização, eis que interessam a todos e a ninguém, com dificuldade de definir a quem caberia a sua titularidade,[448] sendo que se torna difícil encontrar alguém disposto a buscar a tutela jurisdicional, eis que o prêmio é pequeno demais para induzi-lo a tentar uma ação e suas conseqüências (excesso de formalismo, o tempo, o custo, a deficiência judicial etc.). O Poder Judiciário, outrossim, embora adquira especial relevância no Estado Democrático de Direito, é um poder inerte e precisa ser acionado, sob pena de grave prejuízo ao acesso à Justiça, impedindo a efetivação dos direitos.[449]

Para enfrentar o grave problema do acesso à Justiça, a sociedade passou por três grandes movimentos, ou ondas.[450] A primeira onda caracterizou-se pelo enfrentamento da pobreza, onde o Estado pas-

---

[447] Id., ib., p. 16-17.

[448] Neste sentido, José Luis Bolzan de Morais, indica as principias características dos direitos difusos: a) os interesses difusos caracterizam interesses que não pertencem a pessoa alguma de forma isolada, tampouco a um grupo mesmo que delimitável de pessoas, mas a uma série indeterminável ou de difícil determinação de sujeitos, fazendo com que a titularidade é de todos e de ninguém; b) como conseqüência da indeterminação subjetiva, sequer poder-se-ia falar em titularidade para definir a quem caberia a tutela dos interesses difusos; c) à diferença dos interesse coletivos, inexiste vínculo jurídico que reúna os sujeitos eventuais ligados aos interesses difusos; d) os interesses difusos referem-se a bens indivisíveis, significando que a satisfação do interesse implica sempre a satisfação de toda a coletividade, da mesma forma que sua lesão se concretiza para todos; e) a fruição dos interesses difusos é comum, de todos e de ninguém indistintamente; f) a indisponibilidade do interesse difuso é uma conseqüência de sua afetação indeterminada positiva ou negativamente; g) há uma conflituosidade intensa que se expressa em razão da indeterminação dos sujeitos e da efemeridade e contingência dos próprios interesses, o que não permite limitar sua abrangência; h) por seu próprio conteúdo diluído no campo do embate político da sociedade civil, os interesses difusos têm uma tendência de efemeridade, de transição e mutação no tempo e no espaço, exigindo, portanto, uma prestação jurisdicional imediata e eficaz, sob pena de irreparabilidade da lesão (op. cit., 1996a, p. 140-142).

[449] É garantia do cidadão que toda lesão ou ameaça a direito possam ser levadas à apreciação do Poder Judiciário, consoante o artigo 5º, inciso XXXV, da Carta Magna de 1988. Trata-se do direito à tutela jurisdicional, uma das mais importantes garantias dos direitos fundamentais.

[450] Cf. CAPPELLETTI, Mauro; GARTH, Bryant, op. cit., 1998, 165 p.

sou a dar uma adequada representação legal aos pobres, desde as informações sobre os direitos básicos do cidadão (numa fase pré-judicial)[451] até a chamada assistência judiciária gratuita (em juízo),[452] muito embora os interesses difusos continuavam, ainda, sendo ignorados.[453] O segundo grande movimento, no esforço de melhorar o acesso à Justiça, tentou enfrentar o problema da representação dos interesses difusos, basicamente pela carência social da população, que não possuía mecanismos jurídicos para proteger os direitos difusos. Neste sentido, o Estado passou a criar organizações jurídicas novas, totalmente descompromissadas com a atual estrutura social, com o fim de alcançar direitos fundamentais.[454] Por fim, a terceira onda passa por um novo enfoque da própria Justiça, com a preocupação de simplificar os procedimentos, simplificação do direito processual e do direito material, afastando a burocratização e o emperramento da Justiça, possibilitando uma Justiça mais célere e ágil.[455] Para tanto, é necessária uma nova postura dos operadores jurídicos, objetivando ultrapassar as velhas concepções dogmáticas e formais do Direito, não mais adequadas ao Estado Democrático de Direito.

---

[451] Neste sentido, Mauro Cappelletti, aduz que: "Os pobres não conhecem seus direitos e assim não dispõem de informações suficientes para saber o que podem fazer para se protegerem, para obterem os benefícios que o direito substancial poderia lhes garantir" (op. cit., 1985, p. 10).

[452] A assistência judiciária, todavia, não resolve o problema satisfatoriamente, consoante explicam Mauro Cappelletti e Bryant Garth: "Em segundo lugar, mesmo presumindo que haja advogados em número suficiente, no país, é preciso que eles se tornem disponíveis para auxiliar aqueles que não podem pagar por seus serviços. Isso faz necessário grandes dotações orçamentárias, o que é o problema básico dos esquemas de assistência judiciária. A assistência judiciária baseia-se no fornecimento de serviços jurídicos relativamente caros, através de advogados que normalmente utilizam o sistema judiciário formal. Para obter os serviços de um profissional altamente treinado, é preciso gastar caro, sejam os honorários atendidos pelo cliente ou pelo Estado. Em economias de mercado, como já assinalamos, a realidade diz que, sem remuneração adequada, os serviços jurídicos para os pobres tendem a ser pobres, também. Poucos advogados se interessam em assumi-los, e aqueles que o fazem tendem a desempenhá-los em níveis menos rigorosos" (op. cit., 1998, p. 47-48).

[453] Na prática, a assistência judiciária não ocorre em causas judiciais envolvendo interesses difusos, mas, apenas, em causas de interesses meramente individuais.

[454] Mauro Cappelletti, num estudo de direito comparado, menciona várias instituições e organismos, governamentais ou não, para a defesa dos direitos difusos, entendendo que o maior problema relacionado com estes interesses é que eles não são nem totalmente privados, nem inteiramente públicos, pois transcendem ao indivíduo, abrangendo toda a sociedade, e não pertencem ao Estado, mas à sociedade (op. cit., 1985, p. 18-26). Assim, para tal autor, haveria sério problema para resolver qual a melhor forma para proteger tais direitos. Não se poderia deixar tal proteção ao indivíduo, através dos mecanismos jurídicos tradicionais, eis que não haveria, como visto, efetividade. E não se poderia deixar a órgãos estatais, eis que burocratizados, lentos e, muitas vezes, não interessados na solução do problema, ou, ainda, sem a necessária especialização ou independência para resolvê-los.

[455] Cf. CAPPELLETTI, Mauro, op. cit., 1985, p. 12-13.

No Brasil, foi a figura do Ministério Público justamente que recebeu a tarefa constitucional de defender os interesses difusos, e, para tanto, recebeu total independência e autonomia, como nenhum outro Ministério Público alienígena.[456] Impôs o artigo 129, inciso II, da Constituição Federal, ao Ministério Público o zelo pelo efetivo respeito dos Poderes Públicos e dos serviços de relevância pública aos direitos assegurados na Constituição brasileira, com a obrigação de promover as medidas necessárias a sua garantia. Assumiu, assim, a Instituição a figura mesma do chamado "defensor do povo" ou "ombudsman",[457] como existe nos países escandinavos, ainda que desta expressão não se tenha valido a Lei Maior, com poderes ainda maiores do que o seu similar,[458] eis que não se limita apenas ao atendimento ao público, mas possui "em mãos instrumentos poderosos como a requisição do inquérito policial; a promoção da ação penal pública; o inquérito civil; a ação civil pública; as requisições, as notificações...",[459] e, para tanto, nos termos da Lei nº 8.625/93 e da Lei Complementar nº 75/93, pode: a) receber representações, notícias de irregularidades, petições, reclamações de qualquer natureza, promovendo as apurações cabíveis e dando-lhes as soluções adequadas; b) instaurar, presidir ou determinar a abertura de sindi-

---

[456] E isto acontece justamente para evitar a influência do governo e de outros agentes, públicos ou privados, na atuação do Ministério Público. A instituição do *Parquet* nacional possui fortes garantias, prerrogativas e, sem dúvida, ostenta independência frente aos interesses governamentais.

[457] Neste sentido, Alexandre de Moraes, explica que: "A necessidade de garantir-se a plena aplicabilidade das normas definidoras e a efetividade dos direitos fez surgir em diversos ordenamentos jurídicos instituições paralelas e independentes aos demais poderes de Estado, cuja atuações indubitavelmente passaram a influenciar o respeito aos citados direitos fundamentais. Assim, a Constituição sueca de 1809 criou a figura do *ombudsman*, surgindo com a finalidade de defender os direitos e garantias fundamentais do cidadão. Em seu desenvolvimento, o *ombudsman* tornou-se uma instituição que, apesar de vinculada basicamente ao Poder Legislativo, tem como missão a tutela dos direitos fundamentais dos indivíduos, fiscalizando a atividade da administração, pretendendo tanto *prevenir* a violação dos referidos direitos e garantias, quanto *reprimir* sua efetiva violação, exigindo a responsabilização dos agentes e a devida indenização às vítimas. Vários países incorporaram a idéia da existência de um órgão estatal com esses contornos jurídico-políticos, apesar da diversidade de nomes: *ombudsman* na Suécia, *mediateur* na França, comissário parlamentar na Inglaterra, provedor da justiça em Portugal, *prokuratura* na Rússia, defensor do povo na Espanha. A idéia modernamente defendida, portanto, é da necessidade de instituições independentes, paralelas aos tradicionais poderes de Estado, e com a missão de tutelar os direitos fundamentais, fiscalizando o cumprimento por parte do poder estatal das previsões constitucionais e legais, e exigindo a cessação e reparação de eventuais ilegalidades ou abusos de poder ao Poder Judiciário. Na Constituição Federal de 1988, o Ministério Público recebeu essa vital incumbência..." (op. cit., 1998, p. 53).

[458] Para Hugo Nigro Mazzilli: "O *ombudsman*, mesmo nos países onde foi criado, tem funções apenas investigatórias, enquanto o Ministério Público, entre nós, além da investigação, tradicionalmente tem a função de levar às barras dos tribunais os responsáveis pelas violações" (op. cit., 1993a, p. 23).

[459] Hugo Nigro Mazzilli. A formação profissional e as funções do promotor de justiça. *Revista dos Tribunais*, São Paulo, v. 686, p. 308-309, dez. 1992.

câncias ou apurações cabíveis, para investigar denúncias que lhe cheguem; c) investigar os fatos que lhes sejam comunicados pelas comissões parlamentares de inquérito, promovendo responsabilidades; d) expedir notificações para comparecimento de pessoas e requisitar informações, documentos e explicações; e) realizar audiências públicas e emitir relatórios e recomendações, requisitando sua divulgação adequada, assim como resposta por escrito; f) ter acesso incondicional a qualquer banco de dados de caráter público ou relativo a serviço de relevância pública, preservando o sigilo da informação, quando couber; g) propor as ações judiciais necessárias, etc.

Registre-se, também, que o Estatuto da Criança e do Adolescente, como exemplo da importância do *Parquet*, também prevê algumas funções tipicamente de *ombudsman* ao Ministério Público pátrio, como, por exemplo, o zelo pelo efetivo respeito aos direitos e garantias legais assegurados às crianças e aos adolescentes, promovendo as medidas judiciais e extrajudiciais cabíveis, a inspeção de entidades públicas e particulares com adoção das providências necessárias, a expedição de recomendações visando à melhoria dos serviços públicos e de relevância pública afetos à criança e ao adolescente, fixando prazo razoável para sua perfeita adequação (art. 201, incisos VIII, XI, e § 5º, letra "c").

E a própria crítica que se faz aos Ministérios Públicos alienígenas, de não possuírem estrutura, serem burocratizados e ligados ao Poder Executivo, impedindo, assim, a defesa dos direitos difusos, não se aplica, à evidência, ao Ministério Público brasileiro, eis que

> As estatísticas demonstram a absoluta superioridade do número de ações civis públicas propostas pelo Ministério Público (v. apêndice), em face daquelas propostas pelos outros co-legitimados. Isso, sem falar dos Simpósios, Congressos, criação de órgãos específicos relacionados à tutela dos interesses difusos, tudo a indicar que o *Parquet* vem atuando nessa área de forma exemplar.[460]

Por outro lado, até o grande jurista italiano Mauro Cappelletti afirmou, há certo tempo atrás, que as reservas feitas pela doutrina européia à eficácia da atuação do Ministério Público, no campo dos interesses difusos,

> não se aplicam ao Ministério Público brasileiro, sobretudo depois que sua independência foi assegurada pela Constituição, e, em conseqüência também do fato de que em algumas cidades do Brasil se criaram seções especializadas em matéria de interesses difusos, nos quadros do Ministério Público.[461]

---

[460] MANCUSO, Rodolfo de Camargo. *Ação civil pública*: em defesa do meio ambiente, patrimônio cultural e dos consumidores: Lei 7.347/85 e legislação complementar. 3 ed. São Paulo: Revista dos Tribunais, 1994a, p. 67.

[461] CAPPELLETTI, Mauro *apud* MANCUSO, Rodolfo de Camargo. *Interesses difusos*: conceito e legitimação para agir. 3 ed. São Paulo: Revista dos Tribunais, 1994b, p. 184.

Na realidade, Mauro Cappelletti, apesar de suas candentes e generalizadas críticas, não só poupou o Ministério Público brasileiro como também elogiou a instituição, como a demonstrar a importância que esta adquiriu no Brasil, ao dizer que

> não vou falar deste país, porque verdadeiramente uma das coisas mais surpreendentes constatadas nesta minha visita é a característica única do Ministério Público brasileiro – normalmente, em todos os demais países que conheço, França, Alemanha, Itália, etc., o Ministério Público (repito) tende a ser um organismo burocratizado, e portanto muito lento, sem motivação bastante para assumir outra e grave atribuição, sobretudo no penal como é essa dos novos conflitos mencionados no campo econômico e social.[462]

E nem poderia ser diferente, eis que o Ministério Público brasileiro é único, bem diferente do seu similar italiano:

> Na Itália, o Ministério Público atua em ínfima porcentagem de ações civis, e ao longo de um ano propõe em todo o país quantidade de ações que se contam até a dezena. Diversamente no Brasil, a Constituição, o Código de Processo Civil e inúmeras leis erigem a intervenção do Ministério Público como essencial à prestação jurisdicional do Estado, e conferem à instituição a tutela de direitos indisponíveis do indivíduo e da coletividade. Se mister se desenvolve tanto na esfera extrajudicial, como na judicial; nesta última, oficia não só como interveniente (art. 82 do CPC), como na qualidade de autor (v. Capítulo 3), chegando a propor, num só ano, apenas na comarca da Capital, milhares de ações civis públicas. Ora, a própria realidade forense encarregou-se de demonstrar o grande proveito social advindo quando se cometeu ao Ministério Público a iniciativa da ação civil pública em defesa de interesses coletivos e difusos, porque, nesses anos todos de vigência dos novos diplomas legais, das inúmeras ações movidas, praticamente todas o foram por iniciativa ministerial.[463]

Portanto, o Ministério Público recebeu grande importância da Constituição Federal de 1988 pela singela razão de ser a instituição imprescindível para o Estado Democrático de Direito, na proteção da ordem jurídica constitucional, da democracia e dos direitos fundamentais do cidadão.

Todavia, a crise de paradigma, que assola os juristas, ainda impede uma maior atuação do *Parquet* frente aos interesses da sociedade. Muito embora tenha a função de garantir o acesso à justiça e zelar pelo efetivo respeito dos Poderes Públicos e dos serviços de relevância pública aos direitos assegurados na Constituição, o Ministério Público vem sendo considerado parte ilegítima, em ações civis públicas, para defender interesses do cidadão, como, por exemplo, em questões tributárias, que envolvam impostos e taxas, como

---

[462] CAPPELLETTI, Mauro, op. cit., 1985, p. 20.

[463] Hugo Nigro Mazzilli, ao exemplificar a atuação do Ministério Público Estadual de São Paulo (op. cit., 1991b, p. 112).

se o contribuinte não precisasse, tanto quanto o consumidor, de garantias de acesso à justiça e de proteção dos seus direitos constitucionais quanto aos abusos do Poder Público. Aliás, o contribuinte não é também um consumidor e, pois, possui os mesmos direitos? Todavia, há várias decisões do Superior Tribunal de Justiça e, recentemente, do próprio Supremo Tribunal Federal, considerando o *Parquet* parte ilegítima para cuidar de interesses dos contribuintes.[464] Outrossim, a crise de paradigma faz com que membros do Ministério Público pronunciem-se pela desnecessidade de intervenção em processos cíveis que envolvam o INSS e entidades públicas, por entenderem inexistir interesse público. Tal entendimento foi tão expressivo que até o Superior Tribunal de Justiça, na Súmula nº 189, considerou efetivamente desnecessária a atuação do *Parquet* em execuções fiscais. Ora, não cabe constitucionalmente ao Ministério Público zelar pelo patrimônio público? E este não está envolvido em tais ações? Certamente que sim.

Assim, tais questões merecem ser repensadas,[465] a fim de que, no futuro, a crise de paradigma seja realmente superada e que a sociedade vença, enfim, as mazelas sociais, tendo o Ministério Público como um órgão atuante e preocupado com a questão social, respaldado pelo próprio Poder Judiciário.

Por derradeiro, se antes a Instituição foi analisada à luz da teoria geral do estado e da ciência política, cabe, agora, uma análise final do Ministério Público com relação aos direitos fundamentais, numa visão garantista, tão necessária na ordem jurídica constitucional brasileira, o que se fará no próximo capítulo.

---

[464] Contra tal posicionamento dos tribunais superiores, MORAES, Paulo Valério Dal Pai. O Ministério Público e a legitimidade para a defesa dos interesses coletivos decorrentes de questões tributárias de massa. *Revista do Ministério Público*, Porto Alegre, v. 43, 2000, p. 51-103, faz interessante estudo sobre a problemática da legitimidade do Ministério Público para a defesa dos interesses de contribuintes, concluindo, de forma categórica, que "O Ministério Público possui legitimidade para a defesa das questões tributárias que evidenciam interesse público ou relevância social, portanto, que contenham o requisito da indisponibilidade." (p. 103).

[465] Em nosso artigo, O Ministério Público como instrumento de democracia. *Revista do Ministério Público*, Porto Alegre, v. 42, 2000, p. 82-105, já apontávamos a necessidade de repensar o conceito sobre a Instituição e a atuação dos membros do *Parquet*, a fim de efetivamente garantir-se a democracia e os direitos humanos.

12. O Ministério Público brasileiro como garantia institucional e cláusula pétrea

Nos capítulos anteriores, definiu-se que o Ministério Público brasileiro, pela sua importância no Estado Democrático de Direito, em defesa da ordem jurídico-constitucional, da democracia e dos direitos fundamentais, foi erigido a um órgão constitucional de soberania, em posição similar aos chamados "Poderes de Estado". Na realidade, o Ministério Público brasileiro foi alçado à posição de fiscal e controlador dos demais órgãos do Estado, em especial no chamado sistema de freios e contrapesos.

Mas, por derradeiro, é preciso definir, mais claramente, pela importância dos direitos fundamentais para a sociedade contemporânea e para o cidadão, haja vista a tentativa sempre presente de reformar a Carta Constitucional de 1988, a partir de idéias neoliberais, com a retirada de direitos e garantias, como se enquadra a instituição do Ministério Público brasileiro no sistema constitucional pátrio de direitos e garantias fundamentais e quais as conseqüências desta noção para a instituição.

Trata-se, assim, de um estudo envolto na idéia garantista, ou seja, amparado na importância de garantir os direitos fundamentais como fundamentos básicos e inalienáveis do ser humano, que devem ser protegidos pelo Estado e pela sociedade, base da democracia e da justiça e barreira contra o arbítrio e a injustiça social.

Em princípio, os direitos e garantias fundamentais estão definidos no Título II da Constituição Federal de 1988, e abrangem os direitos e garantias individuais e coletivos (Capítulo I), os direitos sociais (Capítulo II), a nacionalidade (Capítulo III), os direitos políticos (Capítulo IV) e os partidos políticos (Capítulo V).

Assim, observa-se facilmente a falta de sistematicidade e, em muitos casos, a precária técnica legislativa do nosso texto constitucional, que não chegou, sequer, a apontar quais são os direitos e quais são as garantias fundamentais, o que acarretou a extrema problemática e complexidade em se efetuar uma definição e uma classificação dos direitos e garantias.

Todavia, embora se possa construir um conceito material de direitos fundamentais, ou seja, de que, ao menos indiretamente, todos os direitos e garantias devem estar relacionados com a dignidade da pessoa humana para assim serem considerados,[466] é certo que a Constituição não faz qualquer ressalva a esse respeito, vale dizer, todos os direitos e garantias devidamente positivados, independentemente de relacionarem-se, direta ou indiretamente, com a dignidade da pessoa humana, receberam o *status* constitucional de direitos fundamentais *lato sensu*, eis que a Carta Fundamental de 1988 aderiu a um conceito materialmente aberto de direitos fundamentais.[467]

É que, em primeiro lugar, incumbe ao Constituinte a opção de guindar à condição de direitos fundamentais certas situações que, em sua opinião, devem ser objeto de especial proteção, com o objetivo de evitar a disponibilidade ampla por parte do legislador ordinário. E, em segundo lugar, há direitos fundamentais que, em virtude de sua forma de positivação, assumem a aparência de normas organizacionais, dificultando o seu correto entendimento.[468] Por fim, tal distinção, entre direitos fundamentais materiais e direitos fundamentais formais, é mera construção ideológica, não condizente com o Estado Democrático de Direito, o constitucionalismo e as novas concepções correspondentes.[469]

---

[466] Neste sentido, ver SARLET, Ingo Wolfgang, op. cit., 1998, p. 95-120.

[467] Neste sentido, Ingo Wolfgang Sarlet, explica que: "Tendo em vista que a CF de 1988 aderiu a um conceito materialmente aberto de direitos fundamentais, há que se cogitar, ao menos em tese, da existência de dispositivos que, apesar de contidos no catálogo dos direitos fundamentais da Constituição, não são (por sua importância, natureza e substância) direitos fundamentais no sentido material, ressalvando-se a existência (já referida) de acirrada controvérsia a este respeito. Muito embora compartilhemos a opinião de que todos os direitos do catálogo constitucional são ao mesmo tempo formal e materialmente fundamentais, é preciso reconhecer que os adeptos da posição divergente, como é o caso de Vieira de Andrade e, entre nós, Manoel Gonçalves Ferreira Filho, encontrariam em nossa Constituição um terreno fértil para a identificação de preceitos em condições de serem enquadrados na categoria dos direitos apenas formalmente fundamentais, visto que, na verdade, poderiam constituir normas de cunho organizatório, ou mesmo regras que poderiam simplesmente constar da legislação infraconstitucional" (op. cit., 1998, p. 133-134).

[468] Cf. SARLET, Ingo Wolfgang, op. cit., 1998, p. 134.

[469] Para José Joaquim Gomes Canotilho: "Uma tentativa de distinção entre direitos constitucionais materiais e direitos só formalmente constitucionais foi feita, entre nós, por Vieira Andrade, *Os Direitos Fundamentais*, p. 78 e ss e 89 e ss, que, partindo de uma pré-compreensão típica do subjectivismo axiológico e de um individualismo metodológico próximo das teorias atomísticas da sociedade, expulsa do catálogo material de direitos todos aqueles que não tenham um 'radical subjectivismo', isto é, não pressuponham a ideia-princípio da dignidade da pessoa humana. O resultado a que chega é um exemplo típico de uma teoria de direitos fundamentais não constitucionalmente adequada. Em primeiro lugar, debate-se com sérios embaraços perante a consagração expressa de direitos fundamentais das pessoas colectivas (art. 12º/2), vendo-se obrigado a afirmar que mesmo os direitos das pessoas colectivas são

Observa-se, apenas para estancar qualquer dúvida, que o Ministério Público, como defensor da ordem jurídico-constitucional, da democracia e dos direitos fundamentais, é instituição que guarda direta e estreita relação com a dignidade humana, essencial ao indivíduo na sua dimensão individual e social.

Outrossim, observa-se que a regra do artigo 5º, § 2º, da Lei Fundamental de 1988, consagrou o princípio de que, para além do conceito formal de Constituição, há um conceito material, no sentido de existirem direitos que, por seu conteúdo, por sua substância, pertencem ao corpo fundamental da Constituição, mesmo não constando do catálogo.[470] Neste contexto, "importa salientar que o rol do art. 5º, apesar de exaustivo, não tem cunho taxativo",[471] e ao contrário da Constituição portuguesa, por exemplo, que, no âmbito da abertura material do catálogo, se limitou a mencionar a possibilidade de outros direitos fundamentais constantes das leis e regras de direito internacional,

> a nossa Constituição foi mais além, uma vez que, ao referir os direitos "decorrentes do regime e dos princípios", evidentemente consagrou a existência de direitos fundamentais não-escritos, que podem ser deduzidos por via de ato interpretativo, com base nos direitos constantes do "catálogo", bem como no regime e nos princípios fundamentais da nossa Lei Superior.[472]

Isto resulta que há direitos implícitos e decorrentes,[473] justamente, dos princípios constitucionais (preâmbulo e artigos 1º a 4º) e do regime estatal, vale dizer, dos princípios republicanos e da forma de associa-

---

'direitos individuais ainda que colectivizados'(p. 179). Em segundo lugar, contra as disposições inequívocas da lei constitucional garantidoras de direitos fundamentais a associações e organizações, como as organizações sindicais e as comissões de trabalhadores (arts. 54º e 56º), o autor, em nome da pureza da 'ideia-princípio da dignidade da pessoa humana', rebaixa estes direitos, sem qualquer base constitucional a simples poderes concedidos a certas entidades com o objectivo de concretizar opções de organização económico-social' (p. 92). Finalmente, a distinção entre direitos fundamentais materiais e direitos fundamentais formais, tal como é proposta pelo autor, não tem quaisquer resultados práticos, pois a constituição consagrou, com o mesmo título e a mesma dignidade, ambos os tipos de direitos. Trata-se, pois, de uma distinção ideológica" (op. cit., 1999, p. 382-383).

[470] Para José Joaquim Gomes Canotilho: "Os direitos consagrados e reconhecidos pela constituição designam-se, por vezes, *direitos fundamentais formalmente constitucionais*, porque eles são enunciados e protegidos por normas com valor constitucional formal (normas que têm a forma constitucional). A Constituição admite (cfr. art. 16º), porém, outros direitos fundamentais constantes das leis e das regras aplicáveis de direito internacional. Em virtude de as normas que os reconhecem e protegem não terem a forma constitucional, estes direitos são chamados *direitos materialmente fundamentais*. Por outro lado, trata-se de uma 'norma de *fattispecie* aberta', de forma a abranger, para além das positivações concretas, todas as possibilidades de 'direitos' que se propõem no horizonte da acção humana. Daí que os autores se refiram também aqui ao *princípio da não identificação* ou da *cláusula aberta*" (op. cit., 1999, p. 379).

[471] SARLET, Ingo Wolfgang, op. cit., 1998, p. 82.

[472] Idem, p. 134.

[473] Cf. MORAES, Alexandre de, op. cit., 1999, p. 123-124.

ção política (democracia social) brasileira, ou, em síntese, do Estado social e democrático de Direito assumido pela nossa Constituição.[474]

Portanto, o que se conclui é que o conceito materialmente aberto de direitos fundamentais consagrado pelo art. 5º, § 2º, da atual Carta Constitucional brasileira,

> é de uma amplitude ímpar, encerrando expressamente, ao mesmo tempo, a possibilidade de identificação e construção jurisprudencial de direitos materialmente fundamentais não escritos (no sentido de não expressamente positivados), bem como de direitos fundamentais constantes em outras partes do texto constitucional e nos tratados internacionais.[475]

Neste sentido, a título ilustrativo, cabe referir

> a mais ou menos recente decisão do Supremo Tribunal Federal, proferida na Ação Direta de Inconstitucionalidade nº 939-7, publicada no Diário de Justiça da União em 18 de março de 1994 e relatada pelo eminente Ministro Sydney Sanches, na qual se discutiu a constitucionalidade da Emenda Constitucional nº 3-93 e da Lei Complementar nº 77-93, no que diz com a criação do IPMF (Imposto Provisório sobre Movimentação Financeira). Nesta demanda, além de outros relevantes aspectos, reconheceu-se expressamente que o princípio da anterioridade, consagrado no art. 150, inc. III, alínea b, da CF constitui, por força do art. 5º, § 2º, da Lei Maior, autêntico direito e garantia fundamental do cidadão-contribuinte, consagrando, assim, o princípio da abertura material do catálogo dos direitos fundamentais da nossa Constituição.[476]

Logo, não há como negar que a instituição do Ministério Público, pela importância que adquiriu no Estado Democrático de Direito, como guardião da democracia e dos direitos fundamentais, ainda que esteja fora do catálogo dos direitos e garantias, mas nos termos da abertura material propiciada pelo art. 5º, § 2º, da nossa Lei Fundamental, foi erigido à garantia institucional fundamental,[477] por apresentar um papel instrumental em relação aos direitos fundamentais.[478]

---

[474] Para Ingo Wolfgang Sarlet, a abrangência da concepção materialmente aberta dos direitos fundamentais na Carta de 1988 envolve tanto os direitos e garantias individuais como os direitos e garantias sociais (op. cit., 1998, p. 85-87).

[475] SARLET, Ingo Wolfgang, op. cit., 1998, p. 89-90.

[476] Idem, p. 83.

[477] Para uma análise mais aprofundada sobre a questão das garantias institucionais, ver ARANHA, Márcio Iorio. Interpretação constitucional e as garantias institucionais dos direitos fundamentais. São Paulo: Atlas, 1999. 236 p.

[478] Ingo Wolfgang Sarlet, explica que: "Para além destes aspectos, verifica-se que a distinção traçada entre os direitos e as garantias fundamentais pertence à tradição do direito constitucional luso-brasileiro. Neste contexto, a doutrina ainda hoje busca inspiração na obra de Ruy Barbosa, para quem – em comentário dirigido à Constituição de 1891 – é possível distinguir as disposições constitucionais meramente declaratórias, que positivam os direitos e a estes reconhecem existência legal, das de natureza asseguratórias, que protegem os direitos e limitam o poder, ressaltando, ainda, que ambas podem estar contidas no mesmo dispositivo constitucional. Neste sentido, as garantias – de acordo com a formulação de Ruy – podem ser consideradas como as formalidades que cercam os direitos com a finalidade de protegê-los

O Ministério Público, assim, não pode ser classificado como um direito fundamental, mas sim, em razão do *status* jurídico conferido pela Carta Magna, de defensor do regime democrático e dos direitos fundamentais, como uma verdadeira garantia institucional fundamental, eis que serve como instrumento de efetivação dos direitos fundamentais, em especial os direitos sociais,[479] e, neste sentido, possui "a mesma dignidade jurídico-constitucional"[480] que os direitos fundamentais.[481]

Mas, além disso, a instituição do Ministério Público brasileiro não só é instrumento para a proteção e efetivação dos direitos fundamentais, como, ainda, é garantia da própria Constituição e de seus princípios, justamente uma das tarefas do *Parquet* nacional. Trata-se, pois, de uma garantia constitucional[482] e, ao mesmo tempo, institucional, pois se caracteriza pela "proteção que a Constituição confere a algumas instituições, cuja importância reconhece fundamental para a sociedade, bem como a certos direitos fundamentais providos de um componente institucional que os caracteriza".[483]

Neste sentido,

> Ao lado de uma grande maioria de direitos-garantia, caracterizados pela sua função dúplice como direitos subjetivos e sua natureza instrumental, encontramos no catá-

---

contra os abusos do poder. Sob a égide da Constituição de 1988, esta lição continua encontrando ampla receptividade no seio da doutrina" (op. cit., 1998, p. 179).

[479] Para José Joaquim Gomes Canotilho: "Os direitos fundamentais como garantias institucionais é a terceira possibilidade de positivação de direitos sociais. A constitucionalização das garantias institucionais traduzir-se-ia numa imposição dirigida ao legislador, obrigando-o, por um lado, a respeitar a essência da instituição e, por outro lado, a protegê-la tendo em atenção os dados sociais, econômicos e políticos" (op. cit., 1999, p. 445).

[480] SARLET, Ingo Wolfgang, op. cit., 1998, p. 179.

[481] Paulo Bonavides, explica o que implica o reconhecimento constitucional de uma garantia institucional: "A garantia institucional visa, em primeiro lugar, assegurar a permanência da instituição, embargando-lhe a eventual supressão ou mutilação e preservando invariavelmente o mínimo de substantividade ou essencialidade, a saber, aquele cerne que não deve ser atingido nem violado, porquanto se tal acontecesse, implicaria já o perecimento do ente protegido" (op. cit., 1998, p. 497).

[482] Neste sentido, MIRANDA, Jorge. *Contributo para uma teoria da inconstitucionalidade*. Coimbra: Editora Coimbra, 1996, explica a necessidade de garantir a Constituição. Para ele, a Constituição traz consigo uma limitação nova e envolve todo um modo de ser concebido o poder, onde se plasma um determinado sistema de valores da vida pública, dos quais é depois indissociável. Um conjunto de princípios filosófico-jurídicos e filosófico-políticos a vem justificar e criar. A idéia de Constituição é de uma garantia e, ainda mais, de uma direção de garantia. Para o constitucionalismo, o fim está na proteção que se conquista em favor dos indivíduos, dos homens cidadãos, e a Constituição não passa de um meio para o atingir. E o Estado constitucional é o que entrega à Constituição o prosseguir a salvaguarda da liberdade e dos direitos dos cidadãos, depositando as virtualidades de melhoramento na observância dos preceitos que sejam alçados a um plano hierarquicamente superior. A Constituição é a primeira garantia dos direitos individuais. Por isso, a Constituição deve ser garantida, através das garantias jurídicas, que também são normas jurídicas que recebem da própria Constituição um poder ou uma função para atuar na proteção da própria Constituição (p. 17, 30, 33, 171 e 210).

[483] BONAVIDES, Paulo, op. cit., 1998, p. 492.

logo dos direitos fundamentais da Constituição também algumas garantias institucionais típicas. Estas – de acordo com a tradição da publicística latino-americana – costumam ser enquadradas no âmbito das garantias em geral, não tendo encontrado, ao menos no direito pátrio, um tratamento autônomo e sistemático. *Também no direito luso-brasileiro, as garantias institucionais podem ser definidas, de forma ampla, como "a proteção que a Constituição confere a algumas instituições, cuja importância reconhece fundamental para a sociedade,* bem como a certos direitos fundamentais providos de um componente institucional que os caracteriza". Esta concepção radica nas formulações originais dos juristas da época de Weimar M. Wolf e, principalmente, C. Schmitt, tendo como elemento comum o reconhecimento da necessidade de resguardar o núcleo essencial de determinadas instituições jurídicas (públicas ou privadas) da ação erosiva do legislador e até mesmo de uma eventual supressão por parte deste e dos demais poderes públicos, revelando que a função primordial das garantias institucionais é a de preservar a permanência da instituição no que diz com os seus traços essenciais, em outras palavras, naquilo que compõe sua identidade (grifo nosso).[484]

E, por isso,

faz-se mister acolher o alargamento conceitual da garantia constitucional a fim de que nela se possam encaixar também as garantias institucionais, formando ambas um conceito único e conjugado. Chegamos, portanto, à seguinte conclusão: a *garantia constitucional* é uma garantia que disciplina e tutela o exercício dos direitos fundamentais, ao mesmo tempo que rege, com proteção adequada, nos limites da Constituição, o funcionamento de todas as instituições existentes no Estado.[485]

Em realidade, os direitos fundamentais não teriam nenhum valor se não houvesse meios adequados para garantir a concretização de seus efeitos. Não bastaria a declaração de novos direitos se não fossem criadas novas garantias para assegurar a tutela específica destes direitos, tornando-os acionáveis, atribuindo-lhes a vestimenta processual adequada. As garantias, assim,

mais não são do que técnicas criadas pelo ordenamento para reduzir a divergência estrutural entre normatividade e efetividade, e portanto para realizar a máxima efetividade dos direitos fundamentais em coerência com a sua estatuição constitucional.[486]

Este é, pois, o papel do Ministério Público brasileiro: dar a máxima efetividade aos direitos fundamentais, especialmente aos direitos sociais.[487] E, por isso, a importância da instituição no orde-

---

[484] SARLET, Ingo Wolfgang, op. cit., 1998, p. 181.
[485] BONAVIDES, Paulo, op. cit., 1998, p. 492.
[486] FERRAJOLI, Luigi, op. cit., 1997a, p. 100.
[487] BARROSO, Luis Roberto. *O direito constitucional e a efetividade de suas normas:* limites e possibilidades da Constituição Brasileira. 3 ed. Rio de Janeiro: Renovar, 1996, salienta a necessidade de garantias políticas e jurídicas para efetivar os direitos fundamentais previstos na Carta Magna, pois para "as diversas situações jurídicas subjetivas criadas pela Constituição possam efetivamente realizar-se, é preciso que sejam dotadas de garantias. Vale dizer: devem existir instrumentos e procedimentos aptos a fazer atuar, concretamente, o comando abstrato da norma" (p. 232), o que demonstra a importância objetiva do *Parquet* nacional.

namento constitucional, impeditivo de que sofra qualquer ataque legislativo.[488]

Observa-se, ainda, que o acesso à justiça, no Brasil, é um direito fundamental, consoante o artigo 5º, inciso XXXV, da Lei Fundamental de 1988. Para que este acesso seja concretizado, é necessário que sejam criadas garantias, como a criação de órgãos judiciários e processos adequados (direitos fundamentais dependentes da organização e procedimento),[489] assegurando prestações tendentes a evitar a denegação da justiça. Em nosso país, cabe parte desta tarefa ao órgão do Ministério Público, eis que criado para possibilitar que os interesses difusos e coletivos sejam efetivamente protegidos.[490]

Portanto, vital é a importância do Ministério Público como garantidor dos direitos fundamentais, em especial numa concepção garantista do Direito, onde objetiva-se um verdadeiro Estado Democrático de Direito.

E, na qualidade de garantia institucional dos direitos fundamentais e, mais além, como participante do sistema de freios e contrapesos da Constituição e como garantia da própria Lei Fundamental e do regime democrático, a instituição do Ministério Público brasileiro torna-se, sem dúvida, matéria que deve estar e não pode deixar de estar normativamente contemplada no texto constitucional, naquilo que é chamado de reserva de constituição, como núcleo duro da Lei Fundamental, e, conseqüentemente, não pode ser retirado do texto constitucional.[491]

---

[488] É importante a citação do conteúdo do Acórdão nº 39/84, do Tribunal Constitucional de Portugal, publicado no Diário da República daquele país, em 5 de maio de 1984, inteiramente cabível para bem localizar o *Parquet* nacional como uma garantia institucional fundamental. Naquele caso, a Constituição portuguesa estabeleceu, como direito fundamental, o direito à saúde, e, mais, ainda, como garantia de efetividade deste direito, determinou a criação de um serviço nacional de saúde como obrigação do Estado. Ao momento em que este serviço é criado, por lei, o legislador ordinário limitou-se a dar cumprimento a uma obrigação constitucional do Estado. Se não a tivesse cumprido, o Estado teria incorrido em inconstitucionalidade por omissão. Mas ao cumprir, não pode mais voltar atrás e revogar a lei, eis que tal serviço de saúde é considerado como garantia institucional da realização do direito à saúde. No Brasil, a Constituição delega ao Ministério Público a proteção dos direitos coletivos e difusos, sendo uma garantia de efetividade destes direitos.

[489] Cf. CANOTILHO, José Joaquim Gomes, op. cit., 1999, p. 468.

[490] Aqui importa lembrar da chamada segunda onda, mencionada por CAPPELLETTI, Mauro (op. cit., 1985, p. 8-26), e analisada no capítulo anterior.

[491] E é José Joaquim Gomes Canotilho, quem explica mais claramente tal idéia de reserva de constituição. Para ele, "as *experiências constitucionais* vêm revelando os núcleos duros dessas matérias. É o caso do catálogo dos direitos, liberdades e do estatuto constitucional dos órgãos do poder político, tal como já o assinalava incisivamente o art. 16º da *Déclaration des Droits de L'Homme et du Citoyen* de 1789. Nos tempos mais recentes a reserva de constituição é abordada em sede de teoria da justiça a partir da ideia de *dimensões constitucionais essenciais* (the Idea of Constitutional Essentials). Esta 'essência constitucional' é constituída pelos princípios fundamentais que especificam a estrutura geral do governo e do processo político (poderes do

Merece destaque, ainda, a vinculação do poder público aos direitos e garantias fundamentais, ou seja, todos os poderes público devem respeitar o âmbito de proteção dos direitos e garantias fundamentais, renunciando, em regra, as ingerências. Quando o artigo 5º, § 1º, da Carta Magna determina a aplicabilidade imediata dos direitos e garantias fundamentais, daí decorre, num sentido negativo, que os direitos fundamentais não se encontram na esfera de disponibilidade dos poderes públicos, ressaltando-se, ao contrário, que, na acepção positiva, os órgãos estatais se encontram na obrigação de tudo fazer no sentido de realizar os direitos fundamentais.[492] E, ainda mais, os direitos e garantias fundamentais vinculam o próprio legislador, numa dupla dimensão. Assim, no sentido positivo, implica ao legislador um dever de conformação de acordo com os parâmetros fornecidos pelas normas de direitos fundamentais e um dever de realização destes; e no sentido negativo (ou proibitivo), a vinculação ao legislador impede que este edite atos legislativos contrários às normas de direitos fundamentais,[493] bem como impede o próprio legislador constitucional de atuar no sentido de abolir ou tender a abolir as normas de direitos e garantias fundamentais.

Assim, os direitos e garantias fundamentais são limites superiores[494] ao poder de revisão constitucional, nos termos do artigo 60, § 4º, da Constituição Federal de 1988, cuja disposição pode ser denominada como a "eficácia protetiva dos direitos fundamentais":

> Em virtude tanto de sua especial posição na arquitetura constitucional, que, por sua vez, se manifesta mediante o que convencionamos considerar uma fundamentalidade formal e material, que outorga aos direitos fundamentais força jurídica reforçada relativamente às demais normas constitucionais, quanto da vinculação de todos, poderes públicos e particulares, aos direitos fundamentais, impõe-se que estes sejam devidamente protegidos, sob pena de esvaziar-se sua particular dignidade na ordem constitucional. Aliás, consoante assinalado alhures, verificou-se que um dos elementos caracterizadores da fundamentalidade em sentido formal, ao menos em nossa Constituição, é justamente a circunstância de terem os direitos fundamentais sido erigidos à condição de "cláusula pétrea", integrando o rol do art. 60, § 4º, inc. IV, da nossa Carta Magna, constituindo, portanto, limites materiais à reforma da Constituição. Ora, esta proteção jurídica reforçada, peculiar apenas aos direitos fundamentais e alguns poucos princípios escolhidos pelo Constituinte, não deixa de poder ser

---

legislativo, do executivo e do judiciário, princípio da regra da maioritária) e pelos direitos de liberdade e igualdade básicos de um cidadão que as maiorias legislativas devem respeitar" (op. cit., 1999, p. 1067).

[492] Cf. SARLET, Ingo Wolfgang, op. cit., 1998, p. 323.

[493] Idem, p. 325.

[494] Cf. CANOTILHO, José Joaquim Gomes, op. cit., 1999, p. 994.

considerada um dos efeitos jurídicos gerados pelos direitos fundamentais e, portanto, uma dimensão de sua eficácia.[495]

Dessa forma, deve a instituição do Ministério Público, na condição de garantia dos direitos fundamentais,[496] ser considerada autêntica cláusula pétrea,[497] não podendo ser abolida do texto constitucional, consoante o artigo 60, § 4º, inciso IV, da Lei Fundamental de 1988, disposição que é aplicável para todos os direitos e garantias fundamentais positivados em nossa Constituição (inclusive os situados fora do catálogo), constituindo limite material à reforma constitucional, "já que o Constituinte contemplou a todos com a mesma força jurídica e fundamentalidade",[498] ou seja, direitos individuais e sociais,[499] e suas garantias, situados dentro e fora do catálogo.[500]

---

[495] SARLET, Ingo Wolfgang, op. cit., 1998, p. 340.

[496] E, neste sentido, José Joaquim Gomes Canotilho, explica que: "A protecção das garantias institucionais aproxima-se da protecção dos direitos fundamentais quando se exige, em face das intervenções limitativas do legislador, a salvaguarda do 'mínimo essencial' (núcleo essencial) das instituições" (op. cit., 1999, p. 373).

[497] Neste sentido, MORAES, Alexandre de. Garantias do Ministério Público em defesa da sociedade. *Revista do Ministério Público*, Porto Alegre, v. 38, jan./jun. 1997, explica que: "A reforma constitucional decorre de uma regra jurídica de autenticidade constitucional, uma vez que o legislador originário estabeleceu limites, correspondentes a cláusula de irreformabilidade da Constituição. Essas cláusulas são chamadas de pétreas, correspondentes ao núcleo imodificável da Carta Magna" (p. 135).

[498] SARLET, Ingo Wolfgang, op. cit., 1998, p. 160.

[499] Neste sentido, Paulo Bonavides, explica que: "Sem a concretização dos direitos sociais não se poderá alcançar jamais 'a Sociedade livre, justa e solidária', contemplada constitucionalmente como um dos objetivos fundamentais da República Federativa do Brasil (art. 3º). O mesmo tem pertinência com respeito à redução de desigualdades sociais, que é, ao mesmo passo, um princípio da ordem econômica e um dos objetivos fundamentais de nosso ordenamento republicano, qual consta respectivamente do art. 170, VII, e do sobredito art. 3º. Em obediência aos princípios fundamentais que emergem do Título I da Lei Maior, faz-se mister, em boa doutrina, interpretar a garantia dos direitos sociais como cláusula pétrea e matéria que requer, ao mesmo passo, um entendimento adequado dos direitos e garantias individuais do art. 60. Em outras palavras, pelos seus vínculos *principiais* já expostos – e foram tantos na sua liquidez intacável –, os direitos sociais recebem em nosso direito constitucional positivo uma garantia tão elevada e reforçada que lhes faz legítima a inserção no mesmo âmbito conceitual da expressão direitos e garantias individuais do art. 60. Fruem, por conseguinte, uma intangibilidade que os coloca inteiramente além do alcance do poder constituinte ordinário, ou seja, aquele poder constituinte derivado, limitado e de segundo grau, contido no interior do próprio ordenamento jurídico. Tanto a lei ordinária como a emenda à Constituição que afetarem, abolirem ou suprimirem a essência protetora dos direitos sociais, jacente na índole, espírito e natureza de nosso ordenamento maior, padecem irremissivelmente da eiva de inconstitucionalidade, e como inconstitucionais devem ser declaradas por juízes e tribunais, que só assim farão, qual lhes incumbe, a guarda bem sucedida e eficaz da Constituição. Demais disso, não há distinção de grau nem valor entre os direitos sociais e os direitos individuais" (op. cit., 1998, p. 594-595).

[500] É certo que, como já visto, os direitos e garantias fundamentais não se encontram somente no art. 5º da Constituição, consoante a referida decisão do STF no julgamento da Emenda Constitucional nº 03/93, que institui o IPMF. Da mesma forma, consoante afirma Alexandre de Moraes: "outros direitos e garantias individuais são intangíveis, imodificáveis, pois apesar de não encontrarem-se definidos no extenso rol do art. 5º, são *valores constitucionais intangíveis,*

E ainda que não se entenda que o Ministério Público tenha recebido o caráter de limite material expresso contra a ação do Poder Constituinte Reformador, por não ter sido nominado expressamente no artigo 60, § 4º, da Carta Magna, não se pode negar que pode ser considerado, de forma inequívoca, um limite material implícito à reforma constitucional, ou seja, um limite textual implícito,[501] deduzido do próprio texto constitucional, "considerando-se especialmente os princípios cuja abolição ou restrição poderia implicar a ruptura da própria ordem constitucional".[502] Ora, se a Instituição é essencial para o Estado Democrático de Direito e para a Constituição, não pode ser abolida do texto constitucional.[503] Assim sendo, "pode ser atribuída a mesma força jurídica dos limites expressos, razão pela qual asseguram à Constituição, ao menos em princípio, o mesmo nível de proteção".[504]

E sendo essencial para a garantia dos direitos fundamentais, não só a instituição do *Parquet* propriamente dita torna-se uma garantia institucional fundamental, mas sua independência e autonomia, e, especialmente, as garantias e prerrogativas dos seus agentes, que, no mesmo diapasão, não podem ser objeto de emenda constitucional.[505] Neste sentido,

> As garantias constitucionais dos membros do Ministério Público, e mais especificamente a *independência funcional*, a *vitaliciedade*, a *irredutibilidade* dos vencimentos e a *inamovibilidade*, são garantias da própria sociedade, de que o Ministério Público, incumbido pela Constituição de ser o guardião da legalidade formal e material das

---

entre eles, a garantia de independência funcional dos membros dos Poderes do Estado, Executivo, Legislativo, Judiciário, e, igualmente, dos membros do Ministério Público; além dos direitos políticos, previstos no art. 12 e segs., da Constituição Federal" (op. cit., 1997, p. 141).

[501] CANOTILHO, José Joaquim Gomes, op. cit., 1999, p. 995.

[502] SARLET, Ingo Wolfgang, op. cit., 1998, p. 352.

[503] Ingo Wolfgang Sarlet, apresenta exemplos de limites materiais implícitos, nos quais facilmente pode ser enquadrada a Instituição do *Parquet*: "Poder-se-á sustentar, na esteira deste entendimento, que todos os princípios fundamentais do Título I da nossa Constituição (arts. 1º a 4º) integram o elenco dos limites materiais implícitos, ressaltando-se, todavia, que boa parte deles já foi contemplada no rol das 'cláusulas pétreas' do art. 60, § 4º, da CF. A toda evidência, não se afigura razoável o entendimento de que a Federação e o princípio da separação dos poderes se encontram protegidos contra o Poder Constituinte Reformador, e o princípio da dignidade da pessoa humana não. Também as normas sobre o Poder Constituinte e sobre a reforma da Constituição costumam ser enquadradas na categoria dos limites implícitos" (op. cit., 1998, p. 352).

[504] SARLET, Ingo Wolfgang, op. cit., 1998, p. 352.

[505] Interessante e oportuno estudo sobre a recente Lei de Responsabilidade Fiscal e seus efeitos na autonomia e garantias do Ministério Público é feita por PAGANELLA, Carlos Roberto; MACIEL, Heriberto Roos; LIMBERGER, Têmis. Considerações jurídicas sobre a lei de responsabilidade fiscal e algumas questões atinentes ao Ministério Público. *Revista do Ministério Público*, Porto Alegre, v. 43, 2000, p. 237-294, onde concluiu-se serem inconstitucionais alguns dispositivos da referida Lei, especialmente pela indevida interferência do Executivo na instituição do *Parquet*.

liberdades públicas contra os abusos do poder Estatal, não sofra pressões odiosas no exercício de seu mister. Sendo as liberdades públicas, objeto da proteção jurídica em matéria de direitos constitucionais, em cuja defesa deve agir o Ministério Público; a *independência funcional*, a *vitaliciedade*, a *irredutibilidade* de vencimentos e a *inamovibilidade*, transforma-se em garantias fundamentais da Constituição Federal, com o escopo de concretizar as liberdades públicas positivas previstas, principalmente no art. 5º, da Constituição Federal.[506]

Assim, qualquer tentativa de alterar as funções precípuas do *Parquet*, ou mesmo retirar garantias constitucionais do Ministério Público, que servem, justamente, para o bom exercício destas mesmas funções ministeriais,[507] corresponde a diminuir a efetividade das liberdades públicas e dos direitos sociais, e, logo, tal encontra-se vedado pela cláusula pétrea.

E cabe ainda dizer que o Ministério Público, não só pela sua função de proteger os direitos fundamentais, mas, igualmente, por ter sido configurado constitucionalmente como órgão fiscalizador do regime democrático e da perpetuidade da federação, bem como da separação de Poderes, da legalidade e moralidade pública, é também neste sentido garantido contra o poder constituinte derivado.[508]

A Lei Maior constituiu o Ministério Público para determinadas missões constitucionais e, para tanto, assegurou, através da autonomia e das garantias, bem como pelas funções que dotou a Instituição, da estrutura e do aparato lógico para o exercício apropriado destas

---

[506] MORAES, Alexandre de, op. cit., 1997, p. 141.

[507] Para Alexandre de Moraes: "Nestè contexto surge o Ministério Público, com a missão de fiscalização do cumprimento das liberdades públicas, ou seja, com a missão de torná-las efetivas no plano concreto. Para isto concedeu-lhe o legislador constituinte nobres funções, dentre outras, de promover, privativamente, a ação penal pública, na forma da lei (*efetividade, inclusive, ao direito à vida – art. 5º, XXXVIII e XLVII*); zelar pelo efetivo respeito dos Poderes Públicos e dos serviços de relevância pública aos direitos assegurados nesta Constituição (*efetividade de todo o extenso rol do art. 5º, entre outros*), promovendo as medidas necessárias a sua garantia (efetividade dos remédios constitucionais do art. 5º, inc. LXVIII, LXIX, LXX, LXXI, LXXII); promover o inquérito civil e a ação civil pública, para a proteção do patrimônio público e social, do meio ambiente e de outros interesses difusos e coletivos; promover a ação de inconstitucionalidade ou representação para fins de intervenção da União e dos Estados, nos casos previstos nesta Constituição (*efetividade da defesa da Federação, art. 34, 35 e 60, § 4º, I*)" (op. cit., 1997, p. 142).

[508] Para Alexandre de Moraes: "o legislador constituinte criou, dentro do respeito à teoria dos 'freios e contrapesos' (*cheks and balances*), um órgão autônomo e independente deslocado da estrutura de qualquer dos Poderes do Estado, um verdadeiro fiscal da perpetuidade da federação, da Separação de Poderes, da legalidade e moralidade pública, do regime democrático e dos direitos e garantias individuais: o Ministério Público. Para a garantia desta fiscalização e do próprio regime democrático, a constituição conferiu importantes funções e garantias institucionais ao Ministério Público, impedindo a ingerência dos demais poderes do Estado em seu funcionamento, pois como escrevia Madison, todo o poder tende a ser invasor e, por isso, deve ser posto em condições de não exceder os limites que lhe são traçados, razão pela qual, depois da divisão de poderes, o mais importante é garanti-los contra suas recíprocas invasões" (op. cit., 1999, p. 473).

tarefas. Ela procurou "regular a composição e organização dos órgãos em uma forma que corresponda à peculiaridade de sua tarefa e, por isso, garanta o exercício apropriado de suas funções".[509] Assim,

não pode vingar, por exemplo, uma emenda constitucional que vise expungir do Texto Maior a autonomia administrativa do Poder Judiciário ou do Ministério Público, uma vez que isto iria de encontro ao que se pode chamar de "relação de pertinência". Assim, se os constituintes de 1987/88, que detinham o poder originário, disseram, por exemplo, que o Poder Judiciário, o Legislativo ou o Ministério Público, para cumprir o seu *munus*, deveriam ser independentes, com autonomia orçamentária e administrativa, como poderia, em sede de revisão constitucional, ser retirado o cerne, o âmago da estrutura de um desses Poderes ou do Ministério Público? Mudança desse quilate infringiria a relação de pertinência e o sistema criado pela Constituição. Atingido estaria, em outras palavras, o núcleo político da Lei Maior, através daquilo que Hesse, citado por Canotilho (1992, p. 1136), chama de "alterações constitucionais aniquiladoras da identidade de uma ordem constitucional histórico-concreta".[510]

Portanto, e considerando que a Constituição Federal de 1988, no seu artigo 60, § 4º, inciso I, erigiu, como cláusula pétrea, a forma federativa, cujo contexto engloba, constitucionalmente, o regime democrático, tanto em relação às regras constitucionais para sua consecução, quanto às regras constitucionais para a sua fiscalização, e considerando, ainda, que o Ministério Público foi colocado como fiscal do regime democrático e da ordem jurídica, também neste sentido o Ministério Público torna-se cláusula pétrea,[511] assim como as prerrogativas e garantias dos seus membros.[512]

No mais, e como já foi anteriormente referido, merece destaque, também, quanto à instituição do *Parquet*, o princípio da proibição do

---

[509] HESSE, Konrad, op. cit., 1998, p. 41.

[510] STRECK, Lenio Luiz. *Constituição:* limites e perspectivas da revisão. Porto Alegre: Rígel, 1993, p. 39.

[511] Neste sentido, CLÈVE, Clèmerson Merlin, op. cit., jun. 1993, p. 29.

[512] Para Alexandre de Moraes: "Alterar este sistema de controles, suprimindo funções controladoras ou mesmo garantias do Ministério Público, seria alterar o mecanismo de cooperação e controle desses poderes (Executivo/Legislativo/Judiciário) e da própria instituição do Ministério Público, em relação ao regime democrático, desrespeitando a doutrina dos 'freios e Contrapesos' (*cheks and balances*), modificando um mecanismo para evitar bloqueios respectivos entre os diferentes detentores de funções do poder, uma vez que retornaríamos à hipertrofia do Poder Executivo. Lembremo-nos que a Separação de Poderes também é cláusula pétrea, devendo impedir, todavia, não só a supressão da ordem constitucional, mas 'também qualquer reforma que altere os elementos fundamentais de sua identidade histórica'. As funções e garantias institucionais do Ministério Público, assim como já afirmado, igualam-se as imunidades e prerrogativa dos membros do Legislativo, Judiciário e do chefe do Poder Executivo, em defesa das garantias e direitos fundamentais do cidadão e da sociedade, do regime democrático e da própria Separação de Poderes, dentro da já citada teoria dos freios e contrapesos" (op. cit., 1999, p. 476).

retrocesso social,[513] defendido por José Joaquim Gomes Canotilho[514] e outros, e acolhida pelo já referido Acórdão nº 39/84, do Tribunal Constitucional de Portugal, que entendeu, de forma incisiva, que:

> a partir do momento em que o Estado cumpre (total ou parcialmente) as tarefas constitucionalmente impostas para realizar um direito social, o respeito constitucional deste deixa de consistir (ou deixa de consistir apenas) numa obrigação positiva, para se transformar ou passar também a ser uma obrigação negativa. O Estado que estava obrigado a actuar para dar satisfação ao direito social, passa a estar obrigado a abster-se de atentar contra a realização dada ao direito social.

Ainda que não exista regra expressa em nossa Lei Maior, trata-se de um princípio afeito aos direitos fundamentais, que exigem sua concretização, razão pela qual não possui o legislador o poder de livremente dispor do conteúdo essencial dos direitos fundamentais sociais, enquanto consagrados na esfera constitucional. Os direitos fundamentais sociais assumem,

> simultaneamente, a condição de direitos subjetivos a determinadas prestações estatais e de uma garantia institucional, de tal sorte que não se encontram mais na esfera de disponibilidade do legislador, no sentido de que os direitos adquiridos não mais podem ser reduzidos ou suprimidos, sob pena de flagrante infração do princípio da proteção da confiança (por sua vez, diretamente deduzido do princípio do Estado de Direito), que, de sua parte, implica a inconstitucionalidade de todas as medidas que inequivocamente venham a ameaçar o padrão de prestações já alcançado.[515]

Dessa forma, cabendo, por disposição constitucional, ao Ministério Público, a efetivação de direitos sociais, e esta instituição estando em funcionamento, não pode o legislador abolir a Instituição ou mesmo reformá-la,[516] retirando garantias e prerrogativas, nem mesmo a sua independência e autonomia, eis que isto representaria um retrocesso social, vedado pelo referido princípio, sendo atacável por ação direta de inconstitucionalidade.[517]

Sinteticamente, pode-se dizer, enfim, que o Ministério Público brasileiro foi erigido pela atual Constituição pátria numa Instituição

---

[513] Cláusula esta que, com certeza, também pode ser aplicada aos direitos fundamentais de 1ª dimensão, que também possuem, além da dimensão negativa, uma dimensão positiva, exigindo que o Estado realize condutas para assegurar os direitos de liberdade, garantindo, assim, o grau de concretização já obtido. Conseqüentemente, não pode o Poder Público eliminar, sem compensação ou alternativa, o núcleo essencial já realizado desses direitos.

[514] Cf. CANOTILHO, José Joaquim Gomes, op. cit., 1999, p. 449.

[515] SARLET, Ingo Wolfgang, op. cit., 1998, p. 369-370.

[516] Neste sentido, CLÈVE, Clèmerson Merlin, op. cit., jun. 1993, p. 29.

[517] Ingo Wolfgang Sarlet, neste sentido, aduz que: "Neste contexto, impõe-se uma referência ao fato de que uma declaração de inconstitucionalidade no âmbito da proibição de retrocesso social não se faz necessária tão-somente quando se cuida da revogação, mas também quando estamos diante de uma afronta legislativa ao conteúdo do direito fundamental social concretizado pelo legislador" (op. cit., 1998, p. 370).

primordial aos direitos fundamentais, e, mesmo, ao sistema jurídico e democrático do Estado de Direito nacional, sendo garantia institucional da Constituição e dos direitos e princípios nela previstos. Como conseqüência, a instituição passa a ser um verdadeiro organismo protegido e garantido - constitucionalmente - contra as ingerências de quaisquer dos chamados "Poderes" do Estado.

Tal noção, ainda que passível de detração por parte dos mais conservadores e retrógrados, ainda apegados às velhas doutrinas positivas e a um constitucionalismo ultrapassado, não pode ser menosprezada frente às necessidades de mudanças estruturais na visão do Estado e do Direito dos operadores jurídicos, em especial se pretendemos estabelecer um verdadeiro Estado Democrático de Direito no Brasil, onde a solidariedade e a justiça social se façam presentes, superando as mazelas sociais e a falta de dignidade humana.

Cabe aos lidadores do Direito notar tais necessidades e lutar, cada vez mais, pelos direitos humanos, sendo que o Ministério Público, neste sentido, deve, através de seus membros, procurar efetivar tais direitos, eis que foi aquinhoado, pela Carta Constitucional de 1988, com fartos e relevantes instrumentos jurídicos, e isto ocorreu porque foi alçado, constitucionalmente, a uma das principais instituições democráticas e importantes para a transformação social.

Resta-nos, agora, compreender e começar a transformação social.

Considerações finais

No desenvolvimento do presente trabalho, pretendeu-se demonstrar a importância de se fazer uma correta análise da atual situação social e jurídica brasileira, a fim de vencer a séria crise de paradigma pelo qual passam os operadores jurídicos, que, em geral, ainda não compreenderam as transformações do mundo e o esgotamento do modelo de direito liberal-individualista, resultando na incapacidade do discurso oficial do Direito em lidar com a realidade social, eis que,

> preparado para o enfrentamento dos conflitos interindividuais, o Direito e a dogmática jurídica que o instrumentaliza não conseguem atender as especificidades das demandas originadas de uma sociedade complexa e conflituosa. O paradigma (modelo de direito ou modo de produção) liberal-individualista está esgotado. O crescimento dos direitos transindividuais reclama novas posturas dos operadores jurídicos. Daí a necessidade de (re)discussão das práticas discursivas dos juristas.[518]

Esta crise de paradigma faz com que nossa atual Carta Constitucional, embora traduza um nítido desejo garantista, de proteção aos direitos fundamentais, com a criação de um Estado Democrático de Direito, seja relegada a um segundo plano, trazendo indiferença e ineficácia aos preceitos constitucionais.

E enquanto nosso país possui uma sociedade carente e necessitada de transformações sociais,

> Até hoje no Brasil a preocupação maior tem sido, após a queda de cada ditadura, apenas legitimar um chefe de governo, um presidente da República, um caudilho, um aventureiro político; jamais um sistema de poder, uma pauta de regras e princípios, uma ordem jurídica moderna ou uma nova estrutura da economia.[519]

Na verdade, esta crise ideológica, enfrentada pelos operadores jurídicos, precisa ser superada, como superadas estão as concepções

---

[518] STRECK, Lenio Luiz. Dogmática e hermenêutica: aportes críticos acerca da crise do direito e do estado. *Caderno n. 2*. São Leopoldo: UNISINOS, 1997, p. 5. (Cadernos de Pesquisa, Texto digitado).

[519] BONAVIDES, Paulo, op. cit., 1998, p. 346.

advindas do ideal liberal, o que precisa ser urgentemente reconhecido.

Ora, a origem do Estado moderno, o que deve ser relembrado, surgiu com o rompimento do medievo e aperfeiçoou-se com o triunfo político e doutrinário dos princípios ideológicos liberais, em especial com a Revolução Francesa, consubstanciando-se na idéia fundamental da limitação da autoridade governamental, mediante a separação de poderes e a declaração dos direitos fundamentais. Para tanto, o constitucionalismo – como previsão solene e estatal de organização do sistema de separação dos poderes e elenco de direitos e garantias individuais oponíveis ao próprio Estado - foi erigido como necessidade imperiosa de garantia do poder do regime liberal.

O próprio constitucionalismo clássico, neste sentido, traduziu o ideal liberal, pois trazia a idéia de um documento garantidor dos direitos de liberdade, especialmente o da propriedade privada. Em realidade, o constitucionalismo clássico, a despeito de sua importância para as liberdades, garantia o próprio sistema capitalista.

O chamado Estado liberal ou constitucional nada mais é do que a base da sociedade capitalista, muitas vezes denominado, com felicidade, como Estado "guarda-noturno", eis que sua função não era maior do que garantir o individualismo, a propriedade privada e o próprio sistema capitalista.

E o Direito, no mesmo diapasão, era produto exclusivo deste Estado Liberal, inexistindo outros espaços de poder e de produção, e, numa concepção legalista de Justiça, não tinha qualquer função de eliminar os conflitos, mas apenas de resolvê-los.

Portanto, a sociedade, o Estado e o Direito moderno são, todos, frutos do mesmo ideal liberal, cujos valores dominantes são a liberdade e a propriedade privada, sendo os dois últimos utilizados como técnica jurídico-institucional de dominação econômica.

E, mais que isto, o ideal liberal não permitia corpos intermediários entre o indivíduo e o Estado, sob a concepção de que o homem, para atingir a sua plena liberdade, não poderia ser subordinado a grupos, que tolheriam sua livre e plena manifestação. Assim, o sistema capitalista, para obtenção de êxito na implantação de seu modelo sociopolítico, determinou que todas as pessoas fossem, formalmente, livres e iguais, surgindo a chamada dominação legal, com a utilização do Direito como instrumento ideológico.

O Direito era forjado para resolver disputas/conflitos interindividuais, no chamado modo de produção do Direito de cunho liberal-normativista-individualista, onde todo o arcabouço jurídico era criado e direcionado aos indivíduos, e aos bens individuais (como a propriedade privada, por exemplo), sem qualquer preocupação social.

E embora o mundo tenha se transformado, como de fato se transformou, com a mutação da sociedade, do Estado e do Direito, até hoje percebemos o mundo a partir das concepções deste modelo do ideal liberal, ainda que inconscientemente. E isto afeta o próprio ensino do Direito, pois

> Tal fez com que o ensino do Direito Constitucional nas Faculdades de Direito se ocupasse com exclusividade, se não com esmagadora predominância, do Estado Liberal, e este glorificado pela mentalidade conservadora dos grandes centros de cultura européia e norte-americana, que, pela via do imperialismo cultural, aportaram na América Latina. E assim se deu sem que se tecesse a oportuna e devida crítica, com ou sem compromisso ideológico e preocupação regionalista, do Estado Liberal e do regime capitalista que o mesmo encarna e chancela.[520]

E o mundo mudou, como se verificou, em face das crises cíclicas constantes do sistema capitalista, que fizeram surgir os conflitos entre o capital e o trabalho, sendo que tais tensões principiaram uma nova ordem. Com a crise social do século XX, e as guerras mundiais, a sociedade ultrapassou aquele sistema ideal capitalista, voltando-se para um lado mais humanitário e social. O keynesianismo, utilizado como política econômica, torna-se a nova doutrina deste mundo em transformação, e o Estado de Bem-Estar Social passa a ser o novo modelo de organização estatal.

Com nova orientação social, o Estado Protetivo passa a ter preocupação com a coletividade, com princípios básicos do cidadão, promovendo o bem-estar social, em especial através da intervenção no mercado e pelas políticas públicas.

Hoje, ingressamos num novo modelo de Estado, o chamado Estado Democrático de Direito, que objetiva a transformação e a dignidade do ser humano, e com este novo padrão de Estado, foram incorporadas novas dimensões de Direitos Fundamentais, que englobaram direitos sociais, coletivos e difusos, que abrangem toda a sociedade, razão pela qual o próprio constitucionalismo, nesta esteira, acabou se modificando, passando a ser muito mais abrangente, e a incluir ao lado dos direitos e garantias individuais de cunho liberal, os direitos sociais, os direitos de solidariedade, ultrapassando, pois, aquela idéia de neutralidade do constitucionalismo clássico e tornando-se, efetivamente, a base de toda a sociedade moderna (e não só da classe burguesa):

---

[520] CASTRO, Carlos Roberto Siqueira, op. cit., 1984, p. 135-136.

> Com o Estado social, o Estado-inimigo cedeu lugar ao Estado-amigo, o Estado-medo ao Estado-confiança, o Estado-hostilidade ao Estado-segurança. As Constituições tendem assim a se transformar num pacto de garantia social, num seguro com que o Estado administra a sociedade.[521]

Mas a intervenção do Estado e o crescimento de sua máquina, bem como da maior utilização do Direito em todos os campos da sociedade, causaram um custo de operacionalidade ao Estado e ao próprio Direito, que não conseguem resolver o aumento das demandas sociais e as tensões desta sociedade naturalmente conflituosa, pois, embora as relações humanas tenham se tornando mais complexas, abrangendo disputas transindividuais, ainda se utilizam as velhas noções criadas para solucionar conflitos de interesses meramente individuais. Na verdade, não se cultiva a democracia substancial e nem se efetivam os direitos sociais.

Como conseqüência deste fenômeno abrangente e inadiável, o próprio constitucionalismo, como base filosófica do Estado, também é tomado por uma crise de paradigma, colocando-se, assim, em xeque todo o arcabouço constitucional construído em dois séculos de história da humanidade, a ponto de questionar-se os valores e a própria necessidade do constitucionalismo.

Os interesses neoliberais e o próprio globalismo econômico, que nada mais pretendem do que resgatar o velho Estado de Direito Liberal, em prejuízo dos avanços sociais e da necessidade de transformação social, aproveitam-se deste momento de indecisão e descrença, objetivando quebrar a democracia e as várias dimensões dos direitos humanos.

Assim, os operadores jurídicos (acadêmicos, professores, magistrados, promotores de justiça, advogados) devem se aperceber de tais mudanças ocorridas na sociedade, hoje muito mais complexas, onde os conflitos possuem caráter transindividual, superando o pensamento surgido no contexto do paradigma liberal-individualista de produção do direito, a ideologia liberal e o citado sentido comum teórico dos juristas, que nada mais é do que aquelas velhas concepções tradicionais e antigas, fruto de uma noção superada de Estado e de Direito.

É necessário, pois, que se inaugure "uma nova ética, não individualista e prisioneira de um projeto de mundo construído por mônadas laborais, mas a partir de uma ética que poderíamos denominar de solidária ou comunitária",[522] onde os operadores jurídicos possuam valores diversos do paradigma liberal-individualista, dire-

---
[521] BONAVIDES, Paulo, op. cit., 1998, p. 345.
[522] LEAL, Rogério Gesta, op. cit., 1997b, p. 168.

cionados à solidariedade humana e à proteção dos direitos fundamentais, e que devem observar:

> (1) de que todos somos responsáveis por todos; (2) que é preciso pensar globalmente sim, porém, agir localmente; (3) que só se pode propagar uma idéia (ético-política) vivendo de acordo com ela; (4) que o processo de concretização e proteção dos direitos fundamentais é também o objetivo de sua consolidação definitiva; (5) que os meios de atuação com os direitos humanos sejam tão dignos quanto os fins que pretende alcançar; (6) que o que não for feito aqui e agora não cria um outro estado do mundo, que é muito mais futuro do que presente.[523]

Na verdade, é necessário que a sociedade, e especialmente os operadores jurídicos, compreendam o atual momento histórico em que vivemos, buscando um verdadeiro Estado Democrático de Direito, onde, não só os direitos de cunho individualista sejam preservados, mas onde os direitos sociais sejam efetivamente aplicados e garantidos.[524]

Os direitos fundamentais e os princípios democráticos precisam ser protegidos e efetivados, eis que só assim será atingida a plena dignidade do ser humano, afinal é o objetivo primordial da sociedade, do Estado e do Direito.

Com a Constituição Federal de 1988,

> os direitos fundamentais estão vivenciando o seu melhor momento na história do constitucionalismo pátrio, ao menos no que diz com seu reconhecimento pela ordem jurídica positiva interna e pelo instrumentário que se colocou à disposição dos operadores do Direito, inclusive no que concerne às possibilidades de efetivação sem precedentes no ordenamento nacional. Para que este momento continue a integrar o nosso presente e não se torne mais outra mera lembrança, com sabor de ilusão, torna-se indispensável o concurso da vontade por parte de todos os agentes políticos

---

[523] LEAL, Rogério Gesta, op. cit., 1997b, pp. 168-169.

[524] Para FARIA, José Eduardo. A função social do Ministério Público. *Parquet*: Relatório Anual. Porto Alegre: Escola Superior do Ministério Público, n. 1, 1990: "Em face da natureza e do alcance dos problemas aqui apontados e discutidos, portanto, o Ministério Público – como também a magistratura – não parece ter mais condições de continuar atrelado às doutrinas tradicionais que a convidam a ater-se somente aos dizeres da lei ('interpretação gramatical'), ao núcleo central do ordenamento jurídico ('interpretação lógico-sistemática'), às intenções do legislador ('interpretação histórica') e ao sentido da lei ('interpretação teleológica') – doutrinas essas que fazem da norma não só um atributo que precede logicamente os casos a serem subsumidos, mas ainda o próprio eixo de toda a operação interpretativa. Para vencer o desafio acima mencionado é necessário um amplo esforço de reflexão sobre a hermenêutica jurídica, a qual precisa ser encarada como um gesto humilde de reconhecimento das condições históricas a que está submetida toda compreensão humana sob o regime da finitude. Tal esforço, obviamente, implica uma mudança de paradigma, ou seja, uma transformação nos modos de ver, apreender e fazer o mundo, provocada pela recomposição diferencial do universo conceitual através do qual se pensa os objetos, as relações entre objetos, os conceitos, etc. E uma mudança dessa natureza requer o desenvolvimento de modelos cognitivos da experiência jurídica e de métodos hermenêuticos capazes de levar, entre outras exigências, juízes e promotores a também avaliar as conseqüências que suas decisões acarretarão quer para as partes diretamente envolvidas quer para a própria sociedade" (p. 125-126).

e de toda a sociedade. Neste sentido, se – de acordo com a paradigmática afirmação de Hesse -, para a preservação e fortalecimento da força normativa da Lei Fundamental se torna indispensável a existência de uma "vontade de Constituição", também poderemos falar em uma vontade dos direitos fundamentais, ainda mais quando estes integram o núcleo essencial de qualquer Constituição que mereça esta designação.[525]

Somente assim é que se poderá construir uma sociedade verdadeiramente igualitária, com uma democracia substancial, que privilegie a dignidade do ser humano, onde os direitos fundamentais sirvam como uma abertura para um futuro melhor, sem que, todavia, as chamadas regras do jogo e os avanços sociais sejam esmagados por interesses sub-reptícios.

E não resta dúvida que, como já analisado, para privilegiar e proteger os direitos fundamentais, a democracia e o constitucionalismo, há um deslocamento, no Estado Democrático de Direito, do centro de decisões politicamente relevantes, que passa do Legislativo e do Executivo para o Judiciário. E isto ocorre, em síntese, porque cabe ao Judiciário garantir as políticas públicas, impedir o desvirtuamento privatista das ações estatais, enfrentar o processo de desinstitucionalização dos conflitos, e, especialmente, evitar que a democracia e os direitos humanos sejam rasgados pelos demais setores do poder público.[526]

E os integrantes do Ministério Público, como partes essenciais deste novo Estado, também necessitam entender o novo papel da instituição, que passa a desempenhar uma função primordial na cidadania, protegendo o regime democrático e garantindo os direitos fundamentais, e, para tanto, levando ao Judiciário, justamente, os atos atentatórios contra toda esta significação.

No Estado Democrático de Direito brasileiro, em razão de sua missão, a instituição do Ministério Público é cada vez mais importante, e nem poderia ser diferente, eis que deve proteger a democracia e a ordem jurídico-constitucional, bem como os direitos fundamentais.

Ela foi erigida a órgão constitucional de soberania, de imprescindível presença no Estado brasileiro, equiparado aos chamados poderes de Estado, pois participa, na função de fiscalização e con-

---

[525] SARLET, Ingo Wolfgang, op. cit., 1998, p. 72.

[526] Para Lenio Luiz Streck. E que o texto constitucional não se transforme em um latifúndio improdutivo ... – uma crítica à ineficácia do direito. In: SARLET, Ingo Wolfgang (Org.). *O direito público em tempos de crise*: estudos em homenagem a Ruy Ruben Ruschel. Porto Alegre: Livraria do Advogado, 1999b: "Isto ocorre porque, se com o advento do Estado Social e o papel fortemente intervencionista do Estado, o foco de poder/tensão passou para o Poder Executivo, no Estado Democrático de Direito – até pela crise enfrentada pelo *Welfare State* – há uma modificação desse perfil. *Inércias do executivo e falta de atuação do legislativo passam a poder ser supridas pelo judiciário, justamente mediante a utilização dos mecanismos jurídicos previstos na Constituição que estabeleceu o Estado Democrático de Direito*" (p. 182-183).

trole, do sistema de freios e contrapesos, impedindo que os poderes de Estado venham a intervir uns nos outros, ou, ainda, que interfiram na democracia ou nos direitos fundamentais.

É instrumento de proteção da própria Constituição e do sistema republicano e federativo do Estado, e, por isso, é instituição permanente, que não pode ser abolida ou modificada em sua estrutura, salvo, no último caso, para fortalecê-la.

E mais ainda, o Ministério Público recebeu a incumbência de zelar pelos direitos de liberdade (de primeira dimensão) e de efetivar os direitos sociais, propiciando o acesso à Justiça pela sociedade, razão pela qual deve ser considerado como autêntica garantia fundamental.

Por tudo isto, por representar uma instituição guardiã dos interesses da sociedade, o Ministério Público é cláusula pétrea, ou seja, não pode ser abolido, nem suas garantias, por emenda constitucional, sob pena de flagrante inconstitucionalidade.

E, mais ainda, por significar um avanço social, pende a favor do *Parquet* a chamada cláusula de vedação do retrocesso social, que impede qualquer tentativa espúria de impedir a atuação ministerial.

Por isso, os órgãos de execução ministerial, Promotores e Procuradores de Justiça, devem compreender a importância da instituição e de como atuar para concretizar efetivamente o Estado Democrático de Direito, idealizado pela Carta Constitucional de 1988. Logo,

> Na defesa do regime democrático, não se compreende que a atuação funcional dessa instituição – tão adequadamente ubicada no seio da sociedade civil – possa privilegiar a aplicação do direito concebido numa perspectiva positivista e distanciado da realidade sócio-econômica, apoiado em princípios racionalistas que visam perpetuar a ideologia da minoria dominante com a exclusão e o sacrifício da imensa maioria integrante das classes dominadas. A atuação do Ministério Público, então, na defesa da ordem jurídica há de buscar a efetivação do direito como instrumento de transformação social levada a efeito segundo a ótica da ideologia reinante na sociedade como expressão de sua hegemonia, de forma a concretizar os anseios de participação das classes dominadas no processo político. Na defesa da ordem jurídica o Ministério Público atuará como veículo cambiante dos valores plasmados hegemonicamente no âmbito da sociedade civil, internalizando-os na superestrutura, mediante atuação que possa estabelecer perfeita sintonia com a base material. É nesse mister que a instituição, responsável pelo acesso das classes dominadas à justiça, atuará no aforamento de questões coletivas envolvendo conflitos de classes e na mediação desses mesmos conflitos enquanto órgão incumbido da criação e aplicação do direito para institucionalização dos multivariados antagonismos sociais, nos moldes da tecnologia do conflito/consenso.[527]

---

[527] MACHADO, Antonio Alberto; GOULART, Marcelo Pedroso. *Ministério Público e direito alternativo:* o Ministério Público e a defesa do regime democrático e da ordem jurídica. São Paulo: Acadêmica, 1992, p. 42.

O Ministério Público deve ser um canal claro de transformação social , sendo que

> A busca da efetivação do direito social, pela via processual ou extraprocessual, deve levar o Ministério Público à realização do acesso aos direitos fundamentais às milhões de pessoas que vivem à margem do direito. O caminho do Ministério Público, como Instituição da sociedade, deve ser, também, o de efetivação da saúde pública, de questões relacionadas à educação, das questões agrárias, da real reabilitação dos apenados, da defesa dos discriminados, dos aposentados, dos portadores de deficiência etc.[528]

Para isto, tem o *Parquet* meios constitucionais (mandado de injunção, ação direta de inconstitucionalidade por omissão, ação civil pública na tutela de outros interesses difusos ou coletivos, etc.) e legais (ações civis públicas, mandado de segurança, etc.).

E daí decorre, certamente, a necessidade da mudança de postura institucional quanto a sua forma de agir.[529] Os membros do Ministério Público devem abandonar a praxe de sustentação do direito tradicional[530] e sair de seus gabinetes com o fim de, em contato direto

---

[527] MACHADO, Antonio Alberto; GOULART, Marcelo Pedroso. *Ministério Público e direito alternativo:* o Ministério Público e a defesa do regime democrático e da ordem jurídica. São Paulo: Acadêmica, 1992, p. 42.

[529] Para FERRAZ, Antonio Augusto de Camargo; GUIMARÃES JÚNIOR, João Lopes. A necessária elaboração de uma nova doutrina de Ministério Público, compatível com o seu atual perfil constitucional. In: FERRAZ, Antonio Augusto de Camargo (Org.). *Ministério Público:* instituição e processo: perfil constitucional, independência, garantias, atuação processual civil e criminal, legitimidade, ação civil pública, questões agrárias. 2 ed. São Paulo: Atlas, 1999: "É importante que os membros do *Parquet* tenham consciência das condicionantes históricas que determinam o âmbito, a natureza e o sentido de suas atribuições institucionais. Acompanhar a evolução do Direito e as mudanças sociais e conhecer a realidade brasileira – marcada pela pobreza e pelas desigualdades sociais – são pressupostos para a compreensão do atual papel político do Ministério Público, pois assim como *'não se organiza uma Justiça para uma sociedade abstrata, e sim para um país de determinadas características sociais, políticas, econômicas e culturais'*, da mesma forma não se pode conceber um Ministério Público desvinculado dos problemas nacionais" (p. 33).

[530] É Carlos Alberto de Salles, quem bem explica a problemática em que se encontra o *Parquet* nacional: "À medida que o Direito deixa de se colocar como simples mediador e protetor de autonomias privadas, para incorporar objetivos sociais muito mais amplos, passando o Estado a desempenhar papel de regulação das atividades econômicas e sociais, as funções do Ministério Público também passam a ser colocadas de maneira diversa. Se sob uma perspectiva tradicional cabia ao Ministério Público suprir vícios e lacunas da autonomia privada, suplementando a falta de iniciativa individual em determinada área de interesses, isso hoje não é mais suficiente. Presentemente, objetivos muito mais amplos são colocados sob sua tutela, cabendo-lhe responder por interesses de muito maior relevância e repercussão na sociedade. Assim, por exemplo, passa a incumbir-lhe objetivos sociais como os de sustentabilidade ambiental, o equilíbrio das relações de consumo, a preservação do mercado como espaço concorrencial, a igualdade de acesso aos recursos disponíveis pela sociedade, sem restrições de raça, sexo, origem etc. Essas novas tarefas a cargo do Ministério Público colocam em xeque a forma de atuação tradicional a partir de seus próprios pressupostos. A racionalidade lógico-formal não oferece resposta a grande parte dos problemas que lhe são presentemente colocados. O desafio que lhe é apresentado, portanto, transcende aquele de sua estruturação institucional, resvalando na necessidade de fazer valer um paradigma jurídico ainda em construção. Nesse

com a sociedade, conhecer suas carências e procurar efetivar seus direitos. Portanto, deve privilegiar sua atuação como órgão agente,[531] na busca da efetivação dos direitos sociais. Este é,

> com certeza, o caminho a ser seguido pelo Ministério Público, de forma prioritária. Para tanto, devemos mudar claramente de postura. Ou continuamos sendo produtores e mantenedores de um direito socialmente injusto, ou o Ministério Público assume o seu papel de transformação social.[532]

A Instituição não pode ser absenteísta, que assiste aos fatos sociais sem neles intervir, eis que

> o resgate da função social do Direito e da função social-comunitária do Ministério Público passa pelo seu processo de intervenção nas questões sociais relevantes. É isto que lhe trará a necessária legitimação na sociedade. Não basta, pois, a legalidade formal, constante na Constituição, dando poderes à Instituição. A legitimidade advém de nossa ação cotidiana. Não é demais repetir o que se diz na Ciência Política e na Teoria Geral do Estado: *a legalidade vem de cima; a legitimidade vem debaixo* (desde "*abajo*", como diz Luigi Ferrajoli, no livro *Derecho y Razón*).[533]

E o que será do Ministério Público, no futuro,

> depende, basicamente, da ação de seus membros. Se os atuais componentes do quadro souberem atentar para a realidade na qual a Instituição está inserida, se souberem interagir com a sociedade, se souberem colaborar para a criação de pa-

---

sentido cabe ao Ministério Público a difícil opção de prosseguir pautando sua atuação exclusivamente em padrões de uma racionalidade formal, deixando, assim, de oferecer respostas a muitas das novas funções que lhe são atribuídas, ou construir uma prática institucional direcionada para a realização dos objetivos sociais e longo alcance, na qual padrões tradicionais do direito são amplamente insuficientes" (op. cit., 1999, p. 40).

[531] Cf. SILVA, Cláudio Barros. Necessidade de mudança de postura da intervenção do Ministério Público. Para a efetiva ação, deve o Ministério Público priorizar a qualidade frente a quantidade. Priorizar a ação diante da intervenção. Congresso Estadual do Ministério Público, 3, 1994, Canela. *Anais...* Porto Alegre: Associação do Ministério Público do Rio Grande do Sul, 1994, Tese n. 75, p. 258. Mas aqui cabe uma advertência, eis que órgão agente não quer significar, apenas, uma posição de atuação como autor em ações públicas, como bem refere GUIMARÃES JÚNIOR, João Lopes. Ministério Público: proposta para uma nova postura no processo civil. In: FERRAZ, Antonio Augusto de Camargo (Org.). *Ministério Público*: instituição e processo: perfil constitucional, independência, garantias, atuação processual civil e criminal, legitimidade, ação civil pública, questões agrárias. 2 ed. São Paulo: Atlas, 1999, que explica que: "Quando falamos no Ministério Público como órgão 'agente', não queremos referir-nos apenas a sua atuação perante o Judiciário, ajuizando a ação civil pública. Consideramos, outrossim, sua importantíssima atuação *extrajudicial*, talvez ainda não estudada e compreendida devidamente. A experiência ministerial na defesa dos direitos difusos e coletivos, embora recente, tem revelado que o acordo estabelecido no curso do inquérito civil, e mesmo antes de sua instauração, é opção mais rápida e eficaz tanto para a reparação como para a prevenção de danos e abusos. É fundamental, segundo nos parece, que o promotor tenha em mente que o Judiciário é a *última*, porém não a *única* via para a solução e prevenção de conflitos" (p. 147).

[532] SILVA, Cláudio Barros, op. cit., 1994, p. 258.

[533] STRECK, Lenio Luiz. *Plano de metas para administrar o Ministério Público do Rio Grande do Sul*: candidatura Lenio Luiz Streck. Porto Alegre: 1999c, p. 4 (texto digitado enviado aos órgãos do Ministério Público do Rio Grande do Sul).

drões de comportamento eticamente justificados, se souberem, conscientemente, escolher lideranças em condições de modelar e conduzir os seus pares, aprenderá a Instituição a desenvolver-se de acordo com as exigências do presente e do futuro.[534]

Na área criminal,[535] deve o Ministério Público, através de seus membros, fiscalizar efetivamente a atividade policial, acionando o Estado para que melhore a estrutura policial, a fim de que seja o inquérito policial melhor elaborado, evitando-se o arbítrio e o abuso de poder e, assim, garantindo um processo mais rápido e justo, com maior proteção às liberdades individuais. Também deve estar mais bem aparelhado, material e pessoalmente, bem como especializar seus agentes, para combater realmente o crime organizado, o tráfico de drogas e os chamados "crimes de colarinho branco", por serem crimes que efetivamente lesam a sociedade e o Estado.[536] Atuar, nos processos criminais, tanto para combater o crime como para garantir as liberdades individuais, além de amparar as vítimas, através de ações civis de indenização, as testemunhas em perigo (através de projetos específicos) e os apenados e suas famílias, quando da execução da pena, inclusive acionando o Estado por falta de presídios adequados e dignos.

Na defesa da Constituição e das leis,[537] deve o *Parquet* atuar na efetividade dos direitos sociais, em especial nas áreas de saúde e

---

[534] Rio Grande do Sul. *Plano de Gestão (1999/2001) do Ministério Público*. Porto Alegre: Procuradoria-Geral de Justiça, 1999, p. 8.

[535] Os exemplos de atividades que o Ministério Público deve exercitar, explicitados a partir de agora, foram retirados, em grande parte, do referido *Plano de Gestão (1999/2001) do Ministério Público do Rio Grande do Sul*, bem como dos temários e das teses do 13º *Congresso Nacional do Ministério Público*, ocorrido em Curitiba - PR, entre os dias 26-29 de outubro de 1999.

[536] Neste sentido, são as conclusões, contidas na Carta de São Paulo, resultantes do Primeiro Congresso Mundial do Ministério Público, ocorrido em São Paulo - SP, entre os dias 20 e 23 de setembro de 2000, e que teve como tema "Ministério Público e a Criminalidade Contemporânea". Na oportunidade, os congressistas declararam que: "Reunidos no I Congresso Mundial, os membros dos Ministérios Públicos dos países representados, reafirmam a importância da atuação no combate ao crime, tanto no limite da soberania dos estados, quanto no plano internacional, com a necessária adoção de medidas destinadas ao fortalecimento e intercâmbio permanente de seus agentes. Reconhecem a necessidade de adaptações às características das ações criminosas contemporâneas, dos mecanismos legais e materiais de combate à criminalidade, assim, como reconhecem a necessidade de preservação das garantias fundamentais, em especial das vítimas dos delitos em todo o mundo. Enfatizam que o Ministério surge, neste final de século, como a grande esperança na realização dos ideais de igualdade, justiça social e democracia; na proteção do fraco contra o forte; na luta do bem contra o mal; na substituição da guerra pela paz; no triunfo da fraternidade sobre o ódio; na vitória da igualdade sobre a exclusão; na predominância da legalidade sobre o arbítrio; no repúdio a todas as formas de injustiça...".

[537] Como instrumento de efetivação dos direitos, sustenta-se, inclusive, que o *Parquet* deve fazer uma permanente avaliação da eficiência das leis em vigor, bem como adotar mecanismos para assegurar a eficácia do Direito, em especial da Constituição, para evitar a inefetividade e o descrédito. Tal entendimento vem do Direito anglo-saxão, no chamado "enforcement", consoante esclarecem FERRAZ, Antonio Augusto de Camargo; FERRAZ, Patrícia André de

educação (para tanto, exigindo do Estado que aplique os recursos previstos constitucionalmente), bem como atuar na questão dos atos de improbidade administrativa[538] e de abuso de poder público, reprimindo e buscando as respectivas indenizações ao erário público. Atuar, ainda, na fiscalização e perquirição das privatizações, incentivos fiscais e na chamada "guerra fiscal" entre os Estados, a fim de resguardar o patrimônio nacional. Implementar, ainda, ações em relação às questões fundiárias e indígenas. Propor, ainda, ações protetivas aos direitos dos portadores de deficiência física e mental. Reprimir o abuso do poder econômico, político e administrativo no âmbito eleitoral, evitando, assim, que a democracia representativa seja agredida.[539] Por fim, propor a defesa dos direitos constitucionais do cidadão,[540] e, para tanto, criar fóruns de cidadania e motivar o controle social.

Na área da infância e da juventude,[541] agir mais profundamente na promoção da educação infantil e do ensino fundamental, bem como no acesso à saúde, acionando o Estado para que isto seja uma realidade. Combater, ainda, a violência infanto-juvenil e, para tanto, exigir regular oferta de programas de atendimento socioeducativo, inclusive sob o aspecto material, e estimular e participar da implantação das medidas socioeducativas. Fiscalizar programas de abrigo

---

Camargo. Ministério Público e *enforcement* (mecanismos que estimulem e imponham o respeito às leis). In: FERRAZ, Antonio Augusto de Camargo. (Org.). *Ministério Público: instituição e processo: perfil constitucional, independência, garantias, atuação processual civil e criminal, legitimidade, ação civil pública, questões agrárias*. 2 ed. São Paulo: Atlas, 1999, p. 116-122.

[538] É o controle da Administração, consoante bem explica Paccagnella, Luís Henrique. Controle da administração pelo Ministério Público: meio de aprofundamento da democracia. In: VIGLIAR, José Marcelo Menezes, MACEDO JÚNIOR, Ronaldo Porto (Org.). *Ministério Público II: democracia*. São Paulo: Atlas, 1999, pp. 177-192.

[539] Vários exemplos de como pode ocorrer a atuação do Ministério Público no campo eleitoral são encontrados no estudo de MARUM, Jorge Alberto de Oliveira. Ministério Público Eleitoral. In: VIGLIAR, José Marcelo Menezes, MACEDO JÚNIOR, Ronaldo Porto (Org.). *Ministério Público II: Democracia*. São Paulo: Atlas, 1999, pp. 150-176.

[540] Inclusive defendendo os direitos fundamentais no Mercosul, consoante explica RAMOS, André de Carvalho. Direitos humanos e o Mercosul. In: VIGLIAR, José Marcelo Menezes, MACEDO JÚNIOR, Ronaldo Porto (Org.). *Ministério Público II: Democracia*. São Paulo: Atlas, 1999, p. 203-229; e mesmo fiscalizando e auxiliando o chamado Terceiro Setor, das ONG's, em suas tarefas de defesa da sociedade e dos direitos fundamentais, consoante explica MACEDO JÚNIOR, Ronaldo Porto. O quarto poder e o terceiro setor. O Ministério Público e as organizações não governamentais sem fins lucrativos – estratégias para o futuro. In: VIGLIAR, José Marcelo Menezes, MACEDO JÚNIOR, Ronaldo Porto (Org.). *Ministério Público II*: Democracia. São Paulo: Atlas, 1999, pp. 248-263.

[541] MAZZILLI, Hugo Nigro. Alguns Casos de Atuação do Ministério Público. *Revista dos Tribunais*, São Paulo, v. 688, fev. 1993b, afirma, em face da importância da Instituição na proteção dos direitos da criança e do adolescente, que: "Não se pode, pois, excluir a iniciativa ou a intervenção do MP em qualquer feito judicial em que se discutam interesses coletivos, difusos ou até mesmo individuais indisponíveis ligados à proteção da criança e do adolescente" (p. 253).

e auxiliar na capacitação dos Conselhos Tutelares. Executar, mais ainda, programas de combate à venda de bebidas alcoólicas a crianças e adolescentes e à violência nos meios de comunicação.

Na área do meio ambiente e do consumidor, implementar políticas internas de especialização dos agentes ministeriais e de melhora das estruturas organizacionais, a fim de possibilitar uma melhor atuação frente aos referidos interesses coletivos e difusos.

Na área processual, fiscalizar mais efetivamente os processos de interesse público primário, inclusive tomando medidas para impedir a demora nos julgamentos.

Tal é, portanto, o novo panorama da instituição do Ministério Público, que deve caminhar para implementá-los, e, assim, corresponder ao seu destino constitucional.

Mas ainda há muitos integrantes do Ministério Público (e mesmo da magistratura)[542] que, por ainda pensarem nos moldes liberal-individual-normativista, ou mesmo ainda temerosos de suas novas funções no Estado Democrático de Direito, ainda não se aperceberam da significação de suas atividades e da instituição do Ministério Público pátrio,[543] o que auxilia no descrédito da Constituição e para a inefetividade dos direitos sociais. Por isso, é importante a conscientização e a autocrítica, justamente um dos objetivos do presente trabalho, ou seja:

---

[542] Neste sentido, OSÓRIO, Fábio Medina. *Improbidade administrativa*: observações sobre a Lei 8.429/92. 2 ed. Porto Alegre: Síntese, 1998, alerta que: "Outro problema, no entanto, chama a atenção no que diz respeito aos limites de acesso à jurisdição para a defesa de interesses difusos, coletivos e individuais homogêneos: trata-se do importante papel social a ser desempenhado pelos juízes e Tribunais, os quais não podem despir-se do caráter essencialmente social de suas novas atribuições, parecendo necessária inclusive uma mudança de mentalidade! Com efeito, se ao próprio Ministério Público, por exemplo, a ação civil pública aparece com a nota da indisponibilidade, devem os juízes e Tribunais adotar postura compatível com essa mesma nota de indisponibilidade, abandonando posição eventualmente mais passiva, visto que indispensável uma atuação firme, enérgica, comprometida com o interesse público primário de toda a sociedade pelos julgadores, os quais também são agentes públicos, agentes políticos do Estado. Note-se, com efeito, que se faz necessária uma posição do Poder Judiciário ampliando a legitimidade ministerial para a defesa dos interesses difusos, coletivos e individuais homogênios, sob pena de se criar barreira ideológica ao acesso à jurisdição, frustrando-se a aplicabilidade prática de importantes institutos jurídicos modernos e as próprias expectativas justas e legítimas da sociedade! Nesse passo, consigne-se que a ordem constitucional democrática instrumentaliza o jurista eticamente ligado a uma *praxis* libertária, na medida em que surgem inúmeras possibilidades argumentativas que podem ser descobertas" (p. 297).

[543] Neste sentido, Cláudio Barros Silva, explica que: "Há, hoje, com certeza, um grande descompasso entre os direitos assegurados no texto constitucional e a sua plena efetivação. No âmbito do Ministério Público, também, aparece esse descompasso. Todos os direitos sociais podem ser tutelados pelo Ministério Público, que tem ampla legitimação para realizá-los, mas o Ministério Público se vê inibido, pois mantém, ainda, uma postura tradicional, onde, por vezes, é mais fácil optar pela atuação meramente processual como órgão interveniente ou tutelando interesse que não tem relevância e significado social" (op. cit., 1995, p. 156).

É mister faça o Ministério Público sua autocrítica: além de melhorar os métodos de concurso de ingresso e fornecer cursos permanentes de atualização profissional aos promotores, é necessário vencer-se o desinteresse e as deficiências que alguns promotores têm no desempenho de algumas relevantes tarefas institucionais. Deve ainda ser dito que o Ministério Público precisa chegar mais efetivamente ao povo, para que este saiba o que a instituição pode fazer, o que está fazendo – e o que não está fazendo. O retorno social é a só justificativa dos novos instrumentos, das novas atribuições e das novas garantias recebidas. Têm os membros do Ministério Público o dever de atender os necessitados: defender a vítima de crimes, o consumidor, a criança e o adolescente, os acidentados do trabalho, não só nos processos, como também fora deles, como no atendimento aos populares, que procuram o promotor de justiça. Deve ainda dedicar-se com justa prioridade ao combate da criminalidade, à defesa do meio ambiente e ao zelo da probidade administrativa.[544]

Portanto, conclui-se, de tudo isto, que é imprescindível que a Constituição Federal de 1988 seja efetivamente considerada e aplicada, contaminando todo o ordenamento jurídico e os próprios aplicadores jurídicos, sendo de importância vital que os direitos fundamentais, nela juridicizados, adquiram uma validade universal, de conteúdo indeterminado e aberto, transformados em princípios de eficácia imediata,[545] concretizando, assim, os direitos fundamentais.

A força normativa da Constituição está condicionada, justamente, por cada vontade atual dos participantes da vida constitucional, no sentido de realizar os conteúdos da Constituição. Esta força normativa constitucional, portanto, "depende da disposição de considerar seus conteúdos como obrigatórios e da determinação de realizar esses conteúdos",[546] o que precisa ser feito por todos nós.

E somente, assim, com um novo paradigma estatal, ainda embrionário, com um Judiciário forte e um Ministério Público atuante e sabedor de sua importância no Estado brasileiro,[547] poderemos alcançar uma nova sociedade, mais solidária que, sem perder o individualismo de cada um, tão caro em nossa história, possa privile-

---

[544] MAZZILLI, Hugo Nigro, op. cit., 1992, p. 309.

[545] Cf. BONAVIDES, Paulo, op. cit., 1998, p. 541.

[546] HESSE, Konrad, op. cit., 1998, p. 49.

[547] Para isso, é necessário que se crie um novo paradigma institucional, uma nova doutrina de Ministério Público, compatível com o atual perfil constitucional da instituição e que sustente sua evolução a partir de agora. E, para tanto, consoante referem Antonio Augusto de Camargo Ferraz e João Lopes Guilherme Júnior, deverá ser considerado: "(a) *ratio essendi* do Ministério Público, isto é, seu novo e verdadeiro papel, sua missão institucional; (b) a dimensão política e social de sua atuação; (c) a adaptação de suas funções cíveis tradicionais ao novo perfil constitucional; (d) a reestruturação de sua atuação na esfera penal, ensejando medidas que lhe possibilitem interferir diretamente na realidade criminal; (e) a construção de uma nova estrutura administrativa interna e a adoção de uma nova postura de atuação funcional" (op. cit., 1999, p. 20).

giar o social, trazendo os objetivos, nunca esquecidos, da paz e igualdade social. Um verdadeiro Estado Democrático de Direito, onde a sociedade civil, organizada, possa, através da ordem jurídica, gerenciar a sociedade e promover a justiça social.

Referências bibliográficas

ALVARENGA, Aristides Junqueira. As limitações constitucionais dos três poderes e o papel do Ministério Público. *Parquet:* Relatório Anual. Porto Alegre: Escola Superior do Ministério Público, n. 1, 1990, p. 73-78.

ARANHA, Márcio Iorio. *Interpretação constitucional e as garantias institucionais dos direitos fundamentais.* São Paulo: Atlas, 1999. 236 p.

ARAUJO, Luiz Ernani Bonesso. *O acesso à terra no estado democrático de direito.* Frederico Westphalen: Ed. da URI, 1998. 254 p.

ASSOCIAÇÃO DO MINISTÉRIO PÚBLICO DO RIO GRANDE DO SUL. *Réplica.* Porto Alegre: AMPRGS, n. 63, jan. 2000, p. 4. (Reportagem sobre a Lei da Mordaça).

BALTAZAR, José Paulo, VASCONCELOS, Sara Shütz de. O Ministério Público na Constituição Federal de 1988. *Revista do Ministério Público,* Porto Alegre, v. 1, n. 22, p. 11-34, 1989.

BARROSO, Luís Roberto. Dez anos da Constituição de 1988 (foi bom pra você também?). In: SARLET, Ingo Wolfgang (Org.). *O direito público em tempos de crise:* estudos em homenagem a Ruy Ruben Ruschel. Porto Alegre: Livraria do Advogado, 1999. p. 189-217.

——. *O direito constitucional e a efetividade de suas normas:* limites e possibilidades da Constituição brasileira. 3. ed. Rio de Janeiro: Renovar, 1996. 479 p.

——. Proteção do meio ambiente na Constituição brasileira. *Revista Trimestral de Direito Público,* São Paulo, v. 2, p. 58-81. s.d.

BASTOS, Celso Ribeiro. *Curso de direito constitucional.* 15. ed. São Paulo: Saraiva, 1994. 396 p.

——. Das funções essenciais à Justiça – do Ministério Público. In: BASTOS, Celso Ribeiro, MARTINS, Ives Gandra da Silva. *Comentários à Constituição do Brasil:* promulgada em 5 de Outubro de 1998. São Paulo: Saraiva, 1988, v. 4, t. 4. p. 1-33.

BOBBIO, Norberto. *A era dos direitos.* Trad. de Carlos Nelson Coutinho. Rio de Janeiro: Campus, 1992a. 217 p.

——. *Estado, governo, sociedade:* para uma teoria geral da política. Trad. de Marco Aurélio Nogueira. 4. ed. Rio de Janeiro: Paz e Terra, 1995. 173 p.

——. *O futuro da democracia: uma defesa das regras do jogo.* 5. ed. Trad. de Marco Aurélio Nogueira. Rio de Janeiro: Paz e Terra, 1992b. 171 p.

——. *Teoria do ordenamento jurídico.* Trad. de Cláudio de Cicco e Maria Celeste C. J. Santos. São Paulo: Polis; Brasília: Editora Universidade de Brasília, 1989. 184 p.

BONAVIDES, Paulo. *Ciência política.* 10. ed. São Paulo: Malheiros, 1999. 498 p.

——. *Curso de direito constitucional.* 7. ed. São Paulo: Malheiros, 1998. 755 p.

——. *Teoria do estado*. 3. ed. São Paulo: Malheiros, 1995. 379 p.

BRASIL. *Constituição da República Federativa:* promulgada em 5 de Outubro de 1988. 22. ed. São Paulo: Saraiva, 1999. 273 p. (Coleção Saraiva de Legislação).

BURLE FILHO, José Emmanuel, GOMES, Maurício Augusto. Ministério Público, as funções do estado e seu posicionamento constitucional. *Parquet:* Relatório Anual. Porto Alegre: Escola Superior do Ministério Público, n. 1, 1990, p. 86-108.

CADEMARTORI, Sérgio. *Estado de direito e legitimidade:* uma abordagem garantista. Porto Alegre: Livraria do Advogado, 1999. 188 p.

CANOTILHO, José Joaquim Gomes. *Direito constitucional e teoria da constituição*. 3 ed. Coimbra: Almedina, 1999. 1414 p.

——. Rever ou romper com a constituição dirigente? Defesa de um constitucionalismo moralmente reflexivo. *Cadernos de Direito Constitucional e Ciência Política*, São Paulo, n. 15, p. 7-17, abr./jun. 1996.

CAPPELLETTI, Mauro. Acesso à Justiça. Trad. de Tupinambá Pinto de Azevedo. *Revista do Ministério Público*, Porto Alegre, v. 1, n. 18, p. 8-26, 1985.

——. *Juízes legisladores?* Trad. de Carlos Alberto Alvaro de Oliveira. Porto Alegre: Sergio Antonio Fabris Editor, 1993. 134 p.

——; GARTH, Bryant. *Acesso à Justiça*. Trad. de Ellen Gracie Northfleet. Porto Alegre: Sergio Antonio Fabris Editor, 1998. 165 p.

CARNEIRO, Paulo Cezar Pinheiro. *O Ministério Público no processo civil e penal:* promotor natural, atribuição e conflito. 3. ed. Rio de Janeiro: Forense, 1990. 196p.

CARVALHO, Paulo Pinto de. Uma incursão do Ministério Público à luz do direito comparado: França, Itália, Alemanha, América do Norte e União Soviética. In: MORAES, Voltaire de Lima (Org.). *Ministério Público, direito e sociedade*. Porto Alegre: Sergio Antonio Fabris Editor, 1986. p. 77-119.

CASTILHO, Ela Volkmer de. *O Controle penal dos crimes contra o sistema financeiro nacional*. Belo Horizonte: Del Rey, 1998.

CASTRO, Carlos Roberto Siqueira. Por um ensino crítico do direito constitucional. In: PLASTINO, Carlos Alberto (Org.). *Crítica do direito e do estado*. Rio de Janeiro: Graal, 1984. p. 135-143.

CINTRA, Antonio Carlos de Araújo, GRINOVER, Ada Pellegrini, DINAMARCO, Cândido Rangel. *Teoria geral do processo*. 12 ed. São Paulo: Malheiros, 1996. 364 p.

CINTRA JÚNIOR, Dyrceu Aguiar Dias. Interesses metaindividuais – questão de acesso à Justiça. *Revista dos Tribunais*, São Paulo, v. 676, p. 39-47, fev. 1992.

CLÈVE, Clèmerson Merlin. O Ministério Público e a reforma constitucional. *Revista dos Tribunais*, São Paulo, v. 692, p. 20-30, jun. 1993.

——. Poder Judiciário: autonomia e justiça. *Revista dos Tribunais*, São Paulo, v. 691, p. 34-44, maio 1993.

COGAN, José Damião Pinheiro. *Mandado de segurança na justiça criminal e Ministério Público*. São Paulo: Saraiva, 1990. 254 p.

COSTA, Eduardo Maia. Ministério Público em Portugal. In: VIGLIAR, José Marcelo Menezes, MACEDO JÚNIOR, Ronaldo Porto (Org.). *Ministério Público II:* democracia. São Paulo: Atlas, 1999. p. 44-54.

DALLARI, Dalmo de Abreu. *Elementos de teoria geral do estado*. 20. ed. São Paulo: Saraiva, 1998. 307 p.

ESCOLA SUPERIOR DO MINISTÉRIO PÚBLICO. *Legislação Institucional do Ministério Público*. Porto Alegre, 1999. 333 p.

FAGÚNDEZ, Paulo Roney Ávila. O holismo e a garantia dos direitos fundamentais. In: SILVA, Reinaldo Pereira (Org.). *Direitos humanos como educação para a justiça*. São Paulo: LTr, 1998. p. 88-104.

FARIA, José Eduardo. A função social do Ministério Público. *Parquet:* Relatório Anual. Porto Alegre: Escola Superior do Ministério Público, n. 1, 1990, p. 116-129.

———. Direitos humanos e globalização econômica: notas para uma discussão. *O Mundo da Saúde*, São Paulo, v. 22, n. 2, p. 73-80, mar./abr. 1998.

———. Globalização econômica e reforma constitucional. *Revista dos Tribunais*, São Paulo, v. 736, p. 11-19, fev. 1997.

FERRAJOLI, Luigi. *Derecho y razón*. 2. ed. Madrid: Trotta, 1997b. 957 p.

———. O direito como sistema de garantias. Trad. de Eduardo Maia Costa. In: OLIVEIRA JÚNIOR, José Alcebíades de (Org.). *O novo em direito e política*. Porto Alegre: Livraria do Advogado, 1997a. p. 89-109.

FERRAZ, Antonio Augusto Mello de Camargo, FERRAZ, Patrícia André de Camargo. Ministério Público e *enforcement* (mecanismos que estimulem e imponham o respeito às leis). In: FERRAZ, Antonio Augusto de Camargo (Org.). *Ministério Público:* instituição e processo: perfil constitucional, independência, garantias, atuação processual civil e criminal, legitimidade, ação civil pública, questões agrárias. 2 ed. São Paulo: Atlas, 1999. p. 116-122.

———; GUIMARÃES JÚNIOR, João Lopes. A necessária elaboração de uma nova doutrina de Ministério Público, compatível com o seu atual perfil constitucional. In: FERRAZ, Antonio Augusto de Camargo (Org.). *Ministério Público:* instituição e processo: perfil constitucional, independência, garantias, atuação processual civil e criminal, legitimidade, ação civil pública, questões agrárias. 2 ed. São Paulo: Atlas, 1999. p. 19-35.

FERREIRA FILHO, Manoel Gonçalves. *Curso de direito constitucional*. 18. ed. São Paulo: Saraiva, 1990. 314 p.

FERREIRA, Pinto. *Curso de direito constitucional*. 8. ed. São Paulo: Saraiva, 1996. 596p.

FILOMENO, José Geraldo Brito. Ministério Público como guardião da cidadania. In: FERRAZ, Antonio Augusto de Camargo (Org.). *Ministério Público:* instituição e processo: perfil constitucional, independência, garantias, atuação processual civil e criminal, legitimidade, ação civil pública, questões agrárias. 2 ed. São Paulo: Atlas, 1999. p. 125-142.

GOMES, Maurício Augusto. Ministério Público na Constituição de 1988 – breves anotações. *Justitia*, São Paulo, v. 51, n. 145, p. 64-78, jan./mar. 1989.

GUERRA FILHO, Willis Santiago. *Autopoiese do direito na sociedade pós-moderna*. Porto Alegre: Livraria do Advogado, 1997b.

———. Direitos fundamentais, processo e princípio da proporcionalidade. In: (Org.) *Dos direitos humanos aos direitos fundamentais*. Porto Alegre: Livraria do Advogado, 1997a. p. 11-29.

GUIMARÃES JÚNIOR, João Lopes. Ministério Público: proposta para uma nova postura no processo civil. In: FERRAZ, Antonio Augusto de Camargo (Org.). *Ministério Público:* instituição e processo: perfil constitucional, independência, garantias, atuação processual civil e criminal, legitimidade, ação civil pública, questões agrárias. 2 ed. São Paulo: Atlas, 1999. p. 125-142.

GUSMÃO, Paulo Dourado de. *Introdução ao estudo do direito*. 11. ed. Rio de Janeiro: Forense, 1986. 548 p.

HESSE, Konrad. *A força normativa da constituição.* Trad. de Gilmar Ferreira Mendes. Porto Alegre: Sergio Antonio Fabris Editor, 1991. 34 p.

——. *Elementos de direito constitucional da República Federal da Alemanha.* Trad. de Luís Afonso Heck. Porto Alegre: Sergio Antonio Fabris Editor, 1998. 576 p.

INACARATO, Márcio Antônio. O Ministério Público na ordem jurídico constitucional. *Justitia*, São Paulo, v. 66, p. 81-131, jul./ago./set. 1969.

INSTITUTO DE ESTUDOS ECONÔMICOS, SOCIAIS E POLÍTICOS DE SÃO PAULO. *O Ministério Público e a justiça no Brasil.* São Paulo: IDESP, 1996. 16p. (Relatório de Pesquisa).

KELSEN, Hans. *Teoria pura do direito.* Trad. de João Baptista Machado. 6. ed. Coimbra: Arménio Amado, 1984. 484 p.

LEAL, Rogério Gesta. *A função social da propriedade e da cidade no Brasil:* aspectos jurídicos e políticos. Porto Alegre: Livraria do Advogado; Santa Cruz do Sul: EDUNISC, 1998. 174 p.

——. *Direitos humanos no Brasil:* desafios à democracia. Porto Alegre: Livraria do Advogado; Santa Cruz do Sul: EDUNISC, 1997b. 168 p.

——. *Hermenêutica e direito:* considerações sobre a teoria do direito e os operadores jurídicos. Santa Cruz do Sul: EDUNISC, 1999. 202 p.

——. *Teoria do estado:* cidadania e poder político na modernidade. Porto Alegre: Livraria do Advogado, 1997a. 195 p.

LYRA, Roberto. *Teoria e prática da promotoria pública.* Porto Alegre: Sergio Antonio Fabris Editor, 1989. 272 p.

MACEDO Júnior, Ronaldo Porto. O quarto poder e o terceiro setor. O Ministério Público e as organizações não governamentais sem fins lucrativos – estratégias para o futuro. In: VIGLIAR, José Marcelo Menezes, MACEDO JÚNIOR, Ronaldo Porto (Org.). *Ministério Público II:* democracia. São Paulo: Atlas, 1999. p. 248-263.

MACHADO, Antonio Alberto, GOULART, Marcelo Pedroso. *Ministério Público e direito alternativo*: o Ministério Público e a defesa do regime democrático e da ordem jurídica. São Paulo: Acadêmica, 1992. 46 p.

MAGALHÃES, José Luiz Quadros de. Globalização e exclusão. *Revista de Direito Comparado*, Belo Horizonte, v. 1, n. 1, p. 99-111, jul. 1997.

MANCUSO, Rodolfo de Camargo. *Ação civil pública:* em defesa do meio ambiente, patrimônio cultural e dos consumidores: Lei 7.347/85 e legislação complementar. 3. ed. São Paulo: Revista dos Tribunais, 1994a. 280 p.

——. *Interesses difusos:* conceito e legitimação para agir. 3. ed. São Paulo: Revista dos Tribunais, 1994b. 230 p.

MARTINS, Ives Gandra da Silva. O princípio da separação dos poderes – a autonomia dos legislativos municipais – limites da competência do Ministério Público – preservação ambiental – exercício do poder de polícia e concessões. *Revista dos Tribunais*, São Paulo, v. 751, p. 105-121, maio 1998.

MARUM, Jorge Alberto de Oliveira. Ministério Público Eleitoral. In: VIGLIAR, José Marcelo Menezes, MACEDO JÚNIOR, Ronaldo Porto (Org.). *Ministério Público II:* democracia. São Paulo: Atlas, 1999. p. 150-176.

MAZZILLI, Hugo Nigro. *A defesa dos interesses difusos em juízo:* meio ambiente, consumidor e patrimônio cultural. 3. ed. São Paulo: Revista dos Tribunais, 1991b. 266 p.

——. A formação profissional e as funções do promotor de justiça. *Revista dos Tribunais*, São Paulo, v. 686, p. 284-309, dez. 1992.

——. Alguns casos de atuação do Ministério Público. *Revista dos Tribunais*, São Paulo, v. 688, p. 252-255, fev. 1993b.

——. *Manual do promotor de justiça*. 2. ed. São Paulo: Saraiva, 1991a. 663 p.

——. *O acesso à Justiça e o Ministério Público*. 2. ed. Porto Alegre: AMP/Escola Superior do Ministério Público, 1993a. 80 p. (Estudos MP, 2).

——. O Ministério Público e a defesa do regime democrático. *Revista dos Tribunais*, São Paulo, v. 751, p. 69-79, maio 1998.

——. *O Ministério Público na Constituição de 1988*. São Paulo: Saraiva, 1989. 192 p.

——. *Regime jurídico do Ministério Público:* análise da Lei Orgânica Nacional do Ministério Público, instituída pela Lei n. 8.625, de 12 de Fevereiro de 1993. 3. ed. São Paulo: Saraiva, 1996. 501 p.

MEIRELLES, Hely Lopes. *Direito administrativo brasileiro*. 16. ed. São Paulo: Revista dos Tribunais, 1991. 700 p.

MELLO, Celso Antônio Bandeira de. A democracia e suas dificuldades contemporâneas. *Revista de Direito Administrativo*, Rio de Janeiro, v. 212, p. 57-70, abr./jun. 1998.

MELO, Milena Petters. Cidadania: subsídios teóricos para uma nova praxis. In: SILVA, Ronaldo Pereira (Org.). *Direitos humanos como educação para a justiça*. São Paulo: LTr, 1998. p. 77-87.

MIRANDA, Jorge. *Contributo para uma teoria da inconstitucionalidade*. Coimbra: Editora Coimbra, 1996. 301 p.

——. *Manual de direito constitucional*. 2 ed. Coimbra: Editora Coimbra, 1982, t. I. 352p.

MONTESQUIEU, Charles Louis de Secondat. *Do espírito das leis*. Trad. de Gabriela de Andrada Dias Barbosa. Rio de Janeiro: Tecnoprint, s.d. 523 p. (Coleção Universidade de Bolso, 10711).

MORAES, Alexandre de. *Direito constitucional*. 6. ed. São Paulo: Atlas, 1999. 766 p.

——. *Direitos humanos fundamentais*. 2. ed. São Paulo: Atlas, 1998. 316 p. (Temas Jurídicos, 3).

——. Garantias do Ministério Público em defesa da sociedade. *Revista do Ministério Público*, Porto Alegre, v. 38, p. 135-143, jan./jun. 1997.

MORAES, Paulo Valério Dal Pai. O Ministério Público e a legitimidade para a defesa dos interesses coletivos decorrentes de questões tributárias de massa. *Revista do Ministério Público*, Porto Alegre, v. 43, p. 51-103, 2000.

MORAIS, José Luis Bolzan de. As crises do estado contemporâneo. In: VENTURA, Deise de Freitas Lima (Org.). *América Latina:* cidadania, desenvolvimento e estado. Porto Alegre: Livraria do Advogado, 1996b. p. 37-50.

——. *Do direito social aos interesses transindividuais:* o estado e o direito na ordem contemporânea. Porto Alegre: Livraria do Advogado, 1996a. 247 p.

NERY, Rosa Maria Barreto Borriello de Andrade. Notas sobre a Justiça e o Ministério Público no direito da Alemanha Ocidental. *Revista do Ministério Público*, Porto Alegre, v. 1, n. 21, p. 11-51, 1987.

OLIVEIRA JÚNIOR, José Alcebíades de. (Org.). Cidadania e novos direitos. *O novo em direito e política*. Porto Alegre: Livraria do Advogado, 1997. p. 191-200.

OSÓRIO, Fábio Medina. *Improbidade administrativa:* observações sobre a Lei 8.429/92. 2. ed. Porto Alegre: Síntese, 1998. 424 p.

PACCAGNELLA, Luís Henrique. Controle da administração pelo Ministério Público: meio de aprofundamento da democracia. In: VIGLIAR, José Marcelo Menezes, MACEDO JÚNIOR, Ronaldo Porto (Org.). *Ministério Público II:* democracia. São Paulo: Atlas, 1999. p. 177-192.

PAGANELLA, Carlos Roberto, MACIEL, Heriberto Roos, LIMBERGER, Têmis. Considerações jurídicas sobre a lei de responsabilidade fiscal e algumas questões atinentes ao Ministério Público. *Revista do Ministério Público*, Porto Alegre, v. 43, p. 237-294, 2000.

PIERANGELI, José Henrique. *Escritos jurídico-penais.* 2 ed. São Paulo: Revista dos Tribunais, 1999. 488 p.

PINTO FILHO, Arthur. Constituição, classes sociais e Ministério Público. In: FERRAZ, Antonio Augusto de Camargo (Org.). *Ministério Público:* instituição e processo: perfil constitucional, independência, garantias, atuação processual civil e criminal, legitimidade, ação civil pública, questões agrárias. 2 ed. São Paulo: Atlas, 1999. p. 66-89.

PIOVESAN, Flávia, PIOVESAN, Luciana, SATO, Priscila Kei. Implementação do direito à igualdade. *Cadernos de Direito Constitucional e Ciência Política*, São Paulo, v. 21, p. 139-145. s.d.

PORTO, Sérgio Gilberto. O Ministério Público no estado moderno. *Revista do Ministério Público*, Porto Alegre, v. 40, p. 107-116, jan./jun. 1998.

PROENÇA, Luis Roberto. Participação do Ministério Público no processo civil nos Estados Unidos da América. In: FERRAZ, Antonio Augusto de Camargo (Org.). *Ministério Público:* instituição e processo: perfil constitucional, independência, garantias, atuação processual civil e criminal, legitimidade, ação civil pública, questões agrárias. 2 ed. São Paulo: Atlas, 1999. p. 211-227.

RAMOS, André de Carvalho. Direitos humanos e o Mercosul. In: VIGLIAR, José Marcelo Menezes, MACEDO JÚNIOR, Ronaldo Porto (Org.). *Ministério Público II:* democracia. São Paulo: Atlas, 1999. p. 203-229.

RIO GRANDE DO SUL. *Plano de gestão (1999/2001) do Ministério Público.* Porto Alegre: Procuradoria-Geral de Justiça, 1999. 22 p.

RITT, Eduardo. O Ministério Público como instrumento de democracia. *Revista do Ministério Público*, Porto Alegre, v. 42, p. 83-105, 2000.

ROCHA, Carmen Lúcia Antunes. O constitucionalismo contemporâneo e a instrumentalização para a eficácia dos direitos fundamentais. *Revista Trimestral de Direito Público*, São Paulo, v. 16, p. 37-58. s.d.

ROCHA, Fernando Luiz Ximenes Rocha. Direitos fundamentais na Constituição de 88. *Revista dos Tribunais*, São Paulo, v. 758, p. 23-33, dez. 1998.

ROSANVALLON, Pierre. *A crise do estado-providência.* Trad. de Joel Pimentel de Ulhôa. Goiânia: Editora da UFG; Brasília: Editora da Universidade de Brasília, 1997. 160p.

SALLES, Carlos Alberto de. Entre a razão e a utopia: a formação histórica do Ministério Público. In: VIGLIAR, José Marcelo Menezes, MACEDO JÚNIOR, Ronaldo Porto (Org.). *Ministério Público II:* democracia. São Paulo: Atlas, 1999. p. 13-43.

SANTOS, Boaventura de Souza. *Reinventar a democracia:* entre o pré-contratualismo e o pós-contratualismo. Coimbra: Oficina do Centro de Estudos Sociais, 1998. 53p.

SARAIVA, Paulo Lopo. *Garantia constitucional dos direitos sociais no Brasil.* Rio de Janeiro: Forense, 1983. 108 p.

SARLET, Ingo Wolfgang. *A eficácia dos direitos fundamentais*. Porto Alegre: Livraria do Advogado, 1998. 386 p.

——. Os direitos fundamentais sociais na Constituição de 1988. In: —— (Org.). *O direito público em tempos de crise:* estudos em homenagem a Ruy Ruben Ruschel. Porto Alegre: Livraria do Advogado, 1999. p 129-173.

SILVA, Cláudio Barros. Necessidade de mudança de postura na intervenção do Ministério Público. Para a efetiva ação, deve o Ministério Público priorizar a qualidade frente a quantidade. Priorizar a ação diante da intervenção. Congresso Estadual do Ministério Público, 3, 1994, Canela. *Anais...* Porto Alegre: Associação do Ministério Público do Rio Grande do Sul, 1994, Tese n. 75, p. 253-258.

——. Seguridade social, controle social e o Ministério Público. *Revista do Ministério Público*, Porto Alegre, v. 34, p. 144-160, 1995.

SILVA, José Afonso. *Curso de direito constitucional positivo*. 8. ed. São Paulo: Malheiros, 1992. 768 p.

SIMON, John Anthony. Considerações sobre o Ministério Público Norte-Americano. *Revista dos Tribunais*, São Paulo, v. 640, p. 7-18, fev. 1989.

SOUZA, Luiz Sergio Fernandes de. Globalização e direitos humanos: em busca da racionalidade perdida. *Revista dos Tribunais*, São Paulo, v. 757, p. 52-63, nov. 1998.

STRECK, Lenio Luiz. *Constituição:* limites e perspectivas da revisão. Porto Alegre: Rígel, 1993. 64 p.

——. Dogmática e hermenêutica: aportes críticos acerca da crise do direito e do estado. *Caderno n. 2*. São Leopoldo: UNISINOS, 1997. 48 p. (Cadernos de Pesquisa, Texto Digitado).

——. E que o texto constitucional não se transforme em um latifúndio improdutivo... – uma crítica à ineficácia do direito. In: SARLET, Ingo Wolfgang (Org.). *O direito público em tempos de crise:* estudos em homenagem a Ruy Ruben Ruschel. Porto Alegre: Livraria do Advogado, 1999b. p 175-188.

——. *Hermenêutica jurídica e(m) crise:* uma exploração hermenêutica da construção do Direito. Porto Alegre: Livraria do Advogado, 1999a. 264 p.

——. *Plano de metas para administrar o Ministério Público do Rio Grande do Sul:* candidatura Lenio Luiz Streck. Porto Alegre: 1999c. (Texto digitado enviado aos órgãos do Ministério Público do Estado do Rio Grande do Sul.) 17 p.

——. *Súmulas no direito brasileiro:* eficácia, poder e função: a ilegitimidade constitucional do efeito vinculante. 2. ed. Porto Alegre: Livraria do Advogado, 1998b. 298p.

——. *Tribunal do júri* – símbolos e rituais. 3. ed. Porto Alegre: Livraria do Advogado, 1998a. 173 p.

SUNDFELD, Carlos Ari. *Fundamentos de direito público*. 2. ed. São Paulo: Malheiros, 1996. 183 p.

VIGLIAR, José Marcelo Menezes. Participação do Ministério Público no processo civil. In: FERRAZ, Antonio Augusto de Camargo (Org.). *Ministério Público:* instituição e processo: perfil constitucional, independência, garantias, atuação processual civil e criminal, legitimidade, ação civil pública, questões agrárias. 2 ed. São Paulo: Atlas, 1999. p. 162-210.

WARAT. Luis Alberto. *Introdução geral ao direito I*. Porto Alegre: Sergio Antonio Fabris Editor, 1994.

——. *Introdução geral ao direito II*. Porto Alegre: Sergio Antonio Fabris Editor, 1995.

———. *Manifesto do surrealismo jurídico*. São Paulo: Acadêmica, 1988. 103 p.

———. *O direito e sua linguagem*. Porto Alegre: Sergio Antonio Fabris Editor, 1984. 103p.

WOLKMER, Antonio Carlos. *Ideologia, estado e direito*. São Paulo: Revista dos Tribunais, 1989. 176 p.